Rethinking
working hours regulations in
Japan from the perspective of
sleep science, medicine,
and labor law

睦眠科学・医学・
労働法学から
考え直す
日本の
労働時間規制

川岸卓哉
佐々木司
高橋賢司
＝編著

日本評論社

総 目 次

序　章　日本の働き方の何が問題なのか、

　　　　日本の労働時間規制の何が問題なのか

　　　　……高橋賢司　1

第1章　過労死が止まらない——現行制度の限界

　　　　……川岸卓哉　8

第2章　日本の労働法制の何が問題なのか

　　　　——工場法上の就業時間規制から現代の「働き方改革」まで

　　　　……高橋賢司　24

第3章　間違いだらけの働き方・休み方の「常識」

　　　　——「疲労の進展」と「疲労の回復」から

　　　　　　日本人の働き方を科学的に診断する

　　　　……佐々木　司　66

第4章　過労死・過労自殺につながる健康障害とその背景

　　　　……広瀬俊雄　87

第5章　疫学からみた急性心筋梗塞と労働時間との関係

　　　　……笹島　茂　118

第6章　睡眠科学からみた夜勤・不規則労働と勤務間インターバル

　　　　……佐々木　司　132

第7章　〔事例研究〕どのような働き方が危ないか

　　　　——長時間労働、深夜・不規則労働の危険な組み合わせ

　　　　……川岸卓哉　150

第8章　実現可能な労働法制改革の方向性——EU の労働時間規制

　　　　……高橋賢司　181

第9章　実現可能な労働法制改革の方向性——ドイツの労働時間規制

　　　　……高橋賢司　196

第10章　［提言］あるべき労働時間規制のベストミックス

　　　　……高橋賢司・川岸卓哉　246

特別寄稿　刊行に寄せて

　　　　……渡辺淳子　286

あとがき　288

詳　細　目　次

序　章　日本の働き方の何が問題なのか、
　　　　日本の労働時間規制の何が問題なのか
　　　　　　……高橋賢司　1

1　法律学と医学、睡眠の科学の調和の必要性　1

2　本書の視点　4

3　本書の構成　5

第1章　過労死が止まらない──現行制度の限界
　　　　　　……川岸卓哉　8

1　過労死遺族の声　8

　[1]　長時間・深夜不規則労働の末に過労事故死で亡くなった24歳の息子　8

　[2]　働き者の母を亡くして遺された子どもたち　12

　[3]　長時間・不規則労働によるうつ病発症による過労自殺　14

　[4]　遺族たちの声が訴えるもの　16

2　「過労死」のあゆみ　17

　[1]　「過労死」認定基準改定のあゆみ　17

3　過労死等防止対策推進法の制定　19

4　過労死認定基準と改正前労働基準法の
　　ダブルスタンダードの矛盾を解消した働き方関連法　20

5　それでも止まらない過労死　21

第2章　日本の労働法制の何が問題なのか
　　　　　　──工場法上の就業時間規制から現代の「働き方改革」まで
　　　　　　……高橋賢司　24

1　労働時間法制の歩みとあり方　24

　[1]　労働時間法制の端緒　24

　（i）　工場法の就業時間の規制と理念　24

詳 細 目 次　iii

　　（ii）　戦時経済への転換　28
　[2]　労働基準法の制定と歩み　31
　　（i）　労働基準法の制定　31
　　（ii）　柔軟な労働時間法制と規制緩和　35
　　（iii）　昭和 62 年(1987 年)労基法改正に対する批判　37
　　（iv）　平成 10 年(1998 年)労基法改正　41
　[3]　働き方改革　45
　　（i）　規制改革会議　46
　　（ii）　平成 30 年労基法改正法（時間外労働の上限）　48
　　（iii）　平成 30 年労基法改正法（特定高度専門業務・成果型労働制〔高
　　　　　度プロフェッショナル制度〕）　49
　[4]　小括　50
　　（i）　労働時間の理念の行方　50
　　（ii）　法規制の変遷を振り返って　51
2　日本の経済社会の構造的な問題点　53
　[1]　従来の労基法上の規制の限界　53
　[2]　労働時間をめぐる雇用社会の現状　54
　[3]　過労死・過労自殺を生み出す社会的背景と構造的な要因　55
　　（i）　生命・健康を保護すべき国家の役割　55
　　（ii）　労働者の保護の必要性　56
　　（iii）　組織の中の個の保護の問題　58
　　（iv）　成長至上主義の帰趨　60
　　（v）　新自由主義と成果主義　62

第 3 章　間違いだらけの働き方・休み方の「常識」
　　　　――「疲労の進展」と「疲労の回復」から
　　　　　　日本人の働き方を科学的に診断する
　　　　　……佐々木 司　66
1　睡眠と疲労　66
　[1]　「疲労」は「蓄積」するのか？　66

［2］ 過労死認定基準と睡眠 67

2 睡眠の「量」と「質」
　　──過労死の原因となる睡眠のメカニズム 72

　［1］ 睡眠の量と睡眠の質 72

　［2］ 徐波睡眠の出現様式とレム睡眠の出現様式 74

　［3］ 徐波睡眠はストレスに弱い 76

　［4］ 睡眠経過 77

　［5］ レム睡眠の抑制からアロスタシス崩壊へ 85

3 まとめ 86

第4章　過労死・過労自殺につながる健康障害とその背景
　　……広瀬俊雄 87

はじめに 87

1 医学が眼を逸らしていた「過労死」、行政も抵抗 87

2 医学が課題とした過労死 88

　［1］ 日本産業衛生学会「循環器疾患の作業関連要因検討委員会」 90

　［2］ 第2次委員会 92

3 筆者の検討の紹介 94

　［1］ 東北における過労死事例検討 94

　［2］ 自営業者での検討 96

　［3］ 過労死・過労自殺の主要因「夜勤」についての取り組み 98

　［4］ 夜勤労働者対象の健診解析の示すもの 99

　（i） パン製造工にみる常夜勤による高血圧と対策 99

　（ii） 惣菜工場で働く女子パート労働者の夜勤労働継続による健康影響

101

　（iii） 店舗での学生アルバイトの夜勤労働への影響 101

　（iv） 夜勤者健診の「高血圧者」への事後措置と効果 102

　（v） 夜勤による健康障害における睡眠障害の意味 103

　（vi） 夜勤労働継続に表れる生活犠牲・自己犠牲 104

4 過労死（過労自殺）の予防に向けての活動 106

詳 細 目 次　v

[1]　過労死予防につながる健診・健康管理のありかた
　　　──背景をみずに語られる「生活習慣病」「メタボリック症候群」
　　　　　　　　　　　　　　　　　　　　　　　　　　　　　106

[2]　過労死の予防にまず必要なのは睡眠障害の元凶である夜勤の制限・
　　　削減　　　　　　　　　　　　　　　　　　　　　　　　106

[3]　職場・生活にはびこるストレス過重負荷軽減への取り組み　108

[4]　職場・生活の場での禁煙の推進　108

[5]　これからの過労死対策・予防の活動を進めるうえでの重要な留意
　　　事項　109

おわりに　109

[1]　夜勤の制限の必要性　109

[2]　「複合負担」の回避の取り組みの必要性とその点を考慮した法規制
　　　の必要性　111

〈追記〉「医師の働き方改革」によって過労死は防止できるのか　111

[1]　医師の働き方改革──過労死水準の2倍の上限規制　111

[2]　過労死の不安を抱えながら働く医師たち　113

[3]　求められる、医師を増員したうえでの働き方改革　114

[4]　「医師の過剰」「医師の偏在」という誤解　115

[5]　水面下で進行する疲労による「不健康」を見逃す危険　117

[6]　「支え＝犠牲」で無理やり成り立たせている過重労働から脱却を
　　　　　　　　　　　　　　　　　　　　　　　　　　　　　117

第5章　疫学からみた急性心筋梗塞と労働時間との関係

　　　……笹島 茂　118

1　疫学とは何か　118

[1]　疫学と病態生理学のちがい　118

[2]　疫学と病態生理学の関係　119

2　急性心筋梗塞に関する疫学研究　121

[1]　急性心筋梗塞と労働時間　121

[2]　「日本における急性心筋梗塞の危険要素としての労働時間──症例

対照研究」 122

　　[3]　研究から得られた 2 つの結論　124

3　疫学と法学との親和性——政策提言との関係で　127

　　[1]　労働法における規制の方向性の評価　127

　　[2]　医学がもつ課題　128

　　[3]　国勢調査と人口動態統計を疫学的に活用するための国勢調査コホ
　　　　ートの提言　130

　　[4]　リスク管理としての疫学と法学との親和性　131

第 6 章　睡眠科学からみた夜勤・不規則労働と勤務間インターバル
　　　　……佐々木 司　132

1　夜勤・不規則労働と睡眠科学　132

　　[1]　睡眠のリズム　132

　　[2]　概日リズムは強固であるため夜勤時の疲労は大きい　135

　　[3]　覚醒のリズム　137

　　[4]　ルーテンフランツ 9 原則　139

2　勤務間インターバルと睡眠科学　141

　　[1]　勤務間インターバルに関わる医学的知見　141

　　[2]　勤務間インターバル制度は睡眠の質を高める　144

3　まとめ　149

第 7 章　〔事例研究〕どのような働き方が危ないか
　　　　——長時間労働、深夜・不規則労働の危険な組み合わせ
　　　　……川岸卓哉　150

はじめに　150

1　不規則勤務が原因となった各裁判例　150

　　[1]　頻繁な勤務シフト変更を繰り返したマクドナルドハンバーガー店
　　　　の店長代理の過労死（川崎南労基署長〔日本マクドナルド〕事件）

　　　　　　　　　　　　　　　　　　　　　　　　　　　　　　　　151

　　（i）　頻繁な勤務シフトの変更を繰り返す不規則な勤務　151

（ii）専門検討会報告書が指摘した交代制勤務・深夜勤務のリスク 151

（iii）勤務シフトの変則性・深夜勤務のリスクを認定 154

（iv）勤務の変則性の高い業務の危険性 154

［2］不規則勤務が当初の予定どおりでも過労死は起こり得る
　　　――ライジングセンターセキュリティーサービス警備員過労死事件
　　　（池袋労基署長〔ライジングセンターセキュリティーサービ
　　　ス〕事件）155

（i）不規則な深夜勤務に従事した警備員 155

（ii）不規則な勤務による生体リズムの位相のズレの修正の困難 156

（iii）判決は勤務間インターバルにも着目 156

［3］勤務間インターバルが確保できなかった結果の過労死
　　　――国立循環器センター看護師過労死事件（国〔国立循環器セン
　　　ター〕事件）156

（i）勤務間インターバルが短い勤務シフトが生んだ過労死 157

（ii）最適な睡眠時間を確保できない勤務間隔を強いられる看護師の変
　　　則的勤務 158

（iii）過労死認定基準の超過勤務基準は夜間勤務や不規則勤務等による
　　　睡眠不足を考慮していない 158

（iv）公益社団法人日本看護協会「看護師の夜勤・交替制勤務に関する
　　　ガイドライン」159

［4］ホワイトカラー会社員が陥る不規則勤務による過労死
　　　――ヘキストジャパン事件（三田労基署長〔ヘキストジャパン〕
　　　事件）160

（i）懇親会で帰宅が深夜になり自宅においても深夜まで業務をする管
　　　理職 160

（ii）持ち帰り残業の存在についても不規則勤務に準じた負荷要因とな
　　　る 161

（iii）持ち帰り残業などよって勤務間インターバルが確保されない業務
　　　も危険 161

2　交替制勤務・深夜勤務を過労死の原因とした裁判例 161

［1］　交代制勤務に潜む危険

　　　——警視庁警察官の過労死事件（地公災基金東京都支部長〔警視
　　　庁〕事件）　162

　（i）　交代制勤務が求められる警察官　162

　（ii）　日本産業衛生学会・産業疲労研究会編『産業疲労ハンドブック』
　　　が指摘する夜勤・交代制勤務のリスク　162

　（iii）　2 部交替制において、休憩時間や仮眠時間が取れていないことを
　　　過重性の根拠とする判断　163

　（iv）　交代制勤務が生む過労死のリスク　163

［2］　交代制勤務を繰り返しても慣れることはない

　　　——工場の交代制勤務の労働者の過労死（豊田労基署長〔トヨタ
　　　自動車〕事件）　163

　（i）　事案の概要　164

　（ii）　交替制勤務が規則的であっても慢性疲労を起こしやすい　164

　（iii）　交代制勤務を規則的に繰り返しても過労死の危険性はなくならな
　　　い　165

［3］　毎日の深夜勤務自体の過労死の危険

　　　——トラック運転手の過労死事件（福岡東労基署長〔蔣田運送〕
　　　事件）　165

　（i）　深夜勤務が常態化したトラック運転手　165

　（ii）　深夜業務に恒常的に従事していても慣れることはない　166

　（iii）　深夜勤務が生む過労死　167

3　交代制勤務と過労自殺

　　——ニコン・アテスト偽装請負過労自殺事件　167

　［1］　交代制勤務の果ての自死　167

　［2］　交代制勤務が精神疾患を引き起こすことを示す科学的知見　168

4　深夜・不規則労働が引き起こす過労事故死

　　——グリーンディスプレイ青年過労事故死事件　169

　［1］　深夜不規則勤務後の通勤帰宅途上の過労事故死　170

　［2］　長時間の断眠が事故を起こすメカニズム　170

詳　細　目　次　　ix

　　　（i）　反応時間テスト——起き続けていることによって生じた眠気　170

　　　（ii）　深夜勤務による体温リズムの底点の位相遅延によって生じた眠気

　　　　　　　　　　　　　　　　　　　　　　　　　　　　　　　171

　　　（iii）　夜間起き続けていることの眠気は酒気帯び運転と同じ　171

　　[3]　求められる過労事故死対策　171

5　裁判例分析のまとめ　172

　　[1]　裁判例分析のまとめ　172

　　[2]　裁判例を踏まえた過労死を防ぐための最低限の上限規制の方向性

　　　　　　　　　　　　　　　　　　　　　　　　　　　　　　　175

　　　（i）　労災認定基準の「過労死ライン」　175

　　[3]　勤務間インターバルの重要性　178

第 8 章　実現可能な労働法制改革の方向性——EU の労働時間規制
　　　　　……高橋賢司　181

はじめに　181

1　EU 指令の経緯と根拠　182

2　EU 指令 2003/88 における労働時間と最長労働時間（労働時間の上
　　限）規制　185

　　[1]　週最長労働時間の規制　185

　　[2]　休憩　186

　　[3]　休息時間　187

　　[4]　深夜労働ないしシフト労働　189

　　[5]　適用除外　191

　　[6]　休暇　193

結びに代えて　194

第 9 章　実現可能な労働法制改革の方向性——ドイツの労働時間規制
　　　　　……高橋賢司　196

はじめに　196

1　ドイツの労働時間法　197

[1]　労働時間の上限　197

[2]　休息時間　198

[3]　休暇　200

[4]　閉店時間と日曜・祝祭日　201

（i）　閉店時間法による規制　201

（ii）　日曜・祝祭日の労働　203

[5]　深夜労働　203

2　ドイツの協約上の労働時間規制　205

[1]　週35時間制への金属産業での労使の闘い　206

[2]　この解決への労働法学者による評価　208

[3]　週35時間制へのその後の展開　210

[4]　開放条項、遮断効をめぐる法的な争い　213

[5]　90年金属産業の協約と有利性原則　217

[6]　協約規制の緩和と労働時間の柔軟性をめぐる動向　219

[7]　その後の政府による提案　222

[8]　労働協約上の労働時間規制　223

3　労働時間管理からの個人化・個別化　226

[1]　ドイツにおいて進む労働時間管理からの個人化・個別化　226

（i）　労働時間の個人化　226

（ii）　労働時間の個人化がもたらすもの　226

[2]　労働時間の個人化・個別化の概要　227

（i）　労働時間口座　227

（ii）　フレックスタイム制　230

（iii）　裁量労働制　231

（iv）　年間労働時間契約　234

4　ドイツ労働時間の実務　236

[1]　S社の労働時間　236

[2]　K社の労働時間　239

[3]　O公団（有限会社）の労働時間　241

5　結びに代えて　243

第 10 章　[提言] あるべき労働時間規制のベストミックス

……高橋賢司・川岸卓哉　246

1　日本におけるあるべき労働時間法制　246

　[1]　従来の議論　246

　　(i)　インターバル規制等を重視した学説　246

　　(ii)　生活時間の確保　247

　　(iii)　深夜労働に関する研究　251

　[2]　あるべき労働時間法制　251

　　(i)　労働時間法制のあるべき理念　251

　　(ii)　労働時間の上限規制　252

　　　(ア)　日本におけるあるべき労働時間の上限規制　252

　　　(イ)　(過労死等に関する) 医学的な観点と労働時間の上限　253

　　　(ウ)　労働時間の上限の規制の単位や調整期間　259

　　　(エ)　上限に関して考えうる批判とそれに対する反論　260

　[3]　深夜労働の制限　263

　　(i)　深夜の労働規制の必要性　263

　　(ii)　深夜の労働をめぐる法規制のあり方　265

　　(iii)　事業所の実務　268

　まとめ　269

2　日本における勤務間インターバル制度の現在地　269

　[1]　勤務間インターバルの「努力義務」化　269

　[2]　過労死防止大綱での目標設定　270

　[3]　日本における勤務間インターバル制度　272

　　(i)　企業にとってのメリットと努力義務の限界　272

　[4]　過労死認定基準と勤務間インターバル　273

　　(i)　過労死認定基準における勤務間インターバルの明記　273

　[5]　勤務間インターバルの質的側面「つながらない権利」　274

　[6]　法規制化へ向けた今後の課題　277

　[7]　法制度としての勤務間インターバル規制　277

　　(i)　医学・睡眠の科学をふまえた勤務間インターバルのあり方　277

（ii）　勤務間インターバル制度の法政策のあり方　278

（iii）　勤務間インターバルを睡眠時間との関係で考える　281

（iv）　勤務間インターバルの企業内でのあり方（企業での実務での展開）

284

立法提言（まとめ）　285

特別寄稿　刊行に寄せて

……渡辺淳子　286

あとがき　288

序章

日本の働き方の何が問題なのか、
日本の労働時間規制の何が問題なのか

立正大学教授 髙橋賢司

1 法律学と医学、睡眠の科学の調和の必要性

わが国では、昭和22年施行の**労働基準法**（略して労基法）制定当初から、1日8時間・1週48時間制を定め、国際条約における基準の遵守と封建的遺制の一掃が考慮された[1]。

80年代には、サービス経済化、国際的な労働時間短縮の流れにともない、労働時間のフレキシビリティーの議論が盛んに展開された。現在は1日8時間・1週40時間制を建前としながら、労働時間の柔軟化を推進する目的で労働基準法は幾度も改正を経験してきた（変形労働時間制、フレックスタイム制、裁量労働制、事業場外労働みなし制等）。近時、**働き方改革法**のもとで、**労働時間の上限規制**、また、**勤務間インターバル制度**が新たに導入された。すなわち、日本の労基法上労働時間の上限規制が置かれ、そのなかでは、月の時間外労働（いわゆる残業）を最長100時間未満に抑えなければならないとする。また、前日の勤務と翌日の勤務の間に、十分な休息時間、インターバルが設置されるよう、努めなければならないと規定された（「勤務間インターバル制度」という）。これらの法制が導入された趣旨と

---

1) 「労働基準法案の概要」渡辺章編『労働基準法(3)－下（昭和22年）（日本立法資料全集54)』（信山社、1997年）493頁以下。

して、**労働者の健康を保護し、職場の安全を確保する**という法思想が内包していたといえるのであろうか。

　そのうえ、これらの労働基準法による労働時間の規制をなしていくうえで、**医学的な観点、睡眠の科学の観点**は、生かされてきたのだろうか。厚労省「脳・心臓疾患の認定基準に関する専門検討会報告書」（2001 年）において、医学的な観点も含めて労災認定基準の見直しが提言されたのは、有名である。問題は、労働時間を規制する労基法上の規制である。労働時間規制の方にこそ、こうした医学的観点が生かされるべきである。

　これに対して、労働時間形成の一定の側面に関するヨーロッパ議会及び理事会 2003 年 11 月 4 日指令 2003/88/EC（Richtlinie 2003/88/EG des Europäischen Parlaments und des Rates vom 4. November 2003 über bestimmte Aspekte der Arbeitszeitgestaltung）においては、例えば、深夜労働に関する種々の規制がなされるが、これは、医学的な観点から法規制がなされたものである。EU の本指令では、健康の保護と職場の安全を理念とし、加盟国は、これに対応する法規定を置かなければならないとされている。日本では、深夜労働を含む連続 20 時間以上の労働が実態として存在しているのとは、大きな差異がある。

　日本では、1 か月 80 時間〜100 時間の残業と不規則労働の末、過労による事故を通じて亡くなった、（本書で扱われる）グリーンディスプレイ事件の労働者の家族は、「私は『過労死』のある日本社会を恥ずかしく思います」。「亡き息子から私達に望む、『未来への責任』だと考えております。」と述べている。日本では、過労死、過労自殺の事件は、いまだ歴然として存在しているのに対して、ヨーロッパでは、過労死、過労自殺はあまり聞かれない。

　月の時間外労働（いわゆる残業）を最長 100 時間未満に抑えなければならないとする、日本の労基法上の労働時間の上限規制が不十分であるとの声もある。労働者が 1 か月 100 時間以上時間外労働を行い、その結果、労働者が脳心臓疾患により死亡した場合、労働基準監督署長により、労働災害（業務上災害）であると認定される可能性がある。現行の通達、「血管病変等を著しく増悪させる業務による脳血管疾患及び虚血性心疾患等の認定

基準」（令3・9・14 基発 0914 第1号）では、**労災認定**の際、長時間労働が発症の原因といえるかを判断するにあたり、①直近1カ月での時間外労働が100時間、②直近2〜6カ月で時間外労働が1カ月平均80時間の場合、発症との関連性は強いとされるからである（「**過労死ライン**」とも呼ばれる[2]）。この結果、労災認定上の「過労死ライン」（1か月時間外労働を100時間以上行い、その結果、労働者が脳心臓疾患により死亡した場合、労働基準監督署長により、労働災害であると認定されうる）と、労働基準法上の上限（1か月の時間外労働が100時間未満としなければならない）が、ほぼ同じ水準なのである。つまり、過労死ラインぎりぎりまで、使用者は労働者に労務の提供を迫ることができるのである。

また、勤務間インターバル制度の設置が努力義務とされるにとどまるが、政府が重要な政策として導入した勤務間インターバル制度も、最近の調査（厚労省政策統括官編「令和4年度就労条件総合調査」）によれば、企業の4.6％しか導入していない。

労働者の健康を保護し、職場の安全を確保する、という法的な観点が法規制のなかに内包するのであれば、いうまでもなく、これほどの長時間労働、わずかな勤務間インターバル制度が許容されるはずがない。

日本ではとかく、上述の EU 指令が参照される。**EU 指令**では、いわゆる労働時間の上限は原則として1週（残業時間を含め）48時間とし、24時間のうちの勤務間インターバル制度（「休息期間」といわれ、「休憩時間」とは異なる）は原則として11時間導入されることが必要とされている。しかし、睡眠の科学の世界では、勤務間インターバルが原則として11時間とする規制も、科学的には根拠が薄いと指摘される[3]。死亡率が低い睡眠時間は7〜8時間であると説かれる[4]。

これに対して、医学的には、1日5時間以下の睡眠は、脳・心臓疾患の

---

2) ただし、これに至らなくても、これに近い時間外労働では、業務と発症との関連性は強まるとされてもいる。

3) 佐々木司「勤務間インターバル制度の科学的意味」安全と健康19巻8号（2018年）23、25頁。

発症との関連において、有意性があるとしている[5]。科学的にも、上記の
ように、1日7～8時間睡眠が必要とされるとするが、これを前提とする
と、日本でとかく参考にされるこうしたヨーロッパの労働時間規制上、勤
務間インターバルを11時間とするという規制も疑念がもたれ、再検討の
対象となるものなのである。

　長時間労働が脳心臓疾患などの健康阻害をひき起こし、場合によっては、
過労死の原因をなすと指摘される。過労死家族・同僚相談者203名を分析
した医学的な研究によると、週60時間以上、月50時間の残業、または所
定休日半分以上の出勤のいずれかにあたる長時間労働が、過労死者の3分
の2を占めるという。配転、課題ノルマ、要求度の高さ、支援の低さ等の
特徴がみられると指摘している[6]。今後の労働時間の上限規制を形成する
際に、こうした医学的な研究をいかに生かすべきなのであろうか。

2　本書の視点

　かつて、法律学において、科学的な認識に立って、法規制が十分に論じ
られてきたのであろうか。日本の立法も、科学的な知見、知識と接点を持
ちながら、労働時間の法規制をなしてきたといえるのであろうか。

　こうした諸点を踏まえると、第1に、過労死、過労自殺を防止するとい
うのが、重要な観点だとすれば、労働者の健康と安全を保護するという観
点が、法規制のなかに内包しなければならない。本書は、仮説として、**労
働者の健康と安全を保護する**という観点から、労働時間規制を行うと考え
る。EUの法規制と同様、わが国の法規制は、労働者の健康と安全を保護
するという観点から構築されていくべきである、という観点は、医学的、

---

4)　Kecklund et. al., Effects of timing of shifts on sleepiness and sleep duration. J
　　Sleep Res. 1995:4 (S2):47-50. 佐々木・前掲注3) 25頁。
5)　厚生労働省「脳・心臓疾患の認定基準に関する専門検討会報告書」(2001年)。
6)　上畑鉄之丞「労働ストレスと循環器疾患」日循協誌26巻3号 (1992年) 185-190
　　頁。

睡眠科学との接点と強く結びつき、親近性を持つと考える。そこで、ここでは、第2に、労働者の健康と安全を保護するという観点をふまえて、労働時間の法規制は、そもそもいかにあるべきなのか、という視点から、考察を加えていく。本書では、法律学、医学、睡眠の科学の理論が検討され、医学、睡眠の科学、法律学が接点を持とうとするものである。本書との関係では、過労死問題と関わりながら、法学者、弁護士、医学者、医師、睡眠の科学者が、各々の分野の専門的な知見を紹介しながら、6年近く議論を重ねたうえで、いかに過労死、過労自殺を防止できるのかを論じてきた。こうした議論をふまえて、第3に、いかに、労働時間の上限規制、勤務間インターバル規制が、医学、睡眠の科学と関わりをもちうるのかを考えていきたい。

　法規制がいかにあったとしても、実際の事業所において労働時間をいかに形成していくのかは、法規制のもとで、労働組合、使用者の営為に委ねられる。仮に、医学、睡眠の科学から、いかに労働があるべきなのかが、労働時間との関係で示されれば、労働組合と使用者との労使の間で、——場合によっては法律を超えて——創造的に発展できるであろう。ここでは、医学や睡眠の科学の理論と実践も提示する。そこから、労働者の健康と安全を保護するために、いかに実践していくかを、労使の知恵と営為によって発展していけると考える。同時に、本書では、医学的な観点をも生かす、ドイツの労使の例も紹介される。事業所での労使の労働時間規整の例、あるべき姿をも部分的には提示しようと考える。

3　本書の構成

　本書は、上のような視点に立って、序章ののち、次のような構成により、論じていく。

第1章　過労死が止まらない——現行制度の限界（8頁）

　過労死が引き起こす悲劇と、過労死を抑制する流れとそれに逆行する流れとが併存する現状を確認して、過労死が起こるメカニズムを科学的に分

析し、長時間労働の危険性を社会の常識とすることの必要性を考える。

第2章　日本の労働法制の何が問題なのか
**　　　——工場法上の就業時間規制から現代の「働き方改革」まで**
(24頁)

　日本の雇用社会にいかなる構造的な問題点があったのか、その議論を振り返るとともに、日本の労働時間規制とその議論のあゆみを検討する。

第3章　間違いだらけの働き方・休み方の「常識」
**　　　——「疲労の進展」と「疲労の回復」から日本人の働き方を科学**
**　　　的に診断する**(66頁)

　「疲労の進展」と「疲労の回復」から日本人の働き方を科学的に診断する。長時間労働や不規則労働等により失われる睡眠と生じる疲労の蓄積に関する睡眠科学の基礎的な知識を説明し、その危険性を把握して、法制度の改善に向けた議論のベースになるところを確認する。

第4章　過労死・過労自殺につながる健康障害とその背景(87頁)

　過労死や長時間労働に関わると思われる重大な健康障害に関わる症例に早くから関わってきた医師としての立場から、数多くの例を分析し、労働者の働き方を変えていく必要性を考える。

第5章　疫学からみた急性心筋梗塞と労働時間との関係(118頁)

　長時間労働と脳・心臓疾患とはどのような関係にあるのか。労働時間とも関わる医学・疫学研究の知見を説明する。

第6章　睡眠科学からみた夜勤・不規則労働と勤務間インターバル(132頁)

　長時間労働や不規則労働等により失われる睡眠と生じる疲労の蓄積に関する睡眠科学の基礎的な知識を説明し、過労死が起こるメカニズムを睡眠の科学の立場から分析し、法政策の改善に向けた議論のベースになる点を述べる。

序章　日本の働き方の何が問題なのか、日本の労働時間規制の何が問題なのか　　7

第7章　〔事例研究〕どのような働き方が危ないか
──長時間労働、深夜・不規則労働の危険な組み合わせ（150頁）

　勤務間インターバル制度に関わる、不規則・深夜労働の若干の裁判例を分析する。どの程度の長時間労働が労働者の過労死を引き起こすかも裁判例を通じて検討する。

第8章　実現可能な労働法制改革の方向性──EUの労働時間規制（181頁）

　EU法では、最長労働時間（日本では上限規定とも呼ばれる）、休息時間（日本では勤務間インターバル規定と呼ばれる）、休憩時間、有給休暇の規定が定められている。日本法とEU法とはいまだ距離と隔たりがあるようにも思われる。その差異を、EU法の諸規定の趣旨、意義、適用除外規定について、それぞれ明らかにする。

第9章　実現可能な労働法制改革の方向性──ドイツの労働時間規制
（196頁）

　EU域内の国であるドイツにおいて、いかなる労働時間の規制がなされているかを概観する。また、法律に代替する機能を果たしうる代表的な労働協約の例として、金属産業の労働協約の週35時間制をとるまでの過程とその内容、そして、近年発展する労働時間口座をはじめとした労働時間規制の個人化・個別化もフォローする。日本法をみるうえでも、労働時間の最先端の例をみることは、さまざまな意味で参考になると考える。

第10章　〔提言〕あるべき労働時間規制のベストミックス（246頁）

　最後に、労働時間規制に関する本書の具体的なあり方を考える。特に、労働時間の上限規制、勤務間インターバル規制、深夜労働時間規制について、医学・睡眠の科学をふまえて、その規制のあり方を検討する。

第1章

過労死が止まらない
── 現行制度の限界

弁護士　川岸卓哉

1　過労死遺族の声

　日本社会において「**過労死**」という言葉が生まれてから半世紀近くが経ち（本書4章1参照）、この言葉自体は浸透した。「**過労死**」が、その言葉だけでなく、生身の当事者の苦痛や、残された遺族にとって取り返しのつかない被害であること直視しなければならない。過労死は、普通に生きてきた人々にとって、ある日突然に起きた悲劇であり、誰にでも起こりうる悲劇である。

　本書では、法的、医学的、睡眠科学的観点から、過労死を撲滅する方法を提言することを目的とするが、何よりもまず過労死の被害を直視せずして、日本社会において過労死を撲滅するための抜本的な対策は遅々として進まず、今後も過労死を生み出し続けることになるだろう。

　本章では、実際に筆者が担当した3つの過労死の実例を、遺族の声を中心に紹介する。そのうえで、長年過労死遺族や支援者が中心となって一歩ずつ進めてきたあゆみの到達点と、それでもなお過労死を撲滅するに至っていない現状を確認する。

[1]　長時間・深夜不規則労働の末に過労事故死で亡くなった24歳の息子
　まず、はじめに、本書の企画のきっかけとなった、グリーンディスプレイ過労事故死事件の、過労の末に原付バイクで帰宅途中に事故死した渡辺

航太さん（死亡当時 24 歳）のご遺族であるその母渡辺淳子さんの思いを紹介する[1]。

2014 年 4 月 24 日午前 9 時頃、当時 24 歳の渡辺航太さんが、徹夜勤務明けに原付バイクで帰宅途中、川崎市の路上で電柱に衝突して死亡した。未来への希望にあふれる若者の突然の死であった。

淳子さんは、航太さんについて、「どの親御さんもそうであるように、私にとって航太は宝であり、希望でした。」と語る。淳子さんからみて、幼い頃の航太さんは、人見知りで、兄の後をついていくのが精一杯な子であった。しかし、成長していくにつれて、明るく穏やかで、持ち前の思いやりや、気配りができる優しさで、自然に友人も集まってくるようになった。いつの間にか周りから頼りにされて中心となっていき、ものごとが動いていくことも多かった。スポーツが得意で部活動にも熱心だった。生徒会活動などで責任感も身につけていき、なにごとにもコツコツと努力し、精一杯楽しんで生活していた。航太さんを象徴するエピソードとして淳子さんが覚えているのは、小遣いをためて、母の日のお花は 2 本買い求め、淳子さんと親友のお母さんにも感謝の気持ちを伝えて渡していたことがある。男の子だったが、母親の淳子さんとの会話も多く、冗談を言いながら一緒に夕食を摂るのが幸せな時間だったという。

高校を卒業する少し前に、両親の離婚によって、淳子さんと航太さん、お兄さんの三人の生活となってからも、航太さんは忙しい母を手伝っていた。大学進学は、夜間大学を選び、日中はアルバイトで生活費を稼いで、母親の負担を軽くしようとしていた。大学を卒業して 24 歳になった頃には、もう親子の関係が逆となって、航太さんから淳子さんの体調を気遣う言葉が多くなっていった。淳子さんからみて、航太さんは、なにごとにも前向きで明るく、コツコツと積み上げて自分のものにしていくことが彼の生き方であり、自信を持って歩き始めているようにみえた。航太さんが淳子さんによく言っていた言葉があったという。「生きていることは奇跡な

---

1) 川岸卓哉＝渡辺淳子『過労事故死──隠された労災』（旬報社、2020 年）

んだ、一瞬一瞬が奇跡なんだよ。大事に一生懸命生きないともったいない
よ！　せっかくお母さんが、奇跡を僕にくれたんだから！」生きることが
大好きな人間であった。

　航太さんは、大学の夜学部で働きながらの大学生活であったため、卒業
までに６年かかった。在学中も正社員をめざして就職活動をしていたが、
履歴書を送っては返されていた。卒業してからもアルバイトをしながら就
職活動をしていたが、面接までたどり着けないことが続いていた。卒業後
の2013年秋頃、航太さんは、株式会社グリーンディスプレイの説明会に
参加した。仕事の内容は航太さんの興味のあるもので、大手デパートやお
店向けに、主に植物をディスプレイする仕事であった。その後、航太さん
は最終面接に進み、試用期間としてアルバイトの誘いがあったため、正社
員として働くことを期待して、面接後すぐにグリーンディズプレイ社でア
ルバイトを始めた。

　グリーンディスプレイでの仕事における時間外労働は、試用期間であり
ながら、過労死の認定基準である１か月80時間〜100時間を超える月が
続いた。さらに、徹夜で作業する日も多く、深夜不規則労働は、航太さん
の疲労を更に蓄積させた。それでも、航太さんは、正社員としての内定通
知が届くことを期待しながら、クリスマスシーズンに向けて、指示される
ままに忙しく働いた。仕事は翌年のお正月、バレンタインデイ、ホワイト
デイ……とイベントがあるごとに忙しくなっていった。淳子さんの生活時
間ともすれ違うことがほとんどで、ふたりで話す時間も無くなっていった。
どんなシフトでどのような通勤の仕方をしているのかもわからず、ただ、
航太さんがどんどん疲れた表情になっていくのがわかった。

　その年の４月に念願の正社員になってからも航太さんの仕事の実態は変
わらず、大好きな仕事を見つけた喜びも失望・諦めに変わりはじめ、航太
さんと淳子さんは、５月の連休に時間をつくって、もう一度今後の仕事に
ついてふたりで話をする約束をした。

　淳子さんが最後に航太さんの姿を見た４月22日の朝、航太さんは、服
を着たまま布団もかけないままで寝ている状態だった。淳子さんは布団を
かけてやり、軽く身体をゆすったが、起きることはなかった。これ以上起

こそうとするのも忍びなく、まさかこの日も働かされるとは思ってもいなかったので、航太さんに「ゆっくり寝て身体を休めて。そうじゃないと良い仕事はできないのよ。身体を壊しちゃうよ。今日は一緒に夕飯を食べようね。」と声をかけた。しかし、返事はなかった。そのまま眠って欲しかったので起こさず、淳子さんは出勤した。

翌日の4月24日の朝、航太さんは、22時間連続の徹夜勤務後の帰宅途中、極度の疲労状態から、原付バイクを運転中に電柱に衝突して亡くなった。

「航太がバイク事故で亡くなった」と淳子さんが聞いたのは4月24日の朝、仕事で移動中の電車の中だった。携帯電話に異常な数の着信が入ったので途中下車して訃報を聞き、そのときにはもう航太さんは病院から警察へ移送されるところだった。淳子さんは、電車のホームで「病院へ戻してー！　航太を治してー！　病院へ！　航太はもっともっと生きたいのよ！お願いします。お願いします。」と大声で携帯電話に向かって叫んでいたのを覚えている。

それからしばらくの間は、淳子さんは、ショック状態で記憶も途切れ途切れとなっており、友人の力を借りてなんとか葬儀を済ませた。航太さんを知る者は皆ショックを受けて、遠方からも150人以上が葬儀に参列した。淳子さんのもとに航太さんは遺骨になって戻ってきたが、淳子さんには航太さんが亡くなったことを信じることはできなかった。淳子さんは、元気で生きることを感謝しながら前向きだった航太さんの帰りを毎日毎日待った。

航太さんが亡くなってから1年の日に裁判所に提訴したとき、淳子さんは次のように語った。「最愛の息子を亡くして約1年が経ちます。こんなことになってしまったのは私のせいであり、航太の正社員になりたいという希望と、母親を安心させたいという気持ちが航太の人生を終わらせてしまったのではないかと日々申し訳なく思ってしまいます。できることならば航太と代わってやりたいです。航太は誠実な人間で、気配りのできる明るい性格でした。これからの社会に少なからず、必ずや貢献できる人間に成長したばかりの24歳の青年でした。とても残念でなりません。」「私は

『過労死』のある日本社会を恥ずかしく思います。私たちは、働くために生きているのではなく、生きるために働いています。自由で幸せな生活を求めて働いています。そのためには、まず何よりも命を守ることが大前提です。過重労働等が原因で健康を損なったり、怪我をすることも、あってはなりません。人間の限界を試すような働き方で生産性を上げていくという考え方は間違っています。人間の能力に合った働き方を、早急に立法、司法、行政、国民全体で全力をあげて考え見直し、『過労死』の無い社会を築いていただきたいと心からに願っております。それを実現することが、亡き息子から私たちに望む、『未来への責任』だと考えております。」

[2]　働き者の母を亡くして遺された子どもたち

　訪問介護事業所の所長だった佐藤あすかさん（仮名）は、業務中に心停止により亡くなった。働き盛りの40代で、所長として、常に他の職員やヘルパー、利用者による問い合わせやクレームから解放されることなく責任の重い精神的負荷のかかる業務を担っていた。あすかさんは、社交的で、責任感が強く、面倒見も良く、周りの人たちから尊敬されていた。いつも朝8時ごろ家を出て、夜帰ってきてからは、子どものために料理や洗濯、掃除などの家事もしていた。家に帰ってきても、忙しそうに仕事の関係の電話に対応しており、家族でご飯を食べていても、電話があるたびによく抜け出して対応していた。夜遅くに電話がかかってきて、利用者さんが急に倒れたというので、急いで家を出て対応したこともあった。土日も、ヘルパーが手配できない日は、自ら現場に入って休日返上で働き続けた。勤めていた会社の社長も、「あすかは頑張り屋だ」と言って褒めていた。このような働き方を続けるなかで、あすかさんは、死亡前6か月平均で、少なくとも月68時間30分の時間外労働に従事していたことが推定され、恒常的な長時間労働によって疲労が蓄積していき、あすかさんの動脈硬化の基礎疾患が悪化していった。そして、2017年8月、あすかさんは、介護サービス利用者が転倒し頭部を負傷したとの連絡を受け、所長として直ちに利用者のもとに向かい、救急車に同乗して、救急室での救急処置に対応することを余儀なくされた。そして、その直後、利用者の帰宅を介助する

ため、利用者の乗った80キロ以上の車椅子を持ち上げて階段を登ろうとしたことが引き金となって心室細動を発症し、その場で倒れこんで、二度と起き上がることはなかった。

あすかさんには、亡くなった当時の年齢で22歳の長男、16歳の長女、14歳の二女、そして10歳の三女がいた。当日、長女は、あすかさんが倒れたことを聞いて病院に向かった。病院で、長女は、目を閉じたままの母の姿を見て、「朝まで元気だったのになんで」と現実を受け入れることができなかった。いつか目を覚ますのではないかと祈りながら毎日病院に通った。しかし、あすかさんは目覚めることなく、倒れてから2週間後の8月31日に、延命治療を中止し、亡くなった。

長女は、「母は私たち子どものことを一番に考えてくれていました」と語る。子どもたちにとって、あすかさんは、間違ったことを叱ってくれて、良いところは褒めてくれる良き母だった。子どもたちからの相談にもよく乗ってくれ、子どもたちはあすかさんに友達のように何でも話していた。あすかさんが亡くって、子どもたちの生活は一変した。これまでいちばんの相談相手として何でも話していた母親に頼ることができなくなった。当時まだ小学生で幼かった三女は、精神的に不安定になって落ち着きがなくなり、授業中に大声を出すなどして何度も学校からの呼び出しを受けた。長女も、高校で、友人が母親に相談したり母親と出かけたりしているという話題がでるたびに、羨ましく思うとともに、寂しさがこみ上げた。

それまで母親が担っていた家事は父と子どもたちで分担するようになった。しかし、あすかさんがやっていたようにはうまくいかず、それまではほとんど毎日手作りの料理を食べていたが、亡くなった後は外食も増えた。経済的な不安も増え、父は夜勤の仕事を増やすなどして稼ごうと頑張ったが、生活費が足りず、借入れをして賄っている。長女は現在、大学に通っているが、学費のために奨学金の貸与を受け、交通費や教材費など足りない分はアルバイトで賄っている。また、二女も、母が亡くなってからアルバイトを始めて家計を助けたが、専門学校で勉強したいという目標を家計のことを考えて諦めて、高校卒業後すぐに就職することになった。

労働基準監督署に労災認定を求めたが、あすかさんの労働時間が認定基

準の過労死ラインに達していないという理由で、認定を受けることができ
ず、現在裁判所で争っている。裁判で、原告の長女は裁判所に次のように
訴えた。「母は、仕事が原因で亡くなりました。仕事中に倒れているのに
どうして労災として認められないのか不思議でなりません。労災保険のお
かげで、万が一仕事中に何かあっても補償を受けられるということで、働
く人は安心して仕事に取り組めると思います。それなのに、母の死は業務
に基づかないものと判断され、労災として認められず、遺された私たちは
補償を受けられず生活は苦しくなり、辛い思いをしています。これでは母
も死んでも死にきれない思いを抱いていると思います。裁判所には、頑張
り屋だった母の命に向き合って、正しい判断をしていただくようお願いい
たします。」

[3]　長時間・不規則労働によるうつ病発症による過労自殺

　最後に、長時間・不規則労働によってうつ病を発症して自殺した島田浩
司さん（仮名）のご遺族の妻の声を紹介する。浩司さんは 2016 年、長時
間労働からくるうつ病がもとで、自ら命を絶った。働き盛りの 53 歳であ
った。妻と、当時大学 3 年だった息子、高校 2 年だった娘が残された。

　浩司さんは、金融システムのネットワーク構築や維持管理を行うシステ
ムエンジニアであった。妻からみて、浩司さんは、責任感が強く、勤勉で
真面目、仕事熱心で、仲間思いで家族思いの、優しくて、自分のことはい
つも後回しにする人であった。妻は、夜、夫の帰りをリビングでうたた寝
しながら待ち、クルマで駅まで迎えに行くのが日課であった。夫の帰宅時
間が夜中 0 時を過ぎると、「寝ててください、タクシーで帰ります」と深
夜にメールがきたものであった。

　2012 年 4 月に部長職に昇進した浩司さんは更に忙しくなった。帰宅時
間が更に遅くなり、深夜 0 時過ぎに帰宅する頻度が増えた。休日もほとん
ど休めなくなり、たまに家にいても仕事をしていることが多くなっていき、
浩司さんから笑顔が減っていった。この頃から、帰りの送迎の車中での短
い時間、以前はあまり仕事のことを話さなかった浩司さんから、「人手が
ない」「トラブルが起きればその分通常業務も後回しになる」「休みの日は、

その溜まった業務をこなしに会社へ行かないといけない」などといった愚痴が増えていった。1つトラブルが起きれば、対応に深夜を費やしていつ帰れるかもわからず、会社のソファで横になって、食事もきちんと摂れない日が2日3日続くことも何度もあった。その頃、月の時間外労働時間は、軽く130時間は超えていた。

　ある日、まだ明るい時間に、浩司さんは会社の人に連れられて自宅に帰ってきた。そのとき妻が見た夫の姿は、今まで見たこともないくらいしょんぼりと背中を丸め、焦点も定まらず、真っすぐ歩くことすらできないくらいに疲れ切った姿だった。そして、浩司さんが妻の前で初めて子どもみたいに泣きじゃくった。浩司さんは、部長職になってからの重圧と、長時間労働からうつ病になっており、職場で自殺未遂を起こしたのだ。

　浩司さんは、ひと月の間、自宅で静養したのちに復職した。妻から見ても、ひと月などでは疲れも病気も治っていなかったように見えたが、浩司さんが早い復職を望み、会社も担当医も許可を出した。家族としては、心配だったが、本人が強く望んでいたので、それを支えるほかなかった。

　復職後は、部長職を離れて心の重圧を降ろし、時間外労働も減ったかのように見えた。しかし、実際は、管理職を離れただけで、現場の仕事の一切を任されていた。そこへ、2016年年始からのシステムトラブル対応による徹夜泊まり込みでの連続勤務や、新規業務への対応など負荷が重なり、うつ病が再発した。急激に症状が悪化し、再発から1か月あまりで、浩司さんは仕事の苦しみに追い詰められて自死した。

　浩司さんのうつ病は、仕事による心労によって再発してしまった。積み木が崩れるように、浩司さんの心はガラガラと壊れていった。それはあっという間のことで、制御不能な状態であった。当時、浩司さんが必死に心のバランスをとろうとしていたことが、残されたメモからわかる。「死にたい気持ちが収まりません　今週から鬱が一気に来ました　この間もらったクスリもあまり効きません　睡眠薬も不安薬もダメです　再発です　認めたくはないけれど仕事のストレスがたまりすぎていました　対応力不足で溢れてしまいました　家族のために死にたくはないです　どうして良いのかわからないです　医者は土よう日に予約しているので、うつびようの

しんだんしよをもらおうと思います　会社は休業しよう　でも迷惑かけた、かけることに罪悪感がありクスリでちらせながらなんとかならないかとも思っている　どうしたらよいのだろう　考えられない」。

　浩司さんの妻は、浩司さんの死後、苦しかった胸の内が記された日記を読んで、子どもたちと声を上げて泣いた。こう書いてあった。「体制を維持しても仕事があるときと無いときがある。ある時は、短期案件が突然やってくる。体制が柔軟に対応できる組織ではないため、どこかでひずみが発生する。今回はそのひずみによって、私が鬱になりました。今の体制、ビジネスモデルを続ける限り、私と同じ様な人間がまた出るでしょう。」

　それまで、浩司さん家族は、平凡でつつましくも普通に幸せに生きてくることができた。浩司さんが仕事をして、家族を養ってくれたおかげだった。しかし、その大切な夫を仕事が原因で失ってしまった。「退職したら、好きなことをやりたい、好きなところへ行きたい、いつか一緒に行こうね」と話していたことも、もうできない。

　妻は訴える。「一家の大黒柱としての責任がなければ、早い段階で会社を辞めることもできたのかなと思うと、申し訳なさで胸が潰れる思いです。過労死は特定の誰かに起こるものではないと実感しています。私たち家族も、関係のない事と思っていました。でも夫はもう、何をどうしても帰っては来ません。朝目覚めるたびに全部夢だったらいいと思う毎日の繰り返しです。このような同じ悲劇が二度と起きないよう、私たち遺族の祈りが皆様にどうか届きますように。そして、それ以前に、仕事によって心を病んでしまうような労働環境を、企業の側も働く方々からも改善ができるような世の中になっていって欲しいと思います。」

[4]　遺族たちの声が訴えるもの

　以上のように、過労死遺族の声を３件紹介したが、過労死は、本人にとってはもちろんのこと、遺族にとっても悲劇である。そして、絶対に避けなければならない悲劇である。グリーンディスプレイ過労事故死事件のご遺族の渡辺淳子さんが訴えるとおり、働くために生きているのではなく、生きるために働いているのである。しかし、「過労死」という言葉が生ま

れてから半世紀近くが経とうとしているが、日本社会において過労死は未だに撲滅されるに至っていない。

　以下では、過労死をなくすためのあゆみの到達点と現状を振り返る。

2　「過労死」のあゆみ

[1]　「過労死」認定基準改定のあゆみ

　過労死問題の歴史は長い。その歴史は、過労死して倒れた労働者の無念の思いと、残された遺族の悲しみを受け止めた弁護士や医師、科学者などの支援者が、司法判断を通じて、頑なな行政の認定基準の壁を乗り越え、「過労死」と扱われるべき範囲を広げてきた歴史である。

　厚生労働省の**認定基準**に関しては、脳・心臓疾患の認定基準が初めて策定されたのが1961年である。このときは、発症の直前または少なくとも当日に、従来の業務にはなかったほどの異常な出来事（災害主義）があった場合にしか考慮されなかった。

　その後、「過労死」という言葉が社会的に認知されていない1981年7月に、大阪で「急性死等労災認定連絡会」が、医師の呼びかけのもと、弁護士、遺族、労働組合らが労災認定による救済を中心に取り組みを始めていた（本書4章1も参照）。

　1987年に、26年ぶりに旧認定基準が改定され、発症当日の「突発的」な事故や災害のみを評価する労災認定の伝統から、過重性の評価期間を発症直前の1週間に限定しながらも、疲労蓄積を評価する基準に改定された。

　1988年6月には、「全国過労死110番」が始まった。「過労死（karoshi）」という言葉が社会的に認識されるきっかけになった。同年10月には過労死弁護団の結成、翌年1989年11月には「全国過労死等を考える家族の会」の結成によって全国的な取り組みとなり、労災認定を中心とした取り組みを進めていく。

　1995年の認定基準の改訂時には、発症前1週間より前の業務を含めて総合的に判断する場合が加えられ、不充分ながら長期間にわたる蓄積疲労を考慮する余地を設けた。しかし、この通達でもなお、長期間にわたる蓄

積疲労を正面から評価せず、深夜交替勤務、不規則勤務、精神的緊張を伴う勤務などへの配慮もなかった。

このような認定基準に根本的な改正を迫ったのが、2000年に出された、電通過労自殺事件についての最高裁判決（最二小判2000・3・24民集54巻3号1155頁）、東京海上支店長付き運転手が精神的緊張や不規則などで発症したクモ膜下出血事件についての最高裁判決（最一小判2000・7・17集民198号461頁）大阪淡路交通高血圧性脳出血事件についての最高裁判決（最一小判2000・7・17労判786号14頁）であった。

これら3つの最高裁判決を受けて、労働省（当時）は2000年10月、認定基準の見直しに着手し、2001年12月「脳・心臓疾患の労災認定基準」が、過労死の労災認定基準を改定した。新認定基準は「発症前の長期にわたって、著しい疲労の蓄積をもたらす特に過重な業務に就労したこと」（長期間の過重業務への就労）を設け、発症前おおむね6か月間を評価期間とすることとした。

長期間の過重業務における業務の過重性の評価にあたって、①「発症前1か月間におおむね100時間以上」、「発症前2か月ないし6か月間におおむね80時間以上」の時間外労働時間（週40時間を超える労働時間）があれば、業務との関連性が強いと評価する、②発症前1か月ないし6か月間の時間外労働時間がおおむね45時間を超える場合は、それが長くなるほど、業務と発症との関連性が徐々に強まると評価する、いわゆる「**過労死ライン**」が定められた。

また、労働時間以外にも、負荷要因として、「不規則な勤務」、「交代制勤務・深夜勤務」についても、認定において判断されることになった。

さらに、2021年には脳・心臓疾患の労災認定基準が改定され、「過労死ライン」の水準に至らなくても、これに近い時間外労働があり、かつ労働時間以外の負荷要因があれば認定されるなど、若干の基準が緩和される改正がなされている。

3　過労死等防止対策推進法の制定

　過労死を考える家族の会に所属する遺族たちは、労災認定を求めていくなかで、過労死は個人の責任ではなく社会の仕組みの問題であり、労働法制と関わって労働環境と密接に関係していることに気付いた。そこで、過労死を増やすような悪法については労働諸団体と共に強く反対し、過労死には法による規制しか他に道はないと考えて、「過労死等防止基本法」の制定を求めて、過労死弁護団とともに取り組み始めた。

　2010年11月、全国過労死を考える家族の会と過労死弁護団全国連絡会議の呼びかけで「ストップ！　過労死防止基本法制定実行委員会」が結成され、1000万人署名や地方自治体の意見書採択などを中心とする国民的運動がスタートした。

　以来、全国で過労死遺族たちが先頭に立って街頭宣伝や集会で署名協力を訴え、集まった署名は55万筆を超えた。また、地方議会意見書採択のための陳情を重ね、過労死等防止基本法の制定を求める意見書を採択した地方議会は、11道府県議会を含む143に及んだ。

　2013年5月には、ジュネーブで行われた国連社会権規約委員会の日本審査の場に過労死遺族の代表が参加して日本の過労死問題を訴えたところ、委員会は日本政府に過労死・過労自殺の防止措置を勧告した。

　そして、世論の盛り上がりを背景に、2013年6月、「過労死防止基本法の制定を目指す超党派議員連盟」が結成され、2014年5月23日には衆議院厚生労働委員会で歴史上初めて過労死遺族の代表が意見陳述を行った後、5月27日衆議院本会議で法案を満場一致で可決。続いて、6月19日参議院厚生労働委員会でも意見陳述を行なった後、参議院本会議でも満場一致で可決され、ついに「**過労死等防止対策推進法（過労死防止法）**」が成立した。

4　過労死認定基準と改正前労働基準法の
　　ダブルスタンダードの矛盾を解消した働き方関連法

　労働基準法で、1日の労働時間は8時間と定められている。8時間を超えて従業員を働かせた場合、雇用主に罰則が科されるのが原則である。もっとも、当時の労働基準法は、従業員（労働者側）と雇用主（使用者側）とが、労使協定を結べば、1ヵ月に最大45時間まで延長でき、特別な事情があれば1年のうち半年まで上限なく更に延長できることになっていたため、労働基準法の労働時間規制は、実態においては青天井に残業させることができた。

　また、2001年の過労死認定基準の改定以降、長時間の時間外労働は過労死の原因となることが公的に認定されることになったにもかかわらず、「過労死ライン」以上残業できる三六協定を結んでも企業が違法に問われないという矛盾が露わになるようになった。

　そして、2018年4月1日から順次施行されることになった**働き方改革関連法**では、**時間外労働の上限規制**が導入され、ようやく過労死認定基準と平仄が合わせられた。すなわち、時間外労働の上限について、**月45時間、年360時間**を原則とし、臨時的な特別な事情がある場合でも年720時間、単月100時間未満（休日労働含む）、複数月平均80時間（休日労働含む）を限度に設定することが必要となった。

　また、働き方改革関連法案の審議のなかで、**勤務間インターバル制度**の法規制化が争点となった。勤務間インターバルは、過労死認定基準で労働時間以外の負荷要因とされている、不規則な勤務や、交替制勤務・深夜勤務などを直接的に規制するのに有効な制度である。野党は欧州並みの11時間の勤務間インターバル制度の法規制化を求めたが、結局、成立した法律は、労働時間等設定改善法を改正し、「事業主は、前日の終業時刻と翌日の終業時刻の間に一定に一定時間の休息の確保を努めなければならないこととする。」とする**努力義務規定**にとどまった。もっとも、参議院厚生労働委員会の附帯決議（2018年6月28日）では、努力義務化された勤務間インターバル制度について、導入促進に向けた具体的な支援策の展開を急

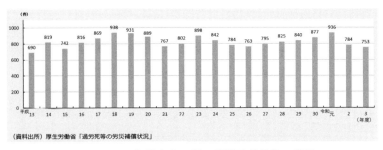

図1-1　脳・心臓疾患に係る労災請求件数の推移

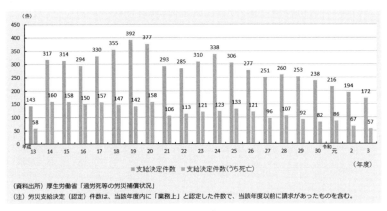

図1-2　脳・心臓疾患に係る労災支給決定（認定）件数の推移

速に実施するとともに、次回の見直しにおいて義務化を実現することも目指して、そのための具体的な実態調査および研究等を行うこととされ、勤務間インターバル制度の規制化を実現するための検討の方向性も示された。

5　それでも止まらない過労死

しかし、先述の遺族や支援者らが進めた過労死認定基準の改定と、過労死等防止対策推進法の制定、そして過労死認定基準の「過労死ライン」を上限とする労働基準法の改正にもかかわらず、過労死は未だ撲滅されるに至っていない。以下では、厚生労働省発表の2022年過労死防止白書をも

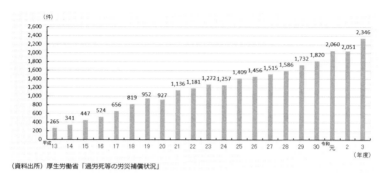

図1-3　精神障害に係る労災請求件数の推移

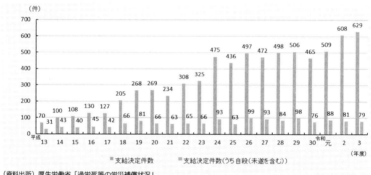

図1-4　精神障害に係る労災支給決定（認定）件数の推移

とに過労死の現状を概説する。

　過労死のうち、脳・心臓疾患を発症したとする労災請求件数は、平成14（2002）年度に800件を超えて以降、700件台から900件台で推移している（図1-1）。実際に過労死をしても、労災申請には直ちに結びつかず、氷山の一角にすぎないと考えられるが、それでも、日本社会において依然としてこれほど多くの労働者が業務が原因で脳・心臓疾患を発症していることは、驚くべき事実である。

　さらに、労災を申請しても、認定される件数はごく一部にすぎない。平成14（2002）年度に300件を超えて以降、概ね200件台から300件台で推

移しており（図1-2）、労災申請件数に比較して2〜3割程度しか認定に至っていない。これは、依然として労災認定基準のハードルが高く、実態に沿った判断がされていないことを示している。

　また、業務を原因として精神障害を発病したとする労災請求件数は、右肩上がりに増加する傾向にある（図1-3）。平成13（2001）年度には265件だったものが、その後増加傾向を続け、令和3（2021）年度は2346件にまで至っている。これに対して、労災認定件数は、平成24（2012）年度以降500件前後で推移し、令和3（2021）年度は629件にとどまっている。精神疾患の労災申請においても、認定に至るのは4分の1程度とごく一部であり、認定基準が大きな壁として立ちはだかっている（図1-4）。

　以上のとおり、2001年の労災認定基準改定、2014年に過労死防止対策推進法が成立し、2018年には働き方改革関連法が成立したにもかかわらず、過労死は撲滅には至っておらず、日本社会において過労死の悲劇が繰り返され続けているのが現状である。日本社会において、過労死を防ぐための法規制が未だに不充分であり、欠陥があるといわざるを得ない。

　日本社会において、過労死を二度と起こさない、悲劇は二度と繰り返さないという決意のもとに、規制を前進する取り組みが求められている。

第**2**章

日本の労働法制の何が問題なのか
——工場法上の就業時間規制から
　現代の「働き方改革」まで

立正大学教授　高橋賢司

1　労働時間法制の歩みとあり方

[1]　労働時間法制の端緒

(i)　工場法の就業時間の規制と理念

　わが国においては、明治20年（1887年）に職工条例案と職工徒弟條例案を脱稿したが発表に至らなかった。次いで、鉱業条例が制定（明治23年（1890年））された後[1]、明治30年（1897年）に農商務省が職工法案を起草し、これを議会に提出されることになっていたが、議会が解散したため、廃案となった[2]。農商務省は、明治31年（1898年）工場法案を作成し、明治42年（1909年）に帝国議会に提出された。紡績業者らによる法案に対する猛烈な反対にあい、いったんは撤回せざるを得なかった。工場法が制定されたのは、明治44年（1911年）であった。大正5年（1916年）に施行令（勅令第193号）、施行規則（農商務省令第19号）が公布され、工場法の施行は大正5年（1916年）である[3]。

　工場法の制定理由として、立法作業に直接携わった農商務省参事官工務

---

1) 1日12時間の労働時間の上限規定、女子年少者のための保護規定などを省令をもって規則に定めると規定されていた。

2) 以上の経緯については、労働省編『労働行政史　第一巻』（労働法令協会、1961年）25頁、30頁が資料として残されている。

局長、岡実氏によると、（一）「工場設備ノ不完全ニ基クモノ」、（二）「職工ノ不當使役ニ伴フ弊害」[4]とされ、工場法の積極的目的は、「健康ヲ保全セシメ、工場生活ニ對スル危懼ノ念ヲ去リ、一生之ニ從事シテ敢テ顧慮スル所ナク」と述べ、「身體生命及幸福ヲ保全セシムルヨリ生スル社會上及政治上ノ利益ハ茲ニ他言スルヲ須キサル所ナリ[5]」と述べている。

「無制限な労働」に制限を加えようとした（職工の就業時間は「歐米各國ニ於テハ嘗テ其ノ例ヲ見サル畫夜連續作業ヲ行ヒ女工ヲシテ徹夜業ニ從事セシムルモノ殆ント其ノ全部ヲ占メ、職工一人一日ノ就業時間ハ十二時間ナリト雖徹夜ニ原因スル疲勞甚シキ[6]」「徹夜業爲ス工場中事業ノ繁忙ナルニ際シテハ畫夜各組ノ就業時間轉換ノ際尚半日ノ居殘早出就業（即チ十八時間ノ就業）ヲ爲サシムルコトアリ[7]」）

桒田熊藏氏[8]は、私有財産と自由経済を建前としつつ（社会主義とは対峙しつつ）、自由放任主義とは一線を画し、労働者の利益の保護は不可避のものと考え、工場法の制定が必要であると唱えた。とりわけ労働延長（残業）の制限、深夜業（徹夜業）の制限を念頭に置いた工場法が重要であるとし、それが国民経済の発展を阻害するものではないことを示した[9]。「政府が勞働者に對し、保護の方法を設くるは、啻に職工の利益たるのみならず、公衆の爲めに必要なる事に非ざるか」と述べている[10]。

3）工場法の主な研究には、秋田成就「日本労働法史(1)─戦前」日本労働法学会編『新労働法講座　第1巻』再版（有斐閣、1969年）253頁、258頁、渡辺章「工場法史が今に問うもの」日本労働研究雑誌562号（2007年）101頁、濱口桂一郎『労働法政策』（ミネルヴァ書房、2004年）244頁以下、千本暁子「日本における工場法成立史」阪南論集社会科学編第43巻第2号1頁以下。

4）岡実『改訂増補工場法論〔第3版〕』（有斐閣、大正6年、改訂増補第3版昭和60年）209頁以下。

5）岡・前掲注4）212頁。筆者が一部現代仮名遣いとし、また仮名をふっている。

6）岡・前掲注4）238頁以下。

7）岡・前掲注4）239頁。

8）桒田熊藏『工場法と労働保険』（隆文館、1909年）62頁以下、72頁（本のタイトル及び引用につき、筆者が一部現代仮名遣いとしている）。

9）桒田・前掲注8）73頁。

10）桒田・前掲注8）65頁〔筆者が一部常用漢字に改めている〕。

工場法は、常時15人以上の職工を使用する工場および「事業ノ性質危険ナルモノ又ハ衛生上有害ノ虞アルモノ」[11]に適用される。また、人的には、15歳未満の年少者・女子（保護職工という）と職工とを対象とした。工場法が適用される「職工」は、工場の主たる作業および主たる作業に関係ある作業（労役）に従事するとされた[12]。また、原則12歳未満の者の就業を禁止した。

　年少者と女子の保護職工に対して、最長労働時間（就業時間12時間[13]）、深夜業禁止（午後10時〜午前4時[14]）、危険有害業務への就労禁止等の規制が導入されていた。産後5週以内の女子の就労を禁止した。これらは、15歳以上の男子には規制されなかった。

　労働者一般に対しては労働災害扶助制度を課した。

　時間外労働・休日労働については、「避クヘカラサル事由ニ因リ臨時必要アル場合ニ於テハ」「行政官庁ノ許可ヲ得テ」行えるほか、「臨時必要アル場合」には「其ノ都度予メ行政官庁ニ届出テ」「一月ニ付七日」まで就業時間を「二時間以内」延長できるとされ、また、「季節ニ依リ繁忙ナル事業」について「予メ行政官庁ノ許可ヲ受ケ」、「一年ニ付百二〇日」を超えない範囲で就業時間を「一時間以内」延長できるというのにすぎなかった（8条）。極めて厳格な規制を採用していた（以上、漢字を一部常用漢字にしている）。

　施行令では、賃金通貨払い原則、毎月一回以上の払い原則なども定められていた（22条）。

　つまり、工場法は、年少者と女子の保護職工を対象として、労働時間規制を行っているが、身体生命および幸福の保全という目的をも有していた。

11）勅令をもって本法の適用の必要としない工場は除外した。但し、除外しても、原動力を用いるものには、一定の規定を適用させた。

12）「職工」は、法律に定義はないが、「工場内ニ在リテ工場ノ目的トスル作業ノ本體タル業務ニ付勞役ニ従事スルモノ」をいう（岡・前掲注4）293頁）。

13）使用者側の反対により、器械生糸製造・輸出絹織物は施行後5年間は14時間、10年間は13時間までの延長等が定められた。

14）これらの規定には、深夜業の制限については除外・猶予規定があった。

職工に対して十分な制限はできなかったものの、年少者と女子の過重労働に制限を加えようとしている。これらについて深夜業をも禁止している。資本主義の発展の初期段階における、工場における労働状況が世論の同情を招き、自由放任主義ではなく、工場法の労働時間規制も必要であると考えたのである。

　その後、1919 年に設立された ILO では、憲章前文において、「世界の永続する平和は、社会正義を基礎としてのみ確立することができるから、そして、世界の平和及び協調が危くされるほど大きな社会不安を起こすような不正、困苦及び窮乏を多数の人民にもたらす労働条件が存在し、且つ、これらの労働条件を、たとえば、1 日及び 1 週の最長労働時間の設定を含む労働時間の規制（…）によって改善することが急務である」と宣言した。第 1 回総会において、労働時間に関する条約として、1919 年、労働時間（工業）条約（「工業的企業に於ける 1 日 8 時間且 1 週 48 時間に制限する条約」（第 1 号））を採択した。1935 年には、40 時間制条約（「労働時間を 1 週 40時間に短縮することに関する条約」（第 47 号））が採択された。

　これに伴い、大正 12 年に工場法は改正されている。工場法改正の背景には、大正 8 年（1919 年）に国際労働機関が設立したこと、そして、国際労働機関において上記の 8 時間制に関する条約、「夜間に於ける婦人使用に関する条約」（夜業〔婦人〕条約〔第 4 号〕）等が採択されたことによる[15]。

　改正時内務省社会局にいたとされる[16]北岡氏は、制定の諸理由を説明している。第一に、「人道的感情」と「憐愍の情」から、労働者の境遇の向上を図ったと述べている[17]。職工事情において織物工場における女工の労働状況が世論の同情を招いたとされる。また、第二に、労働者の幸福そのものを目的とする「社会公正の思想」であると説く[18]。

---

15) 労働省編『労働行政史　第一巻』（労働法令協会、1961 年）203 頁。

16) 北岡寿逸「旧社会局の思い出」『労働行政史余録』1 頁（労働省編『労働行政史第一巻』〔労働法令協会、1961 年〕所収）。

17) 北岡壽逸「工場法の改正に就て（一）」国家学会雑誌 40 巻 10 号（1926 年）20 頁、59 頁。

工場法について、職工 10 人以上の工場に適用範囲を拡大した。また、工業労働者最低年齢法を制定して、最低年齢 12 歳から原則 14 歳に引上げた。保護職工の対象である年少者についても、15 歳未満から 16 歳未満に改めた。保護職工の最長労働時間を拘束 12 時間から 11 時間に、深夜業禁止の対象を午後 10 時〜午前 5 時までとした。施行規則改正により、産後休業の女子就労禁止を原則 5 週間とし、6 週間に延長できるとした。産前 4 週間の就労も禁止の対象とした。また、休憩時間に一斉付与の原則等を認めた[19]。

この時期の労働法制では、対象は限定されていたものの、就業時間の制限が加えられ、また、深夜労働の制限が厳格であったといえる。

(ii) 戦時経済への転換

1938 年（昭和 13 年）には、労務、資本、施設、物価等国民生活のあらゆる部門を勅令によって政府の統制下に置くことを求めた国家総動員法が制定された。同法は、戦争の進展による人的資源の不足、軍需生産の要請のため、労働力の国家統制を行う。人的、物的な資源の統制・動員・運用を行う目的であった。

国家総動員法は、戦時の国民の徴用を定める[20]。戦時に際して人的資源の統制上必要があるときは、勅令を制定し、国民を徴用する趣旨である[21]。

---

18) 北岡・前掲注 17) 60 頁。このころ、鉱夫保護のため、鉱業法案が作られ、1926 年には、鉱夫労役扶助規則の改正が行われ、一般鉱夫について、就業時間を 1 日 10 時間としている。

19) ほかに、労働時間の延長、深夜業および休日の就業が認められる場合を 16 歳以上の女子に限定した。
1929 年の工場法改正では、原動機を使用するすべての工場に適用範囲を拡大し、省令で、撚糸業及び織物業に限り適用した。

20) 国家総動員法 4 条では、「政府ハ戦時ニ際シ国家総動員上必要アルトキハ勅令ノ定ムル所ニ依リ帝国臣民ヲ徴用シテ総動員業務ニ従事セシムルコトヲ得但シ兵役法ノ適用ヲ妨ゲズ」と定める。漢字を常用漢字に改めている。

21) 内田源兵衛『逐条解説国家総動員法〔増補版〕』（日本評論社、1939 年）33 頁。

国家総動員法は、労務統制について、戦時、国家総動員のため、従業員の使用や雇入れ、解雇、その他の労働条件について、必要な命令を定められるとしていた[22]。

特徴的なのは、同法は、7条において、「政府ハ戦時ニ際シ国家総動員上必要アルトキハ勅令ノ定ムル所ニ依リ労働争議ノ予防若ハ解決ニ関シ必要ナル命令ヲ為シ作業所ノ閉鎖、作業若ハ労務ノ中止其ノ他ノ労働争議ニ関スル行為ノ制限若ハ禁止ヲ為スコトヲ得」と定めることである。

また、工場法等に就業時間等の制限が定められているが、6条の発動により、必要な措置を講ずることができるとされていた[23]。

そして、労働時間の制限に関しては、軍需工場での生産増強が求められるなか、軍需工場における長時間労働に対処し、労働力の増進、災害防止の見地から、昭和12年（1937年）、社会局長官による「軍需品工場ニ対スル指導方針」で、成年男子（16歳以上）に対しても1日の就業時間を残業を含め12時間以内とし、交替制の採用が命ぜられた。昭和13年（1938年）には、厚生次官より地方長官宛に「軍需品工場ニ於ケル交替制実施ニ関スル件」が通牒された。これにより、交替制実施に際して、1日の労働時間を12時間以内に限定すべきことを指導するよう指示された。適正な労働時間の確保が労働者保護と生産増強のため必要とされ、一般男子に対する労働時間の規制に踏み込んだ。

そして、昭和14年（1939年）、保護職工でない一般の男子職工に対する労働時間の制限に関する規制として、生産増強、労働者保護の見地から、労働時間の適正化を図るため、昭和14年3月31日勅令第127号により工場就業時間制限令が公布された[24]。16才以上の男子職工について、1日12時間という労働時間の制限、休日（少なくとも毎月2日）、休憩時間の付

---

22) 国家総動員法6条は、次のように定めている。
「政府ハ戦時ニ際シ国家総動員上必要アルトキハ勅令ノ定ムル所ニ依リ従業者ノ使用、雇入若ハ解雇又ハ賃金其ノ他ノ労働条件ニ付キ必要ナル命令ヲ為スコトヲ得」と。
23) 内田・前掲注21）45頁。

与（1日の就業時間6時間を超えるときは少なくとも30分、10時間を超えるときは少なくとも1時間）等が規制されていた[25]。

　成年男子を念頭に置いた労働時間の上限規制がある点が注目される。

　しかし、昭和18年（1943年）には、勅令第501号によって、工場就業時間制限令は廃止された[26]。

　同年に、工場法戦時特例（勅令第500号）が公布され、工場法の労働時間規制（年少者・女子〔保護職工〕に対する就業時間、深夜業、休日・休憩についての規制）が適用されないこととなった。労働時間規制が停止することになった。

　労働力需給の確保とその維持・培養という目的のうち、労働力の維持・培養という労働保護法規の機能のみが著しく制限されることになった。もともと成年男子への就業制限も、兵役のため減少していた男子の労働力を保全するため、という目的にすぎなかった。しかし、ようやく実現した成年男子への就業時間規制も、勅令により廃止され、戦前の労働保護立法は崩壊を遂げることになる。つまり、いったん国家目的のために就業時間規制が強化されたが、その後国家目的のために廃止されたといえる。

　国家総動員法にもとづいて、さまざまな勅令が発せられ、これにより、労務の配置が国家に位置付けられていった。とりわけ、総動員業務をはじめ、軍需産業等への強制配置がなされ、労働者の自由は制限されていた。

　数多くの勅令により議会がその存在意義を失い、「憲法の停止」のみならず[27]、「労働法の時間規制の停止」にも及んだ。労働者は全体主義国家への隷属を余儀なくされていった[28]。

---

24) 労働省・前掲注15）846頁。この過程については、山崎志郎「軍需工場における労務動員の実施過程」商学論集第62巻第1号（1993年）133頁以下、147頁が詳しい。機械製造業、船舶車両製造業、器具製造業、金属品製造業及び金属精錬業等についてである。

25) 労働省・前掲注15）846頁。これにも例外規定がおかれている。

26) 労働省・前掲注15）847頁。

27) 川口由彦『日本近代法制史』（新世社、1998年）386頁。

[2]　労働基準法の制定と歩み

(i)　労働基準法の制定

　労働基準法は、民主化、経済再興のため、労働条件の最低基準を定めることを目的として、昭和22年（1947年）に制定された。

　国際社会への復帰、劣悪な労働条件の一掃、最低労働条件の保障が必要であるとされた[29]。

　わが国では、労働基準法制定当初から、1日8時間・1週48時間制を定めた。

　国際条約における基準の遵守と封建的遺制の一掃、契約の自由の修正、「人たるに値する生活を営むための必要を充すべきもの」等の諸原則を鮮明にした[30]。

　労働基準法は、8時間労働制と週休制は1919年の第一回国際労働会議以来国際社会で広範に実施されていることを考慮した[31]。

　1919年以来の国際労働会議で最低基準として採択され、わが国でも広

---

28)　その上、当時の法の精神には「皇国勤労観」が強調されていたと指摘される（野村平爾＝島田信義「労働法（法体制崩壊期）」鵜飼信成＝福島正夫＝川島武宜＝辻清明編『講座　日本近代法発達史　8』（勁草書房、1959年）215、283頁）。また、角田教授は、臣民の自由が「共同体的国体原理にからめとられてしまう危険性をもっていた」（角田邦重「ファシズム体制下の労働法思想」沼田稲次郎先生還暦記念論文集発起人会編『現代法と労働法学の課題　上』〔総合労働研究所、1974年〕484、524頁）、「巨大化した国家に直結することによって、資本の客体に堕していた地位から解放され、皇国の勤労者としての人格を回復する」（角田・前掲論文525頁）と指摘する。

29)　厚生省労政局「労働基準法解説及び質疑応答（第九十二議会提案、厚生省労政局）」渡辺章編『日本立法資料全集53　労働基準法〔昭和22年〕(3)上』（信山社出版、1997年）124頁以下（以下、「労働基準法(3)上」と略す）。労働基準法の歴史については、近年では、例えば、濱口・前掲注3）246頁以下、和田肇「労働基準法の労働時間規制の変遷過程」島田陽一＝菊池馨実＝竹内（奥野）寿編『戦後労働立法史』（旬報社、2018年）131頁がある。

30)　「労働基準法案提出理由の説明要旨」渡辺章編『日本立法資料全集54　労働基準法〔昭和二二年〕(3)下』（信山社出版、1997年）493頁以下、495頁以下（以下、「労働基準法(3)下」と略す）。

31)　「労働基準法案の概要」渡辺章編『労働基準法(3)下』497頁、498頁。

く理解されていたとされる、8時間労働制、週休制、年次有給休暇などの基本的制度を一応の基準として、労働基準法の最低労働条件を定めようとした。契約の自由を修正し、労働条件について最低基準を定め、最低限の生活を保障する趣旨である。

しかし、これも、制定過程では法定労働時間は、1日8時間・1週44時間（当初年少者・女子を対象。その他の者は1日9時間・1週50時間を超えられないとする。第一次案）、1日8時間・1週44時間（労働者を対象。第二次案）、1日8時間・1週48時間（第五次案）と修正されての結果であった[32]。

この1日8時間・週48時間制は、世界的な労働時間短縮の動きからは、やや立ち遅れたものであった。

第五次案修正案までは、1日3時間、1週9時間、1年150時間以内を協定（現行法でいう三六協定）の上限として、時間外労働の上限が提案されていた[33]。しかし、この上限案は、第六次案でなくなった[34]。

時間外労働の割増賃金の率も、「最初ノ二時間ニ対シテハ所定労働時間ノ時間割給与ノ三割増」・「其ノ後ノ時間ニ対シテハ五割増」を下回らない（第一次案）とされていた[35]。

そして、第二次案では、「所定労働時間ノ時間割給与ノ二割五分増［一倍半］」（ママ）を下らないという文言が現れた[36]。そして、第三次案では、「通常の労働時間又は労働日の賃金計算率」の「一倍半以上の率」との記述がある[37]。

第四次案では、当初、「通常の労働時間又は労働日の賃金計算率」の「一倍半［二割五分］以上の率」（ママ）との記述があった[38]。

32）「労働保護法草案」（第一次案）181頁、「労働保護法案要綱」（第二次案）190頁、「労働条件基準法（労働保護法）草案」（第五次案）241頁 渡辺章編『日本立法資料全集51 労働基準法〔昭和二二年〕(1)』（信山社出版、1996年）。

33）前掲注32）労働基準法(1)・「労働最低基準法草案」（第五次案修正案）259頁。

34）前掲注32）労働基準法(1)・281頁以下。

35）前掲注32）労働基準法(1)・「労働保護法草案」（第一次案）182頁。

36）前掲注32）労働基準法(1)・「労働保護法案要綱」（第二次案）190頁。

37）前掲注32）労働基準法(1)・「労働保護法草案」（第三次案）205頁。

その後、第五次案で、「通常の労働時間又は労働日の賃金計算率」の「二割五分以上の率」(第五次案)と変遷してきた[39]。通常の労働時間又は労働日の賃金計算率の「二割五分以上の率」の割増率で考えられていた。

つまり、労基法制定当初の規定では、「通常の労働時間又は労働日の賃金の計算額の二割五分以上の率で計算した割増賃金を支払わなければならない」と規定されている。

法案の全体の趣旨を説明するために発表された「労働基準法案の概要」では、労働時間法制は、八時間労働制をとるが、八時間労働制は「之を厳格なものとせず」「団体協約と二割五分の割増賃金といふ二つの条件の下に例外を認めることと致しました。」と説明されている[40]。

廣政氏によれば、「アメリカの公正労働基準法が……五割を定めており、また総司令部労働諮問委員会の最終報告も同じく五割以上を勧告していた[41]」。「しかし反面五割などにしたら超過労働の歯止めがきかないし、二割五分でも現状では高すぎるとの意見も強かった[42]」(廣政・前掲書215頁)。あまり濫用されないようにと考え、「国際労働条約においても二割五分とされている点」や、委員会の審議では「二一年一〇月に調査した結果なども参考の上」、広汎な事業を考慮し、二割五分とされたという[43]。

寺本氏によれば、割増賃金は、「労働時間制、週休制の原則を維持する為にも、又、労働力の再生産に必要な補償を行ふ為にも必要である」とさ

---

38) 前掲注32)労働基準法(1)・「労働保護法草案」(第四次案)224頁。第四次案では、欄外注記があり、「国際労働―□□□□一・二五／アメリカ、ロシヤ一・五」とある(前掲労働基準法(1)・「労働保護法草案」(第四次案)224頁)。これらが考慮された形跡がある。ただし、アメリカの公正労働基準法では、通常の賃金率の1.5倍とし、週40時間を超えた労働には、通常の賃金率の5割増での時間外賃金の支払が必要とされる(中窪裕也『アメリカ労働法』(弘文堂、1995年)237頁)。

39) 前掲注32)労働基準法(1)・「労働条件基準法(労働保護法)草案」(第五次案)242頁。

40) 前掲注30)労働基準法(3)下・498頁。

41) 廣政順一『労働基準法』(日本労務研究会、1979年)214頁。

42) 廣政・前掲注41)215頁。

43) 廣政・前掲注41)215頁。

れた。「生産諸費の中に占める資本償却率の少い場合には必ずしも五割増を理由づけるには十分でな」いと説明された。広汎な事業を考慮し、二割五分が適当とされた[44]。

なお、平成5年（1993年）の労基法改正により、現行法における「通常の労働時間又は労働日の賃金の計算額」の二割五分以上五割以下の範囲内でそれぞれ命令で定める率以上の率で計算した割増賃金を支払わなければならないとの規定に改められている。

また、平成20年（2008年）の労基法改正により、月60時間を超える時間外労働の割増率は、5割となった（平成22年（2010年）4月1日施行。令和5年（2023年）4月1日より、同様のケースについて中小企業に対しても法定割増賃金率が50%以上になることとなった）。長時間労働を強力に抑制する趣旨に立っている。

使用者は、当該事業場に、労働者の過半数で組織する労働組合または労働者の過半数を代表する者との書面による協定をし、協定を行政官庁に届け出た場合には、その協定で定めるところによって労働時間を延長し、又は休日に労働させることができる（労基法36条1項）。過半数組合（事業場の労働者の過半数で組織する労働組合）又は過半数代表者と使用者との間で協定を締結すれば、使用者は労働者に時間外労働を命ずることができる。労基法36条に基づく協定であるので、三六協定と呼ばれる。

さらに、労基法41条は、一定の労働時間、休憩及び休日に関する規定は、一定の労働者については適用しないと規定した。

特に、労基法41条2号においては、「事業の種類にかかわらず監督若しくは管理の地位にある者又は機密の事務を取り扱う者」は、労働時間の規制から適用除外される旨規定される。

立法直後（及びその後）の行政解釈では、管理監督者とは、部長、工場長等労働条件の決定その他労務管理について経営者と一体的な立場にある

44）寺本廣作『労働基準法解説』（時事通信社、1948年）239、240頁引用は、『日本立法資料全集別巻46』（信山社出版、1998年）による。

者と解すべきであり、名称にとらわれず、実態に即して判断すべきである
としている。これらの職制上の役付き者のうち、労働時間、休暇、休日等
に関する規制の枠を超えて活動することが要請されざるを得ない、重要な
職務と責任を有し、現実の勤務態様も、労働時間の規制等になじまないよ
うな立場にある者に限って管理監督者として法による適用の除外が認めら
れる趣旨である（昭 22・9・13 発基 17 号、昭 63・3・14 基発 150 号）。

　ほかに、監視又は断続的な労働に従事する者、農業・畜産・水産業に従
事する者（1993 年までは林業も）についても適用除外制度が設けられてい
る（労基法 41 条 1 号）[45]。

(ii) 柔軟な労働時間法制と規制緩和

　昭和 62 年（1987 年）には、週 40 時間労働制を原則とする労基法改正を
行ったが、これは、日米経済摩擦での日本人の働きすぎとの批判、ソーシ
ャルダンピングとの批判が湧きあがり、前川レポート等により労働時間短
縮が唱われ、内需拡大移行へ政策転換したことが背景にあったといわれ
る[46]。

　労働基準法研究会の中間報告では、「1 日 9 時間、1 週 45 時間」であっ
たが、最終報告では、それが「1 日 8 時間」に改められ、さらに、中央労
働基準審議会での建議では週 46 時間（目標は 40 時間）、国会審議を経て週
40 時間制の段階的実施となった。また、特例・猶予事業を設定するとい
う方法で以後週 40 時間制への移行が実施された[47]（以後、48 → 46 → 44 → 40
時間と段階的に短縮された。週 40 時間の原則は、平成 9 年（1997 年）4 月 1 日
に特例を除いて完全実施される）。

45）　この後、昭和 27 年（1952 年）の改正も行われている。
　　　なお、これ以降の労働時間短縮との関係では、一斉週休制、一斉閉店制について
　　の行政指導がある（これについては、濱口・前掲書 251 頁参照のこと）。また、
　　1970 年以降の週休 2 日制をめぐる労働政策も重要である（これについても、濱口・
　　前掲書 253 頁参照）。
46）　下井隆史「新労働時間法制の意義と問題点」季刊労働法 147 号（1988 年）6 頁、
　　8 頁。

先進国では、労働時間の柔軟化、弾力化が唱えられ、わが国でも、昭和62年改正により、（4週単位平均週48時間から）1か月以内単位および1週単位〔非定型的〕[48]、3か月単位の変形労働時間制[49]、フレックスタイム制の導入等、弾力的な労働時間制度を創設していった[50]。ブルーカラー労働者を念頭に置いているともいわれ[51]、労基法の規定を（第三次産業等の台頭による）社会・経済のサービス化・ソフト化と時間短縮に対応するため、法定労働時間を弾力化させるよう考慮された[52]。1週ないし1日の一定の労働時間制の枠組みに適合しない場合の柔軟な措置を想定した。

　また、事業場外労働のみなし制も、従来は、労基則22条において定められていたが、労働基準法38条の2において定められた。労規則22条が設けられた趣旨は、記事の取材や外交セールス等同条に規定する場合は本来の勤務場所を離れて勤務するので、一般的にどのような勤務が現実になされたのか必ずしも明らかに把握できないため労働時間の算定が困難であるから、争いを避けるために規定されたとされる。労働基準法38条の2第1項では、労働者が労働時間の全部又は一部について事業場外で業務に従事した場合において、労働時間を算定し難いときは、所定労働時間労働したものとみなす。

　さらに、ホワイトカラーや知的専門的労働者が増加するとともに、労働者が主体的に始業・終業時刻を選択し、時間配分や業務遂行の仕方を決定

47）この経過と趣旨については、濱口・前掲書255頁以下、下井・前掲論文7頁が詳しく、これを参照。この改正の結果、当面の週労働時間は、46時間となった。

48）30人未満の小売業、旅館、料理店及び飲食店について1週間単位の非定型的変形労働時間制が導入された。

49）労使協定が必要とされただけでなく、時間数・日数が制限され、連続して労働させることができる日数の限度は、1週間に1日の休日が確保できる日数となっていた。

50）ほかに、年次有給休暇について、最低付与日数を6労働日から10労働日へ変更、所定労働日数が少ない労働者への比例付与、計画年休制度、不利益取扱の禁止などが定められた。

51）安枝英訷「労働時間法制の弾力化」季刊労働法145号（1987年）13頁。

52）安枝・前掲注51）14頁。

する主体的で柔軟な労働態様が増加した。これに対応して、専門業務型裁量労働制を導入した。

　研究開発・放送番組の企画など、業務の性質上、業務遂行の手段や方法、時間配分等を「大幅に労働者の裁量にゆだねる必要がある業務」で、実労働時間による労働時間算定が適切ではない業務について、みなし労働時間制によることを可能にしている（現行労基法38条の3第1項）。昭和62年（1987年）改正により、ホワイトカラーの就労形態に適した労基法規制の現代化を目指したものである。

(iii)　昭和62年（1987年）労基法改正に対する批判

　これらの労基法改正について、当初から、変形労働時間制が、労働者の私生活に適合しないこと、1日当たりないし1週当たりの労働時間が長くなりうることの懸念は存在していた[53]。

　とくに、変形労働時間制を導入する場合に、特定の日ないし特定の週に労働時間が集中するため、1日ないし1週で許される最長労働時間の規制は必要であると説かれた[54]。さらに、変形労働時間制の導入により、昼夜交代制労働に従事し、健康、家庭生活、生活リズムが壊されるおそれがあった。

　また、ドイツでも（協約上）週40時間制を下回る状態にある中で、労働のフレキシビリティーを高めるため、労働時間の弾力化を高める改革を行っていた状況があった。これらとの比較で、実際上、週40時間を下回る水準の労働時間になってはじめて、労働時間の弾力化を認めるのは理解できるが、週40時間制ないしそれを上回る労働時間法制があるときに、労働時間の弾力化を図ってよいのか、という疑問があるという指摘があっ

53）安枝・前掲注51）14頁。

54）中山和久＝籾井常喜「労働基準法改正問題の争点・下」労働法律旬報1172号（1987年）4頁、12頁〔籾井執筆部分〕、籾井常喜「労働基準法改正法案と立法論上の論点」法律時報59巻6号（1987年）86、93頁。上記のように、3ヵ月単位の変形労働制には、上限が付されていた。

た[55]。より本質的には、長時間労働がドイツ、フランスと異なるレベルで行われているなかで、弾力化がわが国で図られてよいのか、という問題である。

ほかに、有休を3労働週とすべきであるという意見もあった[56]。

近時、変形労働時間制の適用を受ける労働者が、48.9%であり、変形労働時間制の種類別（複数回答）にみると、「1年単位の変形労働時間制」が17.8%、「1か月単位の変形労働時間制」が21.5%、「フレックスタイム制」が9.5%となっている[57]。

1ヵ月単位の変形制で最も長い所定労働時間を定めたものが11から15時間未満が15.2%、15時間以上が16.6%にものぼり、1年単位の変形制では週あたり「50時間以上」及び月あたり「200時間以上」とする割合が高くなったとされる[58]。実際の労働時間は長い。長時間労働とともに、労務管理上考えるべきなのは、働く者の生活が不規則になり、労働者の生活のリズムや疲労、健康等への影響が懸念されることである。不規則的な労働、交代勤務に伴う健康障害には、消化器疾患が顕著であるほか、呼吸器疾患、腰痛等の運動器の疾患及び各種神経症状の進展などがあり得る（日本産業衛生学会交代勤務委員会「夜勤・交代勤務に関する意見書」〔1978年〕）。

日本産業衛生学会交代勤務委員会「夜勤・交代勤務に関する意見書」（産業医学20号（1978年）308頁、323頁以下）
　同意見書によれば、不規則労働、交代勤務、深夜労働などから、以

55）中山＝籾井・前掲注54）15頁〔中山執筆部分〕。
56）中山＝籾井・前掲注54）22頁〔中山執筆部分〕。ILO132号条約を根拠とされている。
57）厚生労働省「令和3年就労条件総合調査結果の概況」。厚生労働省「平成24年就労条件総合調査結果の概況」では、変形労働時間制の種類別（複数回答）にみると、「1年単位の変形労働時間制」が33.3%、「1か月単位の変形労働時間制」が15.8%、「フレックスタイム制」が5.2%であった。
58）東京都産業労働局労働相談情報センター「労働時間管理に関する実態調査」（平成29年度）。

下のような身体的な機能の低下がもたらされる。

　日常的に諸生理機能の乱れが繰り返される夜の仕事のために、昼寝るという生活をしても生体リズムは逆転しない。

　大幅な生活時刻のずれを起こす勤務期間中は、生体リズムの作用と栄養摂取の不整とによって睡眠の量と質ともに不足したまま推移する。

　深夜ないし早朝を含む勤務の時に、このリズムの乱れが集中的に増大する。

　−その結果、慢性胃腸障害、胃・十二指腸潰瘍、胃炎と結びつきやすい。

　−上道気管支炎や気管支炎、過労性腰痛が交代勤務者に多い。

　−深夜勤の連続・交代勤務によって脳・心臓疾患が起こされる。

　このように、夜業あるいは勤務の交代がこれらの健康障害をもたらす第一の原因として、生体リズムの乱れに伴う疲労と睡眠不足あるいは栄養摂取の不整等による病気への抵抗性の減弱が考えられるが、それとならんで第二に、自律神経系機能失調もしくは精神身体医学的要因等による直接の発症機転が重視される。

　人間生活のリズム、疲労・健康への影響を考えつつ、変形労働時間制を運用していくことが重要であるとともに、そうした健康上の配慮を十分になしたさらなる立法的措置も肝要である。

　また、当時から、みなし労働時間と実際の労働時間との乖離が生じる点についても疑問が持たれている[59]。

　後に起こった事件であるが、フランス、イタリアの添乗業務を行っていた添乗員が、事業所外労働のみなし制の適用を受けていたが、添乗業務について、会社が、添乗員との間で、あらかじめ定められた最終日程表等により旅行日程に沿った旅程の管理等の業務を行うことを具体的に指示し、

---

[59]　籾井常喜「労働時間短縮政策と第二次労働基準法改正法案（下）」法律時報65巻7号（1993年）21頁、25頁。

携帯電話を付けるように指示したうえで予定された旅行日程に途中で相応の変更を要する事態が生じた場合にはその時点で個別の指示をするものとされ、旅行日程の終了後は内容の正確性を確認し得る添乗日報によって業務の遂行の状況等について詳細な報告を受けるものとされていた。こうした事実を踏まえて、最高裁は、「業務の性質、内容やその遂行の態様、状況等、本件会社と添乗員との間の業務に関する指示及び報告の方法、内容やその実施の態様、状況等に鑑みると」、この添乗業務については、「これに従事する添乗員の勤務の状況を具体的に把握することが困難であったとは認め難く、労働基準法38条の2第1項にいう『労働時間を算定し難いとき』に当たるとはいえない」と判断した[60]。

業界団体の実態調査に依拠した朝日新聞の記事によると、国内外を問わず1日12時間を超える勤務が7割以上で、国内修学旅行では16時間以上が5割を超える[61]。ある調査によれば、「事業場外労働のみなし制」では1ヵ月の実労働時間が「150時間以上200時間未満」45.9%、「200時間以上250時間未満」が24.3%、「250時間以上」が27.0%とかなり高い[62]。

今日、携帯電話の普及、具体的な指揮監督・労働時間管理方法の深化により、事業場外労働みなし制は、適用できる余地があまりないといえる。むしろ、労基法・行政解釈・裁判例が要求する要件を充足しない適用事例・濫用事例が増えるばかりである。こうしたみなし制の存在意義自体も問われるべきであるとも思われる。

なお、その後、平成2年（1990年）の政令改正により、法定労働時間を44時間とし、中小企業の猶予措置を平成5年（1993年）までという期間付で46時間と短縮した。そして、平成5年（1993年）の法改正により、原則週40時間制とし、猶予措置として、法定労働時間を40時間を超え

---

60) 阪急トラベルサポート事件・最二小判平26・1・24労判1088号5頁。

61) http://www.asahi.com/business/update/0413/TKY200704130043.html、朝日新聞ウェブサイト2007年4月13日）。

62) 労働政策研究・研修機構「調査シリーズNo.125裁量労働制等の労働時間制度に関する調査結果」（平成26年）。

44 時間以下の命令で定める時間としていたが、これを平成 9 年（1997 年）
4 月に猶予期間が終了することになった。特例を別として、前記のように、
週 40 時間制を完全に移行させることになった。

　また、平成 5 年（1993 年）の改正により、時間外労働、休日労働につい
て、割増率を従来までの「2 割 5 分」から 2 割 5 分以上 5 割以下の範囲内
でそれぞれ命令で定める率に改め、政令で定めることとし、時間外労働は
2 割 5 分、休日労働は 3 割 5 分とされた。

　さらに、3 か月の変形労働時間制を最長 1 年単位の変形制へと改正した。
変形制の調整期間が長くなったことに伴い、1 日、1 週の所定労働時間の
限度を厳格化している。

(iv)　平成 10 年（1998 年）労基法改正

　経済社会の構造変化が進む中で、事業活動の中枢にある労働者が創造的
な能力を十分に発揮し得る環境づくりが必要とされ、労働者も自らの知識、
技術や創造的な能力をいかし、仕事の進め方や時間配分に関し主体性をも
って働きたいという労働者側の希望も踏まえて、事業運営上の重要な決定
が行われる企業の本社などにおいて企画、立案、調査及び分析を行う労働
者を対象とした「企画業務型裁量労働制」が平成 10 年の労基法改正によ
り導入された。この制度は、「事業の運営に関する事項についての企画、
立案、調査及び分析の業務」であって裁量労働といえる業務を対象とし、
いわゆる企画部門の労働者を対象とした。そのうえで、労使委員会の決議
と届出によるみなし労働時間制（労基法 38 条の 4）を定める[63]。

　なお、平成 15 年（2003 年）の法改正により、企画型裁量労働制につい
ては、その対象業務が本社・支社でなくても、企画・立案・調査・分析の
業務に従事する（ホワイトカラーの）すべての事業場となった。業務の性
質上、労働時間の長さによって業務の遂行状況や成果などを評価するに適

---

　63)　本改正については、下井隆史「一九九八年労基法改正の意義と問題点」ジュリス
　　ト 1153 号（1999 年）22 頁以下が詳しい。

しない労働者が増加していることを理由とする。対象労働者が広範囲におよび、ホワイトカラーに広く適用されるおそれがあるために、多くの労働者が事実上長時間労働をせざるを得なくなるとの批判が強かった。

「ノルマが厳しく長時間労働になりやすい」[64]との批判が現在でも存在する。裁量労働制については、一方で、要件や手続が厳格すぎ、対象業務が狭すぎ、利用し難いとの会社側からの批判もある[65]。厚労省「令和3年就労条件総合調査」によれば、変形労働時間制が59.6％であるのに対し、「事業場外みなし労働時間制」が11.4％、「専門業務型裁量労働制」が2.0％、「企画業務型裁量労働制」が0.4％にすぎない。

他方で、恒常的な残業が行われる現状では、残業代を減らすために用いられ、裁量労働制の存在は問題であるという労働者または労働組合側の非難も根強い。調査シリーズ No.125 労働政策研究・研修機構「裁量労働制等の労働時間制度に関する調査結果」（平成26年）によれば、1ヵ月の実労働時間をみると、「専門業務型」、「企画業務型」は、「150時間以上200時間未満」の割合がともに高く（それぞれ全体の41％、49.3％）、「200時間以上250時間未満」といった長い労働時間の割合も高い（それぞれ37.8％、39.7％）。

裁量労働制のもとでの長時間労働を原因とした過労死[66]、過労自殺[67]の事件も起こっている。制度の要件・手続きのみならず、制度の存在意義自体も問われる。

平成10年（1998年）労基法改正により、1年単位の変形労働時間制に

---

64) 和田肇「労働基準法の労働時間規制の変遷過程」島田陽一＝菊池馨実＝竹内（奥野）寿編『戦後労働立法史』（旬報社、2018年）131、167頁。裁量労働制の研究には、労働法律旬報1488号（2000年）所収の盛誠吾「新裁量労働制の要件」同号8頁、青野覚「労使委員会」同号28頁、浜村彰「労使委員会による労使協定に代わる決議」同号38頁等がある。

65) 労働政策研究・研修機構「裁量労働制等の労働時間制度に関する調査結果」（平成26年）。

66) 三田労働基準監督署長事件 http://sankei.com/artikel/20150512-SBZIATUDUVL6BPQVYH5ERZ6IRY/（last visit: 07.08.2023）

67) 乙山事件・大阪地判平22・9・29判時2133号131頁。

ついても種々の改正が行われたが、とくに、1日・1週の労働時間の延長限度（施行規則にそれぞれ10時間、52時間とし）、対象期間の労働日数の限度（同じく施行規則において1年あたり280時間）を命令で定めるなどの定めが置かれた[68]。

そのうえ、平成10年（1998年）労基法改正にあたっては、長時間にわたる時間外労働の抑制を図るため、適正化指針の根拠規定が置かれるとともに、（適正化指針と同内容の）労働時間の延長限度基準（平10労告154号）が設けられた。

従来、昭和57年（1982年）に、省令により、いわゆる「時間外労働協定の適正化指針」を定め、一定期間当たりの時間外労働の限度に関する目安を大臣告示により指針を定めていた（「労働基準法第36条の協定に定められる1日を超える一定の期間についての延長することができる時間に関する指針」（昭57労告69号））。この時点の目安の時間は、1週間15時間、2週間28時間、3週間39時間、4週間48時間、1ヵ月50時間であった[69]。さらに、平成4年（1992年）に同指針が改正され、1週間15時間、1か月45時間、3か月120時間、1年360時間と定められていた（平成5年より適用）。平成10年改正では、労基法改正の規定に基づく大臣告示として、時間外労働の限度基準が策定されたことになった（延長時間の限度は、一般の基準は従来のものと同じ）。

この平成10年改正により、時間外労働抑制の見地から、適正化指針に対して、実定法上の根拠が付与された。この規定は、平成30年の改正により大きく改められる。

このように、一定期間についての延長時間は限度時間以内の時間とすることが原則なのであったが、弾力措置として、労働時間を延長しなければならない特別の事情が生じたときに限り、限度時間を超える一定の時間

68）下井・前掲注63）22頁以下、26頁以下。ほかに、変形労働時間制に関して、1か月単位の変形労働時間制については労使協定によっても実施できることとした。

69）平成元年（1989年）には、目安として、1か月50時間、2か月95時間、3か月140時間、1年450時間とした。年間の時間外労働時間数の限度を加えている。

（以下「特別延長時間」という。）まで労働時間を延長することができる旨を協定すれば（この場合における協定を「特別条項付き協定」という）、当該一定期間についての延長時間は限度時間を超える時間とすることができるという制度が適正化指針に規定されていたが、この特別条項付き協定制度はこの時点で維持された。このような弾力措置を設けた理由は、事業又は業務の態様によっては、「時間外労働を行わざるを得ない特別の事情が生ずることが予想される場合があるので」、「事業又は業務の運営に配慮する」にあるとされた。特別条項付き協定においては、「特別の事情」、「手続」及び「特別延長時間」のそれぞれについてあらかじめ協定することを要件としていたにすぎない。この特別条項付き協定により、労働時間の上限はないも同然となった。

　角田教授は、特別条項付き協定について、時間外労働規制をめぐる改正論議において年間360時間の上限にどのような実効性を持たせるのかという国会の議論は「いったい何のためだったのか」と疑問を投げかけ[70]、こうした「『特別条項』が本当に必要なのかは疑わしい」と指摘している[71]。労使間で特別条項付き協定を締結されれば、労働者の生命・健康の危険に対して、労基法の仕組み全体による歯止めがほぼなくなる。長時間労働、過重労働が、法認されうる余地を認めているといえる（この特別条項付き協定については、平成15年（2003年）に、告示が改正され、その特別事情を臨時的なものに限るとし、その後平成30年の改正で大きな争点となる）。

　また、女性による深夜業の禁止規定も廃止され、育児・介護にあたる男女の労働者に共通して深夜業の免除請求が認められた。とくに、女子保護規定であった女性による深夜業の禁止規定も撤廃されたが、これについては、反対論も根強いものがあった。岩佐氏は、長時間労働や深夜業を女性が拒否しづらいという現状の下で、深夜に及ぶ長時間労働が負担となって、職場を去らざるを得なくなる状況を示し、深夜業禁止の撤廃が女性を退職

---

70) 角田邦重「労働基準法の改正と今後の課題」労働法律旬報 1450号（1999年）4、8頁。
71) 角田・前掲注70) 9頁。

に追い込むおそれのある規制緩和であると説いた[72]。

これに対して、女性の深夜業規制の撤廃を説く論者の中では、男女共通の労働時間規制が目指されるべきであると説かれた[73]。つまり、「男女共通規制が不充分だからといって、女性のみの保護規定を復活させるべきだというのは、……女性がおかれている現状を固定化する法制でしかない」と述べ、女子保護規制を撤廃した後に、男女の共通規制が必要だと説く[74]。

その後、（男女共通の）深夜業特有の問題が抜本的に改善されたということはない（第10章参照）。深夜業をめぐる女子保護規制が撤廃された分だけ、労働時間の面では女性にとってもマイナスな結果を生み出したままとなっている。深夜業をめぐる問題が残されたままであるというだけではなく、男女ともに深夜業が実際上行われうること自体、育児休業や時間短縮措置を取得した者（実際上は多くは女性）にとってかえって昇進などのキャリアの障害になる可能性がある。

平成4年（1992年）には、労働時間短縮促進臨時措置法が制定され、国が労働時間短縮推進計画を策定すること、企業内に、労働時間短縮推進委員会を設置すべき努力義務が定められた。翌平成5年（1993年）には、同法は改正され、企業に対する支援措置が拡充された。その後、平成18年（2006年）に労働時間短縮促進臨時措置法を労働時間等設定改善法へと改正された法律が施行した。

[3] 働き方改革

安倍政権における雇用政策において、労働時間法制は働き方改革の一環として重要な位置づけを占めていた。以下の経過は概略のみ示す。

---

72) 岩佐卓也「ジェンダー視点と新自由主義」賃金と社会保障1348号（2003年）4頁、7頁以下、8頁。

73) 浅倉むつ子「女性労働法制」法学セミナー525号（1998年）56、59頁。

74) 浅倉・前掲注73) 59頁。

(i) 規制改革会議

規制改革会議「労働時間規制の見直しに関する意見」が 2013 年 12 月 5 日に出され、労働時間制の三位一体改革（「①労働時間の量的上限規制、②休日・休暇取得に向けた強制的取り組み、③一律の労働時間管理がなじまない労働者に適した労働時間制度の創設」）が提唱されていた。

①については、ワーク・ライフ・バランスを促進するため、「量的上限規制」の導入が必要である。

②「休日・休暇取得促進に向けた強制的取り組み」が必要である。

③適用除外の範囲については、企業レベルの集団的な自治に委ねる。

平成 28 年 9 月には「働き方改革実現会議」が発足した。第 6 回会議において、時間外労働の上限規制の在り方など長時間労働の是正が議題となる。

そして、平成 29 年 3 月 13 日「時間外労働の上限規制等に関する労使合意」が、連合、日本経団連の両団体の合意内容として、明らかにされた。その内容は次のようなものであった。

時間外労働の上限は、「原則として月 45 時間、年 360 時間とする」。

ただし、一時的な業務量の増加がやむを得ない特定の場合の上限については、「①年間の時間外労働は月平均 60 時間（年 720 時間）以内とする。②休日労働を含んで、2ヵ月ないし 6ヵ月平均は 80 時間以内」とする。「③休日労働を含んで、単月は 100 時間を基準値とする。④月 45 時間を超える時間外労働は年半分を超えないこととする。以上を労働基準法に明記

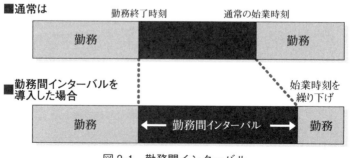

図 2-1　勤務間インターバル

する。これらの上限規制は、罰則付きで実効性を担保する」と。

　勤務間インターバル制度については、「終業から始業までに一定時間の休息時間を設ける、勤務間インターバル制度を労働時間等設定改善法及び同指針に盛り込む。また、制度の普及促進に向けて、労使関係者を含む有識者検討会を立ち上げる」とした。

　平成29年3月28日には、「働き方改革実行計画」が示されている。上の合意とほぼ同内容のものが示されている。そして、特に、1ヵ月の時間外労働の上限は、「休日労働を含んで100時間未満」とし、「月45時間、かつ、年360時間であることに鑑み」「これを上回る特例の適用は、年半分を上回らないよう、年6回を上限とする」などが示されている。また、2ヵ月、3ヵ月、4ヵ月、5ヵ月、6ヵ月の月平均いずれにおいても、休日労働を含んで、80時間以内としている。そのうえで、時間外労働の規制では、いわゆる三六協定で定める時間外労働の限度を厚生労働大臣の限度基準告示につき、従来の「限度基準告示を法律に格上げし、罰則による強制力を持たせる」とし、従来上限なく時間外労働が可能となっていた（と批判もあった点については）臨時的な特別の事情がある場合として労使が合意した場合であっても、上回ることのできない上限（年720時間）を設定するとしている。

　このように、労働時間の上限について、上記労使の合意をふまえた提案

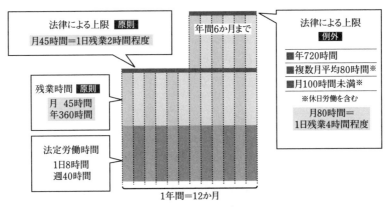

図2-2　厚生労働省ウェブサイトより

がされている。

(ii) 平成 30 年労基法改正法（時間外労働の上限）

平成 30 年（2018 年）労基法改正法では、以下のようなことが定められる。

協定において、①対象労働者の範囲、②対象期間、③労働時間・休日労働の延長事由、④延長させる時間・休日日数（1 日、1 ヶ月、1 年のそれぞれの期間について）、⑤時間外労働・休日労働を適正なものにするため厚生労働省令で必要な事項として定められた事項を定める必要がある（36 条 2 項）。

延長させる時間は、当該事業場の業務量、時間外労働の動向その他の事情を考慮して通常予見される時間外労働の範囲において、限度時間を超えない時間に限る（36 条 3 項）。

週 40 時間を超えて労働可能となる時間外労働の限度を、原則として、1 か月 45 時間、かつ、1 年 360 時間とする（36 条 4 項）。

このほか、従来、改正前は、時間外労働の上限は 1 か月について 45 時間及び 1 年について 360 時間とされていたが、特別条項付き協定と呼ばれる協定を締結できた。これにより、従来は時間外労働の上限は事実上存在しないも同然とされた。

そこで、同改正法ではこれに制限を加えることとされた（以下 36 条 5 項）。

つまり、当該事業場における通常予見することのできない業務量の大幅な増加等に伴い臨時的に上の限度時間を超えて労働させる必要がある場合、1 ヶ月においては労働時間の延長・休日労働させる時間を定める。この場合、1 ヶ月の間で時間外労働が 100 時間未満、ならびに、1 年について労働時間を延長して労働させることができる時間で、時間外労働時間を年 720 時間を超えない範囲とする。

また、対象期間のうち、1 ヵ月、2 ヵ月、3 ヵ月、4 ヵ月、5 ヵ月の各月の平均時間外労働及び休日労働が 80 時間を超えてはならない（36 条 6 項 3 号）。

月の時間外労働時間数が 100 時間を超えて、労働者が脳心臓疾患に至った場合、労働災害として、「業務上」認定を受け得る。特に、月の時間外

労働時間数が100時間を超えて、脳心臓疾患に至った労働者が死に至った場合は、労働基準監督署長による「業務上」の認定を受け、そして、遺族は労災保険給付を受給し得る。この月時間外労働100時間という水準を過労死ラインとも呼ばれる。このため、労基法の労働時間の上限が、ほぼ過労死ラインであるということについては、批判が根強い[75]。

(iii) 平成30年労基法改正法(特定高度専門業務・成果型労働制〔高度プロフェッショナル制度〕)

　政府の規制改革会議により労働時間法制の規制緩和の要望が出され、審議会での議論を経て、特定高度専門業務・成果型労働制(高度プロフェッショナル制度)が導入された。高度プロフェッショナル制度は、次のようなものである。

　高度の専門的知識等を有し、職務の範囲が明確で一定の年収要件を満たす労働者(現行は1075万円)を対象として、労働条件に関する事項を調査・審議する委員会(使用者及び当該事業場の労働者を代表する者を構成員とするものに限る。)が、委員の5分の4以上の多数による議決により、決議をし、かつ、使用者が、厚生労働省令で定めるところにより当該決議を行政官庁に届け出た場合において、一定の場合、労働時間、休憩、休日及び深夜の割増賃金に関する規定は、対象労働者については適用しないこととなる。但し、書面等の方法で対象労働者の範囲の同意を経た上で、当該事業場における対象業務に就かせたときは、対象労働者については適用しないことができる(労基法41条の2第1項)。

　この法律は、制定当初、残業代ゼロ法案として、批判もあったところである。

　和田教授は、「労働時間と収入を切り離すことは、新たな制度設計をし

---

75) 例えば、島田陽一「働き方改革と労働時間法制の課題」ジュリスト1517号(2018年)56、59頁、水野圭子「ワーク・ライフ・バランスとジェンダー」島田陽一=三成美保=米津孝司=菅野淑子編『「尊厳ある社会」に向けた法の貢献』(旬報社、2019年)349、357頁。

なくても現行の裁量労働制でも十分に対応が可能である」と批判する[76]。高度プロフェッショナル制の対象者が、長時間労働へとつながっていく懸念があると説いている[77]。さらに、同制度では、深夜業に関する割増賃金の規定の適用が排除されている点にも和田教授による批判が向けられている。

　ほかに、同時期に、フレックスタイム制の改正、年5日の年休に関する時季指定付与義務等を内容とする労基法改正が行われている。

[4]　小括
(i)　労働時間の理念の行方

　ここでは、労働時間制度の歴史経過からその問題点を検討するという目的から、労働時間規制の個々の目的と制度、そして各制度の問題点を中心に、記述してきた[78]。

　そもそも、労働時間法制としては、当初の工場法が考慮していたように、労働者の安全ないし健康保護の観点は、重要な視点だったといえる。もともと、工場法も、健康保護の観点を強調していたのは、強く窺われるが、労働時間規制の原点といいうるものである。

　戦前から戦中にかけては、――考え方の相違はあるものの――労働力の保全こそ重要だとする労働力保全説が有力に主張された[79]。各種の就労の制限、とりわけ深夜業の禁止による最小限度「健全な」労働力群の確保こそ、各産業そのものの基礎確立条件にほかならないとする[80]。健全な労働力の創出は、総体としての資本の立場の理性と反省によるものであり、つまり、第一は、産業社会総体としての「労働力」の健全化とその保全・

---

76)　和田肇『労働法の復権』（日本評論社、2016年）83頁以下。
77)　和田・前掲注76) 84頁。
78)　したがって、個々の制度の詳細、行政通達・裁判例等の子細な説明・コメンタールは、本書の目的から逸れており、割愛させて頂いた。
79)　大河内一男『社会政策（総論）』改訂版（増訂版16版）（有斐閣、1963年）213頁以下。
80)　大河内・前掲注79) 215頁。

確保を目標とするものである。第二は、労働力の高度化を通じて一国産業の高度化が重要である。そのためには、労働者保護が実現されなければならないと説かれた[81]。

　現代においても、肉体的・精神的な負荷を問題にするのは、時代遅れな発想では決してない。過労死、過労自殺という他国ではあまり見られない事態を生じさせているわが国だからこそ、今でも、労働者の安全ないし健康保護の観点が重要視されるべきである。

(ii)　法規制の変遷を振り返って

　さて、戦後、ILO 条約の遵守、封建的な遺制の排除を目的として労働基準法が定められたものの、ILO 条約にもあった類似の例外を定めた。日本法では、管理監督者の適用除外、三六協定締結を通じた免罰的効果を定めた。時間外労働を厳格に規制するはずの割増賃金制度も、サービス残業の日本企業での横行により、実効性に乏しいものであった。

　1 日 8 時間 1 週 40 時間を定める労基法改正に向けた相次ぐ労基法改正と（とくに 70 年代以降の）週休 2 日制をめぐる政策、（80 年代の）労働時間短縮政策などにより、年間総労働時間は短縮していった[82]。

　80 年代には労働時間のフレキシビリティーの議論、90 年代には規制緩和の議論が盛んに展開され、労働基準法もそれらの方向で幾度も改正を経験してきた。1 日 8 時間、1 週 40 時間制が法制度として実現し、労働時間の規制に重点を置いた施策とは反対に、労働時間規制の緩和が行われてきた面も否定できない。また、割増賃金制度は、時間外労働を抑制する趣旨であるはずが、サービス残業が日本企業において横行し、労働時間規制の重要な手段であるはずの割増賃金制度が部分的には無視され、骨抜きにされてきた。その過労死・過労自殺を予防する効果はわずかにしか働いてこなかったといえる。そのうえ、変形労働時間制、フレックスタイム制、裁

81）大河内・前掲注 79) 215 頁。

82）濱口・前掲書 251 頁以下が詳しい。

量労働制、事業場外労働みなし制のように、使用者が一定程度労働者の残業代を支払わなくても許されるという仕組みが、さらに、割増賃金制度を空洞化させてきた面があるのはいうまでもない。

　割増賃金の支払いと三六協定を通じて著しい時間での過重労働をしている現状の中で、労働時間の弾力化を確保することとし（変形労働時間制、裁量労働制、事業場外労働みなし制）、従来と同量の労働量で労働者がこれらの労働時間制で労務を提供すれば、弾力化されたフレキシブルな労働時間の制度の下で、実際上長時間労働になりかねない、というのは、前述の通り、従来から指摘されていた点である[83]。とくに、変形労働時間制では、労働者が労務を提供すれば、特定の日ないし週では、事実上長時間労働になりかねない。また、変形労働時間制が導入され、昼夜交替体制で労働すれば、労働者は、生活のリズム、生体のリズムも壊しかねない。これにより、労働者は、生命・健康の阻害がありうることになった。第7章で、不規則、深夜労働の下での過労死・過労自殺事件が示されているが、それは、こうした生命・健康阻害の証ではある。こうした労基法改正の負の部分への批判は、前述のとおり、改正当初からなされていた。結果的に、労働者の過労死、過労自殺は生み出されているが、これは、法規制が十分でないことの証左でさえありうるのかもしれない。

　近時、働き方改革法のもとで、労働時間の上限規制、また、勤務間インターバル制度が新たに導入されたが、繰り返し述べてきたように、労働時間の上限規制は、過労死ラインとほぼ同様の水準のものでしかなく、過労死ラインとほぼ同水準での労働を使用者は労働者に課すことも可能な法制度となっている。また、EUでは義務であるはずの勤務間インターバル制度は、日本では、努力義務を課すにすぎない。

　日本の資本主義発展の歴史を通じて、一貫して、長時間労働が蔓延しており、深夜労働もかなり行われ、不払い残業も手段を尽くして一般化しているともいえる。企業によっては低コストへのあくなき追求がなされてき

83）中山＝粒井・前掲54）15頁〔中山執筆部分〕。

た。このような状況の下では、労働法が生成する端緒に追求される視点、労働者の健康の保護なくして経済社会の発展はないという観点こそ、改めて考慮されるべきである。そして、新たに導入された労働時間の上限規制、勤務間インターバル制度の拡充によって、労働者の健康と安全を保護していく、という方向での施策がさらに求められることになる。

2　日本の経済社会の構造的な問題点

[1]　従来の労基法上の規制の限界

　戦後一貫して、労基法では、時間外・休日労働に対しては、割増賃金の支払いを使用者に義務づけることで、時間外労働に対する割増賃金の支払は、通常の勤務時間とは異なる特別の労働に対する労働者への補償を行うとともに、使用者に対し経済的負担を課すことによって時間外労働を抑制しようとしてきた。しかし、割増賃金の支払いをさまざまな方法によって使用者が免れる、いわゆるサービス残業により、日本の労働時間法制の根幹にある割増賃金制度がないがしろにもなってきた。

　日本の労基法は、そもそも、1日8時間、1週40時間の労働時間制をとっているといわれるが（32条）、過半数組合ないし過半数代表者と使用者との間の三六協定締結により、労働時間の延長は可能であるし、その場合、使用者は、1日8時間、1週40時間の枠組みさえ超過して労働者を労働させることができる。厳密な意味で、日本の労基法が、労働時間の最長労働時間を原則として定める法制度を定めるという法制をとってきたとは、言えない。

　また、労基法では、女子保護規定として、深夜業の禁止措置がとられてきたが、この禁止が女性のキャリアを阻害するものとして、撤廃された。当時、女性だけ保護されるのではなく、男女の共通の保護規制が必要ではないかという議論があった[84]。過重労働による健康阻害を防止するため

　84）浅倉むつこ「女子労働法制」法学セミナー 525 号（1998 年）56、59 頁。

には、日中の労働の規制のみならず、深夜労働の規制とこれに伴なって、勤務間インターバル（休息時間）の規制が不可欠である。深夜労働の規制と勤務間インターバルの規制が十分であれば、過労死や過労自殺のような不幸な事件は、かなり防止できると思われる。なぜなら、過労死や過労自殺事件では、深夜労働と不規則労働が関係している事件がほとんどだからである。現に、深夜労働の規制と休息時間の規制が存在するEUでは、過労死や過労自殺事件をあまり聞かない。

[2] 労働時間をめぐる雇用社会の現状

日本の雇用社会では、多くの労働者が長時間労働に従事している。日本の総労働時間も、ドイツやフランスと比べて、依然高い。年間の総労働時間は、1633時間（令和4年）とされているが、これは非正規労働者を参入した数字となっている。

労災事件では、いわゆる「過労死」、すなわち、業務における過重な負

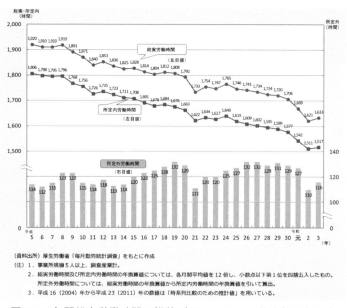

図2-3　年間総実労働時間の推移（パートタイム労働者を含む。）

荷により脳血管疾患または虚血性心疾患等（以下「脳・心臓疾患」という。）を発症し死亡するケースが争われることが多い。過労死等の労災請求件数は、過去10年余りの間、700件台後半から800件台後半の間で推移している（令和4年過労死防止白書）。

過労死と並んで、最近問題になるものに、長時間労働を原因として生じた精神疾患による自死があり、過労自殺と呼ばれる事象がある。

[3] 過労死・過労自殺を生み出す社会的背景と構造的な要因
(i) **生命・健康を保護すべき国家の役割**

本章でみるように、日本の労働時間規制には、厳密な意味での労働時間・時間外労働の上限規制、インターバル規制（労働と労働の間にインター

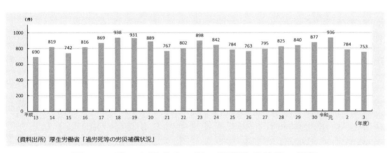

図2-4　脳・心臓疾患に係る労災請求件数の推移

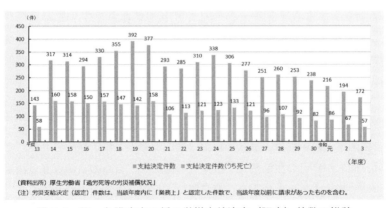

図2-5　脳・心臓疾患に係る労災支給決定（認定）件数の推移

バルを置く規制）が厳格に組み立てられてこなかった。子女を念頭に置いた深夜労働規制を行なった工場法と比べても、割増賃金制度と女子保護規定を除いて、労基法は、深夜労働の上限の規定をもっておらず、本格的な深夜業規制には踏み切らなかった。時間外労働や休日労働も、三六協定や割増賃金制度を通じて、——例外的とはいえ——許容されている。工場法には労働時間の上限規制や深夜の労働規制は存在していたし、労基法の制定過程では、上限規制は第五次修正案までは存在していたから、それと比べても、労基法制定当初、上限規制、深夜の労働規制等を置かない、やや緩めの法規制から戦後の労働時間規制をスタートしたといえる。また、戦後当初は週 40 時間という規制も置けず、週 48 時間となっていた。

　戦後まもなく、戦争による経済の壊滅的な状況で、労基法の適用がスタートしたのを考えれば、労働時間の本格的な規制に及び腰になるのは、わからないではない。

　しかし、戦後 70 年近くも、労働時間の上限規制は手付かずの状態であった。週 48 時間制も 1987 年改正まで、改められることはなかった。むしろ、変形労働時間制、フレックスタイム制、専門労働型裁量労働制、企画型裁量労働制等、労働時間のフレキシビリティーを高める規制の改革が行われてきた。労働時間についての使用者による調整の幅が広くなる方向での改革には積極的であったといえる。

　これに対して、フランスでは、（例外はあるとはいえ）週の法定労働時間を 35 時間とする法制を採っているし、ドイツにおいても、週 35 時間程度の比較的短い労働時間が定められている（多くは労働協約において）。変形制等の柔軟な規制を両国とも持っているものの、比較的短かい労働時間制を採ってきた。

(ii)　労働者の保護の必要性

　自由国家においては、個人の自由は憲法上尊重され、保障される。とりわけ、個人が自己の生活関係や法律上の関係を、自らの自由な意思決定に基づいて形成する、という自己決定権は、重要な憲法上の権利である。自己の人生において、いかなるプランを思い描いて生き、人生の過程におい

ていかなる生き方をするのかも自由である。

　労働領域においても、本来自己決定権は尊重されるはずであり、他の者からは干渉を受けない。また、私生活の領域も、労働から解放された自由な領域、家族生活の形成や地域生活の形成各々について、使用者や国から干渉されないはずである。資本主義社会では、個人の自己決定権の保障されない、法秩序は存在しない。ドイツの民法学者、フルーメは、契約において自らが義務を負うのは、自らが義務の拘束に入ろうとした意思の結果であり、「自己支配[85]」の結果であると述べている。

　しかし、労働法の領域では、こうした自己決定権、とりわけ、使用者の自己決定権は制約されてきた。労働者が、使用者の管理する施設、器具のもと、その指揮命令の下で労働を提供せざるを得ない結果、労働者が自ら管理しえたはずの自己の健康等を自ら制御しえない事態が生じうる。とりわけ、使用者の指揮命令の下で、労働時間も管理され、残業も命令される、という事情の下では、労働者は、自らの生命、健康すら管理する可能性を十分有しないことすらある。かえって、長時間労働により、労働者の生命、健康が害される危険を生じさせ、（使用者による）他害のリスクが生じるのである。これは、肉体労働であっても、精神的な労働であっても、変わらない[86]。労働法では、これを人的従属性という。業務における過重な負荷により脳血管疾患又は虚血性心疾患等（以下「脳・心臓疾患」という。）を発症し、労働者がこれらの疾患に起因して死亡する事件、いわゆる過労死事件でも、そもそも、労働者は、自らの自由や生命・健康に関する管理可能性を喪失させてしまう、という使用者の下での労働のあり方こそ、根

---

85) Flume, Allgemeiner Teil des Bürgerlichen Rechts, Bd.1, Das Rechtsgeschäft, 4. Aufl., Berlin, Heidelberg, New York, London, Paris, Tokyo, Hong Kong, Barcelona, Budapest, 1992, § 1, 6.

86) 最高裁は、労働者の生命及び身体等を危険から保護するよう配慮すべき義務を負うとする、使用者の安全配慮義務を課している（陸上自衛隊八戸車両整備工場事件・最三小判昭 50・2・25 民集 29 巻 2 号 143 頁等）。労働契約法が制定されたのちは、労働契約法 5 条に安全配慮義務が規定され、使用者はこうした義務を負うことになっている。

本的な原因はある。過労自殺事件でも同様である。長時間労働によって自らの健康が阻害されるおそれがあっても、その状況を回避する可能性が労働者には乏しい。個人労働の所産が商品として市場で交換されたのに、資本主義労働では他人労働の所産であるとされる。

ⅲ　組織の中の個の保護の問題

　労働契約関係において、労働者が自らの自由や生命・健康に関する管理可能性を喪失させてしまう、というだけであれば、欧米の労働者も同じ状況にある。しかし、ドイツ・フランスでは、過労死、過労自殺という現象は、自国の労働者を指す現象ではなく、そうした現象はドイツ、フランスではあまり聞かない。

　さらに、企業が労働者の自己決定権、生命・健康という価値を尊重できないのはなぜか、という問題が関わるが、これは、ヨーロッパの価値である自由が、日本では個人に浸透しないのはなぜか、という問題に突き当たる。ヨーロッパでは、個人の自己決定、私生活、家族生活が、価値として、労働とともに重んじられる傾向がある。ドイツでも、私生活や家族生活を犠牲にしてまで、企業で長時間労働をしようとする労働者は、そう多くはない。年間30日の年休が保障されるなかで、のんびりとバカンス休暇を個人が家族とともに過ごすこともできる。それだけ、西欧人は、労働から解放され、私生活を享受することができる。これは、私生活や家族生活、という私的領域を保護する、という個人の自己決定権が、労働よりも優先される、という法的なタテマエが、さほどホンネの実生活と乖離していないことの反映でもある。

　日本では、戦後、一貫して経済成長が重視され、労働時間の規制はないがしろにされてきた。強い日本の経済があたかも日本人のアイデンティティーを支えるかのようにとらえられ、寝食をわすれて働く日本人の姿が、日本の経済成長を支えるかのように、それを美徳であるとらえられる向きすらあった。「勤勉」、「倹約」、「正直」、「孝行」が通俗道徳として、江戸中後期から明治時代まで形成されていたと指摘される[87]。明治時代には、それまでの封建社会の中での士農工商の身分社会が崩れるなか、立身出世

の思想が、個人の中に浸透していったといわれる。こうした国民性は、戦後の日本人のアイデンティティーとして引き継がれていったように思われる。会社と仕事に自己のアイデンティティーが結びついてしまう結果、生活時間の配分も会社と仕事に規定されてしまうと説かれる[88]。企業組織の中で個人が意思を表明し実現することが難しく、個の都合より組織の都合を優先せざるを得ない。企業の価値や利益と個人のそれが一体となること[89]もしばしばである。そして、労働を尊ぶ精神が会社主義と結びついてしまう[90]。

その上、組織の中での個が埋没しがちであるのが日本の企業社会である。日本では、労働者が取得した年休の日数は実際には年9日である（厚労省平成29年就労条件総合調査結果の概況）。「病気や急な用事のために残しておく必要があるから」が64.6％でもっとも多く、次いで、「休むと職場の他の人に迷惑をかけるから」（60.2％）、「仕事量が多すぎて休んでいる余裕がないから」（52.7％）、「休みの間仕事を引き継いでくれる人がいないから」（46.9％）、「職場の周囲の人が取らないので年休が取りにくいから」（42.2％）、「上司がいい顔をしないから」（33.3％）、「勤務評価等への影響が心配だから」（23.9％）などとなっている[91]。

労働者は長時間労働を余儀なくされ、労働から解放されず、私生活や家族生活の確保が十分できずにいる。また、転勤の命令により、単身赴任、夫婦の別居、子供の転校等、私生活に対する影響は甚大であった。「組織」の論理のもとで、「個」が犠牲になる構造が存在している。時間外労働や配転は、日本の企業社会において、職場という一種の「公」の空間において、「私」生活を犠牲にする性格を有していた。職場において労働者

87）安丸良夫『日本の近代化と民衆思想』（青木書店、1974年）59頁。

88）広渡清吾「序論　いま、何が問題か」東京大学社会科学研究所編『現代日本社会　第6巻　問題の諸相』（東京大学出版会、1992年）1、4頁。

89）渡辺洋三『法を学ぶ』（岩波新書、1986年）226頁。

90）広渡・前掲注88）4頁。

91）日本労働政策研究・研修機構「年次有給休暇の取得に関する調査」（平成23年）。

は「滅私奉公」を強いられることすらある。労働契約関係において、これをこえて、私生活まで、職業生活が甚大な影響を及ぼしてきた。企業の秩序においては、労働者が、企業から、服装、容姿（例えば、ひげをそる、黒髪にする）といった服務規律を受け、個人の人格の支配まで受ける。企業社会においては、公と私の判別すらつきにくい。日本には、市民社会が十分浸透していないのではないかという問題であり、企業社会において前近代的な性格があるという問題である。

(iv) 成長至上主義の帰趨

　日本企業に、こうした前近代的な性格があるという主張に対しては、資本の蓄積の仕方にこそ問題があるとの指摘がある[92]。ヨーロッパ社会とは異なる日本の前近代性が批判されるが、日本社会の問題は、資本蓄積のあり方のなかにあると説かれる[93]。経済成長を至上命題とする「会社本位主義」が何ら歯止めもなく機能し続けた。成長と効率が至上命題とされる日本の企業において、「人をして死にまで至らしめる（……）過度の効率化が『会社』によって作り出されているのである」[94]。日本企業における資本主義的生産様式にこそ原因があるとされる。原因は「本工の昇進の平等化と査定、本工とその他の労働者層の差別化等による競争構造の確立[95]」にあると説く。現代の枠組みの中で、「資本蓄積を追求するのが、『現代資本主義』の特徴である」からである[96]。

　ヨーロッパの労働者は、有給休暇を 30 日以上も享受するが、これは法規制や労働協約上の規制による。ドイツでは、一定の産業別労働協約により週 35 時間制、年 30 日の有給休暇が保障されてきた。これに対して、日

---

92) 渡辺治「企業社会日本の構造と労働者の生活」基礎経済科学研究所編『日本型企業社会の構造』（労働旬報社、1992 年）37、69 頁。
93) 加藤周一「日本文化の雑種性」鷲巣力編『加藤周一セレクション 5』（平凡社、1999 年）37、55 頁。
94) 広渡・前掲注 88）7 頁。
95) 渡辺治・前掲注 92）92 頁以下。
96) 渡辺治・前掲注 92）87 頁。

本の企業別労働組合は、賃上げや解雇回避には積極的な役割を果たしてきた反面、労働時間の短縮や有給休暇の保障にヨーロッパの産業別労働組合ほど積極的であったとはいい難い。日本の企業別労使関係における労使協調路線の下で、労使間では企業の成長を優先する反面、労働者の生命、健康、私生活の確保に重点が置かれてきたとは言えない状況にあったと思われる。企業のパイを大きくしようと努める企業に対して、労働組合は、労働者の生活を改善するという意味で協力をなし、労働者も企業のパイを大きくすることを望み、これに貢献しようとする。資本の蓄積に反対し、利益対立を鮮明にするのが労働組合の役割であるはずであるのに、日本の企業別労働組合には企業の成長・繁栄を望む傾向があると指摘されてきた[97]。

先に示した使用者の指揮命令の下で労働者の生命や健康に対する管理可能性が疑われるなかでは、労働組合が、使用者との団体交渉によって、労働時間の制限や年休権の権利拡大に取り組むべきであるのは、言うまでもない。労基法の改正などを通じて、労働時間の上限規制やインターバル規制がとられるや、労働組合や使用者との間で、これらについて協議されているものの、より積極的な取り組みが求められることになる。ヨーロッパ並みの週の労働時間の削減、年休権の拡大なしに、資本主義国家の社会国家への再生はうまれないといえる（これについては、第9章参照）。

1日8時間1週40時間労働を建前としながら、これを超えた場合でも使用者が労働者の割増賃金を法律通りに支払わないサービス残業も横行した。そのなかで、変形労働時間制、フレックスタイム制、裁量労働制、事業所外労働みなし制など、労働時間の規制は、使用者の利益に主に配慮して、緩和されていった。労働時間の上限や勤務間インターバル規制もなされず、企業への罰則付きの労働時間の規制は厳格化されないまま、労働者個人はこれらの諸点について国家による十分な保護が及ばないなかに置かれた。過労死、過労自殺がなくなるほど労働時間の規制が強化されること

97）田端博邦「序論　現代日本の企業・社会・国家」東京大学社会科学研究所編『現代日本社会　第5巻　構造』（東京大学出版会、1991年）1、11頁。

はなく、規制を緩和するという方法があえてとられ、企業の利益を労働者の利益に優先した規制のかじ取りも行われてきたともいえる。国家の介入が資本蓄積促進的であるのに対して、資本蓄積に対する規制は最低限にとどまっていた[98]。1980 年代以来の政治はすでに、成長路線の追認にすぎなかった。政治も、一党による長期政権が持続し、連立政権の時期はあったにせよ、保守主義ないし（時期によっては）新自由主義とも受け取れる政治的傾向さえ継続した。政権交代により、「経済成長」路線と「保護」路線とが交互に現れる、西欧の政治状況とは大きく異なっていた。自由主義を修正する社会国家の理念が生かされるどころか、反対に、社会国家の後退すら懸念されるところでもある。

(v) 新自由主義と成果主義

　時代が「平成」に入ると、市場主義や新自由主義の考え方が蔓延する。マーケット・メカニズムこそがすべてを解決するという新自由主義的な思想のもとに、ヒト、モノ、カネの適切な配分が自然に行われることが強調された。雇用をはじめとした規制を緩和し、市場原理を実行に移すべきことが唱えられた。小さな政府、構造改革により自由競争を促進し、資源の無駄をなくし、効率的な配分を行うことにより、厚生水準が最大化すると主張された。新自由主義の考えによれば、パイが大きくなれば、それがやがては社会全体に浸透し、国民が豊かになるといわれる。

　しかし、生産性やコストが最優先され、これによって企業で雇用される一人一人の生命や健康がないがしろにされる。企業が人間の尊厳に価値を置くことができるならば、長時間労働により労働者の生命や健康を害するおそれのあることにも配慮することができるであろう。これに対して、効率性や競争原理についていけない者、健康上脆弱な者、障害のある人は、落ちこぼれの烙印をおされかねず、問題児として捉えかねない危うさがい

---

98) 渡辺治「現代日本国家の特殊な構造」東京大学社会科学研究所編『現代日本社会　第 1 巻　課題と視角』（東京大学出版会、1991 年）201、244 頁。

まの社会にはある。

　他方で、成果主義賃金とそのための目標管理制度の導入により、雇用管理全体に成果主義的な風潮が一層強まっている。期待される社員になるための社員間の競争が、企業内において展開され、それが賃金・賞与のみならず、昇進、ひいては、リストラにまで影響する。日本企業が全階層の正社員に平等に期待をかけるのに対応して、正社員はその成果・業績を通じて昇進競争にさらされる。日本の企業社会では、平等な競争の建前をとられ、ハードな業績管理、ノルマ管理が行われる。そのうえ、もともと、個人を対象とする人事考課には、個人の仕事・業績の成果のみならず、費やされた努力や時間、上司やチームへの協力的な態度、忠誠度等主観的な要素も反映される。さらに、技術変化に対応する適応力、集団内での同僚をも助ける多能性、工程での異常事態や不良に気付くことのできる注意力、工程の無駄を省き品質を向上させる改善能力まで問われるとされていた[99]。能力考課のみならず、情意考課を含む人事考課の性格は現在の成果主義賃金制度でも引き継がれている。

　近時、業務改善プログラム（PIP）と呼ばれるプログラムを企業が用いて、労働者を解雇したり、企業が労働者に退職勧奨を迫ったりすることが問題になっている。つまり、PIP等の客観的に見える諸制度を基礎として、会社にとって望ましくない者、会社の方針に与しない組合員を放逐するため、企業はこれらの者を希望退職者、退職勧奨の対象者とする。成果主義賃金が企業に導入されれば、労働者は成果を出さない限り、雇用の確保すらままならないため、労働者は長時間労働により企業に報いようとする。「『会社人間』への人格統合の圧力[100]」は、現代社会においても、なお労働者に降りかかっているといえる。

　こうした諸事情が、過労死、過労自殺を引き起こす要因となり得ると考えられる。

99）熊沢誠『日本的経営の明暗』（筑摩書房、1989年）55頁。
100）熊沢・前掲注99）58頁。

(vi) 前近代性ゆえなのか近代性ゆえなのか

　前近代性と近代性のいずれによって、現代日本の社会の構造が成り立ち、そのいずれによって現代社会は特徴づけられるのであろうか。

　日本社会の後進性は、戦後改革や高度経済成長によって一掃されたととらえられがちであるが、現代におけるマタニティーハラスメント、パワーハラスメント等ハラスメントが企業に横行しているのも事実である。ヘイトスピーチが企業内に波及しているのも、日本、ヨーロッパ社会共通でもある。日本社会が後進的であるといわれても、前進的・後進的ということを測る、客観的な尺度、基準があるわけでもない。ただ、日本社会のこうした後進性が、他者の権利や自由を尊重されないというところに、批判が向けられているのだとすれば、他者の自由が企業内において尊重されないのは、日本社会固有のものではないし、ヨーロッパ社会でも起こりつつある問題であるとはいえる。

　他方で、資本の論理が過度に貫徹されているという性格は、現在でも見られると考えられる。例えば、業務請負契約や委託契約を個人が企業と締結する、いわゆる「雇用なき就労」では、企業は個人を雇用すればかかっていたはずの社会保険等の負担をまぬかれることができる。クラウド・ワーク等によって、労働法や社会保障の規制や負担を逃れる動きも知られている。ホワイトカラー・ブルーカラーを問わず、長時間労働の蔓延している事実も変わってはいない。資本主義的な原理の過剰貫徹という視点は、やはり現在の日本社会の問題性を明らかにしている。

　その意味で、「前近代性」と「資本主義的原理の過剰貫徹」の同時的共存[101]というのが、現在でも日本社会の特徴を現わしているように思われる。日本社会の前近代性と資本主義的原理の過剰貫徹という異なる観点は、もともと資本主義論争といわれる論争の中で、説かれた観点である。しかし、現代では、それらが、当時とは異なる背景、内容・質で問われている

　101）十名直喜「日本型企業社会の構造」基礎経済科学研究所編『日本型企業社会の構造』（労働旬報社、1992 年）141、151 頁。

と思われる。そして、本章の問題との関係では、これら二つの原理、捉え方が、互いに排他するのではなく、併存しうるのではないか。

第3章

間違いだらけの働き方・休み方の「常識」
――「疲労の進展」と「疲労の回復」から日本人の働き方を科学的に診断する

大原記念労働科学研究所上席主任研究員 佐々木 司

1 睡眠と疲労

[1] 「疲労」は「蓄積」するのか？

　まず、上の見出しの「疲労」と「蓄積」という言葉になぜカギ括弧が付いているのかを述べると、実は、疲労が蓄積するということは科学的には明らかになっていないからである。

　科学的に疲労が蓄積しているということを明らかにするためには、まず、疲労の本態とは何か、次に、具体的にその本態がどこに蓄積するのかを明らかにしなければならないはずだが、労働者の疲労研究の科学は、未だそこまで至っていない。疲労の本態がわからなくとも、疲労が生じれば心身にどのような疲労徴候が生じるかは、1970年に日本産業衛生学会、産業疲労研究会が開発した「自悪症状しらべ」[1]によって明らかになっており、現象的には、疲労徴候は、適切な休息機会があれば回復し、休息機会が無ければ進展することを明らかにしているから、本稿では、蓄積する疲労の本態が何かは横に置いて、またどこに蓄積するかは横に置いて、疲労は進展することから、「蓄積する」こととして論じたい。

---

1) 斎藤良夫＝小木和孝＝柏木繁男「自悪症状しらべの類型化似ついて」労働科学46号（1970年）205-224頁。

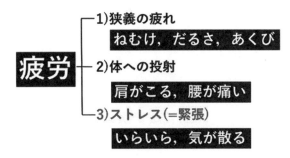

図3-1 疲労徴候の3因子

図3-2 疲労から疾病へのパスウェー

　図3-1に自覚症状しらべの疲労徴候の3因子を示した。具体的には、疲労徴候は、「ねむけ」や「だるさ」「あくび」といった心身に休息を促す狭義の疲労徴候、「肩がこる」「腰が痛い」のような体に投射される疲労徴候、「いらいら」や「気が散る」といったストレス徴候、から構成される。疲労徴候の中にストレス徴候が入っているのは、図3-2に疲労から疾病に至るパスウェーを記したように、休息機会が無ければ、疲労は、やがて、過労へ、過労はやがて疲弊へ、疲弊はやがて疾病へと進展する、その時、疲労を過労へ、過労を疲弊へ、疲弊を疾病に進展させる要因こそがストレス（緊張）だからである[2]。

[2]　過労死認定基準と睡眠
　2001年に出された旧「脳・心臓疾患の認定基準に関する専門検討会報

告書」[3]では、労働者の脳・心臓疾患の発症リスクは、月の時間外労働時間の長さによって高まることを報告している。それは、時間外労働時間が長くなると、疲労の回復機会である勤務間隔時間（インターバル）が短くなり、疲労回復が困難になる（疲労の休息機会が短縮される）こと、また、疲労の最終的な回復機会である睡眠[4]をもはく奪する場合があるからである。そこで、脳・心臓疾患が最も多いことで知られる運輸業界では、勤務と勤務の間の勤務間インターバルがことさらに重要視され、運行基準を定めている「改善基準告示（自動車運転者の労働時間等の改善のための基準）」[5]によって、勤務間インターバルとして8時間以上を確保すべきと勧告されている（図3-3）。また、EU諸国の労働基準法である「労働時間指令」では、24時間以内に最低11時間の勤務間インターバルを空けるべきとしている[6]。このように、疲労の回復には、勤務を行わない時間的な補償が必要なのである。11時間以下の勤務間インターバルは、欧州では「職場に早く帰る」という意味で「Quick Returns（QR；クイックリターンズ）」と呼ばれ[7]、様々な健康影響が報告されている。例えば、看護師を対象にした研究[8]では、クイックリターンズが月1回生じると、病欠が6.4%増える、月3回生じると、病欠が20.5%増えるとしている。勤務間インターバルは

---

2) 佐々木司「疲労と過労」小木和孝編集代表『産業安全保健ハンドブック』（労働科学研究所、2013年）424-427頁。
3) 厚生労働省「脳・心臓疾患の認定基準に関する専門検討会報告書」（2001年11月16日）。
4) 小木和孝「休息要求からみた疲労の種類」『現代人と疲労』（紀伊国屋書店、1994年）90-92頁。
5) 厚生労働省「自動車運転者の労働時間等の改善のための基準」（1989年2月9日）。
6) EP Council. Directive 2003/88/EC of the European Parliament and of the Concil of 4 November 2003 Concering Certain Aspects of the Organisation of Working Time. Offic J Eur Union. 2003; L299: 9-19.
7) Eldevik MF, Flo E, Moen BE, Pallesen S, Bjorvatn B. Insomnia, excessive sleepiness, excessive fatigue, anxiety, depression and shift work disorder in nurses having less than 11 hours in-between shifts. PLoS One. 2013 Aug 15; 8(8): e70882. Kripke DF, Garfinkel L, Wingard DL, Klauber MR, Marler MR. Mortality associated with sleep duration and insomnia. Arch Gen Psychiatry. 2002; 59(2): 131-136.

第3章　間違いだらけの働き方・休み方の「常識」　69

図 3-3　改善基準告示

1) Recovery Phase　（狭義の回復）

2) Preparatory Phase　（次の仕事の準備）

3) Leisure Phase　（遊び＝ストレスの解消）

図 3-4　ドーソン教授の疲労回復モデル

長いほど良いが、南オーストラリア大学のドーソン教授は、図 3-4 に記したように、勤務間インターバルに行われる内容が疲労回復において重要であるというモデルを示した[9]。モデルでは、勤務間インターバルには、まず疲労を回復させる時間である「Recovery Phase」、次に仕事の準備をする時間の「Preparatory Phase」、そしてストレスの解消を行う「Leisure Phase」が必要であると述べている。ドーソン教授のモデルは、疲労の回

---

8) Vedaa Ø, Pallesen S, Waage S, Bjorvatn B, Sivertsen B, Erevik E, Svensen E, Harris A. Short rest between shift intervals increases the risk of sick leave: a prospective registry study. Occup Environ Med. 2017 Jul;74(7):496-501. doi: 10.1136/oemed-2016-103920. Epub 2016 Nov 8. PMID: 27827302. Tamakoshi A and Ohno Y. Self-Reported Sleep Duration as a Predictor of All-Cause Mortality: Results from the JACC Study, Japan. Sleep 2004; 27(1):51-54.

9) Dawson D, Ian Noy Y. Harma M.Akerstedt T.Belenky G.Modelling fatigue and the use of fatigue models in work settings. Accid Anal Ptrv. 2011;43(2):549-564.

復にはストレスの解消が必要であるというわが国の疲労回復モデルにも通じており、興味深い。

また、わが国の旧「脳・心臓疾患の認定基準に関する専門検討会報告書」[3]では、脳・心臓疾患の発症1か月前の平均時間外労働時間が100時間以上や、発症前2〜6か月の平均時間外労働時間が80時間以上であれば、その疾患は労働起因性であると規定されている。それらの時間は、わが国の労働者の生活時間に当てはめた場合、睡眠時間では1日5時間以下に相当する。したがって、過労死認定基準報告書では、5時間以下の睡眠時間が問題とされ、脳・心臓疾患リスクを高めるとも記している。この考え方は、勤務間インターバルが疲労の回復に必要であり、睡眠を含めても同様という上述の理論と符合する。

しかしながら、睡眠は、睡眠の量である睡眠時間だけでなく、睡眠の質も考慮することが大切である。それは、毎日の生活においても、いつもより長く寝たにもかかわらず疲労が回復しなかったという経験からもわかる。また、図3-5は、2002年に報告された米国男性50万人を対象とした睡眠時間と死亡の危険率（オッズ比）に関する米国がん協会のデータで、7時間睡眠の人の死亡率を1とした時に、他の睡眠時間の人のがんによる死亡率がどれくらい高いかを示した結果である[10]。横軸は、睡眠時間、縦軸は死亡の危険率を示している。たしかに、睡眠時間が3時間のように極端に短い場合には、がんでの死亡の危険率は約1.2倍で、他の睡眠時間より高いことがわかる。一方、注目すべきことは、睡眠時間が10時間以上と

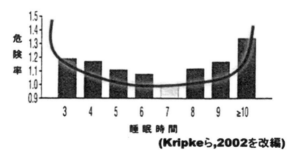

図3-5　米国男性約50万人の睡眠時間と死亡率調査

第3章　間違いだらけの働き方・休み方の「常識」　71

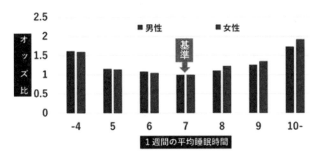

図 3-6　日本人の1週間の睡眠時間と死亡率

長い場合にも、睡眠時間が3時間の場合よりも危険率が高いことである。日本においても、この米国がん協会の調査と同様のデータがある（図3-6)[11]。

　図3-6をみればわかるように、米国のデータと同様、短時間睡眠だけでなく、10時間以上の長時間睡眠においても死亡率が高いことがみてとれる。このように、睡眠時間と死亡率の関係がU字カーブ（J字カーブという学者もいる）を示していることは注目される。すなわち、睡眠時間が長くても死亡の危険率が高いのだから、睡眠と死亡率の関係が、単に睡眠の量である睡眠時間だけでは決められないことを示している証拠といえるのである。また、死亡率を低下させる睡眠時間から見た適切な睡眠とは、図3-5や図3-6に記されているように、7時間である。

---

10) Kripke DF., Lawrence G, Deborah L Wingard, Melville R Klauber, Matthew R Marler Mortality associated with sleep duration and insomnia. Arch Gen Psychiatry. 2002;59(2):131-136.
11) Tamakoshi A and Ohno Y. Self-Reported Sleep Duration as a Predictor of All-Cause Mortality: Results from the JACC Study, Japan. Sleep 2004; 27(1):51-54.

2 睡眠の「量」と「質」
―― 過労死の原因となる睡眠のメカニズム

[1] 睡眠の量と睡眠の質

　上述したように、睡眠の「量」とは、睡眠の長さ、すなわち「睡眠時間」である。一方、睡眠の「質」とは、睡眠の内容のことである。図 3-7 に睡眠時の脳波の特徴を記した。人間の頭部には、乾電池の百万分の一の電圧（マイクロボルト）の電気現象が生じている。それを増幅して記録すれば、脳波として可視化することができる。それは睡眠時でも同様である。例えば入眠前に目を閉じると、8～13 ヘルツの律動的なアルファ（α）波という波が出現し、その後時間の経過に伴って、周波数は落ちて、4～7 ヘルツのシーター（θ）波のような覚醒時より周波数が遅く振幅が高い波が多く出現し、やがて入眠約 15 分後には、3 ヘルツ以下の周波数がより遅く振幅が非常に高いデルタ（δ）波が優位となる。このように入眠からの時間経過に従って、脳波上に変化が生じることから、1968 年に、レヒトシャッフェン（Rechtschaffen）とケールス（Kales）は、睡眠の内容は判定できるとし、図 3-8 のように判定基準をまとめた[12]。

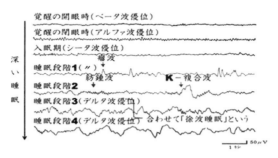

図 3-7　睡眠時の特徴的な脳波

---

12) Rechtschaffen A, Kales A. A manual of standardized terminology, techniques and scoring system for sleep stages of human subjects. Los Angeles, CA: UCLA Brain Information Service/ Brain research Institute; 1968.

第3章　間違いだらけの働き方・休み方の「常識」　73

睡眠段階			特徴
覚醒			β波［14Hz〜］、α波［8 Hz〜13Hz］優位
ノンレム睡眠	睡眠段階1		Θ波［4 Hz〜 7 Hz］、瘤波が出現
	睡眠段階2		紡錘波［12Hz〜14Hz］が出現
	徐波睡眠	睡眠段階3	δ波［〜 3 Hz］が出現、50％以下
		睡眠段階4	δ波が50％以上
レム睡眠			夢見睡眠、自律神経亢進

図3-8　睡眠の判定基準

　それによれば、まず、彼らは、睡眠を**ノンレム睡眠**と**レム睡眠**に分けた。ノンレム睡眠とは、脳波の波形（周波数と振幅）だけで判別できる睡眠であり、軽睡眠である**睡眠段階1**、**睡眠段階2**、深睡眠である**睡眠段階3**と**睡眠段階4**（睡眠段階3と4を合わせて**徐波睡眠**という）から構成される。睡眠段階1とは、30秒間の脳波を1単位（区画という）として判定した場合、1区画がシーター波で占められている場合で、特徴的な波形として、頭頂部に「ハンプ（瘤波）」とよばれるこぶのような脳波が出現する。睡眠段階2とは、シーター波にデルタ波が混入し始め、約14ヘルツの「糸巻き」に似た「紡錘波（スピンドル）」が生じる。またアルファベットのKに似た波の後に紡錘波が続いて生じる「K複合波」が生じる。睡眠段階3は、周波数が3ヘルツ以下のような周波数が遅く、振幅が75マイクロボルト以上のような高い電圧の脳波が、1区画の50％以下の場合と定義される。これが、50％以上を占めるようになると睡眠段階4と判定される。睡眠段階3と4は、2007年に米国睡眠学会の委員会が睡眠段階3と4が深睡眠としては変わらないとして、以前から統一して分析されることも多かったこともあり、N3睡眠として統一する判定基準[13]を示した。N3睡眠時には、

---

13) Iber C, Ancoli-Israel S, Chesson A, Quan S. "Scoring manual: The AASM manual for the scoring of sleep and associated events rules, terminology and technical specifications," American Academy of Sleep Medicine, Westchester, IL.2007.

成長ホルモン等の物質が分泌され[14)15)]、細胞の修復などを行っているとされる。

[2]　徐波睡眠の出現様式とレム睡眠の出現様式

睡眠の質で大切なのは、ノンレム睡眠の**徐波睡眠**と**レム睡眠**（N3 睡眠）である。徐波睡眠とレム睡眠の出現様式と機能には特徴があるためである。まず、出現様式について述べる。徐波睡眠の最も深い睡眠である睡眠段階4の出現様式は、図 3-9 に記したように、先行覚醒時間の関数によって生じる[16)]。つまり、起きている時間が長いと徐波睡眠は多く出現する。起きている時間が長くなると疲労が蓄積することから、徐波睡眠は疲労の回復に役立っていると解釈される。一方、レム睡眠の出現様式は、図 3-10 に記したように、起きている時間（先行覚醒時間）に左右されず、出現する時刻が決まっている「時刻依存性」を示す[17)]。

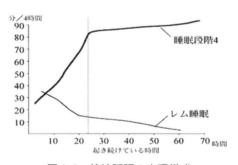

図 3-9　徐波睡眠の出現様式

---

14) Holl RW, Hartman ML, Veldhuis JD, Taylor WM, Thorner MO. Thirty-second sampling of plasma growth hormone in man: correlation with sleep stages. J Clin Endocrinol Metab.1991;72(4):854-861.
15) Van Cauter E, Spiegel K, Tasali E, Leproult R. Metabolic consequences of sleep and sleep loss. Sleep Med. 2008 Sep;9 Suppl 1(0 1): S3-28.
16) Webb WB, Agnew HW Jr. Stage 4 sleep: influence of time course variables. Science. 1971;174(4016):1354-1356.
17) 遠藤四郎「精神分裂病の睡眠覚醒リズム」臨床精神医学 8 号（1979 年）165-176 頁。

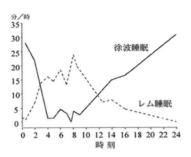

図 3-10 レム睡眠の出現様式

　図をみるとわかるように、横軸に時刻、縦軸に出現量を示すと、徐波睡眠は時刻が経過するに従って、増加する傾向を示すが、レム睡眠は、夜中の2時から、朝の10時頃までの時刻に特異的に多く出現していることがみてとれる。
　図 3-11 に徐波睡眠の回復力の強さを示した[18]。図 3-11 は、8時間の睡眠をとった後、40時間の連続覚醒（一晩の断眠）を行い、その後5日間にわたって、9時間睡眠もしくは6時間睡眠をとった時の各睡眠変数の出現量の変化を示している。図 3-11 をみると明らかだが、徐波睡眠（C）は、他の睡眠変数の出現パターンとは異なり、40時間の覚醒後にとった睡眠1日目（Rs1）では、9時間睡眠（△）でも6時間睡眠（■）でも、8時間睡眠（Bs）のときより、多く出現しているが、2日目（Rs2）には、連続覚醒前の8時間睡眠（Bs）の値に戻っていることがみてとれる。すなわち、徐波睡眠の回復力は、一晩断眠した後でも、2回の睡眠機会があれば、連続覚醒前の値にたちまち戻ってしまうほど強いのである。
　一方、レム睡眠を含む他の睡眠段階（A）（B）（D）は、9時間睡眠の時（△）は、睡眠1日目（Rs1）には、8時間睡眠（Bs）に近い値が生じており、その後の睡眠機会（Rs1〜Rs5）にも同様に出ているが、6時間睡眠（■）

---

[18] Jay SM, Lamond N, Ferguson SA, Dorrian J, Jones CB, Dawson D. The characteristics of recovery sleep when recovery opportunity is restricted. Sleep. 2007;30(3):353-360.

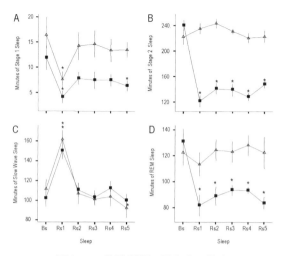

図 3-11 徐波睡眠の回復力の強さ

では、どの睡眠機会（Rs1 〜 Rs5）においても出現量の回復はできていない様子がみてとれ、徐波睡眠より、回復力が弱く、長い睡眠時間が無いと、量が増えないことがわかる。したがって、レム睡眠を出現させるには、とる睡眠の時刻に合わせて、長い睡眠時間が必要となる。

[3] 徐波睡眠はストレスに弱い

しかし、徐波睡眠はストレスに弱い睡眠である[19]。図 3-12 は、翌日の起床時刻がいつもより早いことが多い客室乗務員とトラックドライバーを対象として、「翌日に起きなければいけない」と思うストレスを 0 - 100 点で評価してもらったとき（横軸）と徐波睡眠の量（縦軸）との相関を示している[15]。寝る前にストレスが無かったときは徐波睡眠量が多く出現しているが、ストレスが最大（100 点）になるにつれて徐波睡眠の出現量は少なくなるという負の相関を示している。睡眠時間に左右されないで出現

---

19) Kecklund G and Åkerstedt T. Apprehension of the subsequent working day is associated with a low amount of slow wave sleep. Biological Psychology 2004; 66 (2):169-176.

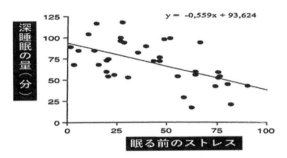

図3-12　寝る前のストレスと徐波睡眠出現量の関係

する頑強な徐波睡眠であっても、ストレスには弱いのである。

[4]　睡眠経過

　また、睡眠経過も睡眠の「質」を反映する。睡眠経過とは、入眠から覚醒までの各睡眠段階の変化の仕方のことである。図3-13のように、適切な睡眠では、入眠後、**睡眠段階1→睡眠段階2→睡眠段階3→睡眠段階4**と順序良く睡眠が深くなり、その後は、**睡眠段階4→睡眠段階3→睡眠段階2**のように、順序良く浅くなり、入眠後約90分目には、脳波の周波数と振幅が覚醒時と同じようになるレム睡眠に至る。入眠からレム睡眠終了までを睡眠周期と呼び、適切な睡眠（7〜8時間）では、一晩に4〜5回の睡眠周期が生じることになる。

　また、一晩の睡眠を前期、中期、後期に三等分すると、睡眠前期には、

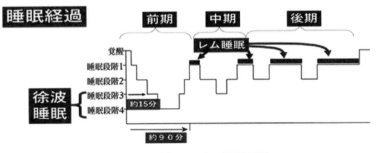

図3-13　適切な一晩の睡眠経過

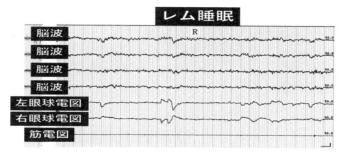

図 3-14　レム睡眠時の電気現象

睡眠段階 3 や 4 の徐波睡眠が多く出現し、中期には、前期よりもそれらは、減少する。そして後期には、徐波睡眠は、ほとんど出現しないパターンをとる。

　一方、レム睡眠は、前期にはわずかしか出現しないが、中期、後期に従って出現量が多くなる（図 3-13）。睡眠後期には、軽睡眠の睡眠段階 2 とレム睡眠が有位に出現する。レム睡眠時に眼球電図を測ると、眼球が急速に動いている様子が観察される。このときに、対象者を起こすと、夢をみていることが多い。レム（REM）睡眠は、Rapid Eye Movement（急速眼球運動）の頭文字をとってレム（REM）睡眠という。図 3-14 にレム睡眠時の生体電気現象を記した。上から 4 本が脳波、5 本目と 6 本目が眼球電図、7 本目が筋電図である。脳波は周波数が速く、振幅が低いことから覚醒時の脳波に似ている。眼球電図には急速眼球運動が観察される。筋電図は消失している特徴がある。このことから、レム睡眠時には、筋肉が弛緩しており、身体ストレスを解消する睡眠であることがわかる。

　また 2000 年代になり、レム睡眠には精神ストレス解消機能があることが報告され[20]、注目されている。

　図 3-15 は、対象者に睡眠前後に情動を喚起する「怒り」、「悲しみ」、

---

20) Gujar N, McDonald SA, Nishida M, Walker MP: A role for REM sleep in recalibrating the sensitivity of the human brain to specific emotions, Cereb Cortex, 21(1), 115-123, 2011.

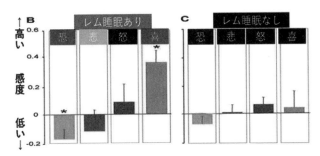

図3-15　レム睡眠の情動反応の適正化

「恐れ」、「喜び」に関する写真を見せて、その感度を4段階で評価させ、睡眠前後の感度の差分を記した結果である。左図は、睡眠にレム睡眠が含まれた場合の結果、右図はレム睡眠が含まれなかった場合の結果である。レム睡眠が睡眠中に含まれた場合（左図）、恐れ、悲しみ、怒りの写真に対する感度は、レム睡眠が生じなかった場合（右図）より低く、一方、喜びに対する感度が高いことが明らかになった。これはレム睡眠が負の情動反応を低減させ、正の情動反応を富化する効果がある結果と解釈される。そこで、過労自殺という現象を睡眠の科学との関係で考えれば、負の情動反応を低減させるはずのレム睡眠がとれなくなる結果、負の情動反応が低減しなくなり、自殺憂慮の願望を抱くことにつながる可能性があると推測できる。

また、レム睡眠時には、自律神経のうち交感神経が活性化することも知られており（図3-16）[21)22)]、図3-16をみれば明らかなように、心拍数、収縮期血圧、呼吸数、などが、他の睡眠時より、レム睡眠時に高くなっている。

---

21) Snyder F, Hobson JA, Morrison DF, Goldfrank F. Changes in respiration, heart rate, and systolic blood pressure in human sleep. J Appl Physiol. 1964;19:417-422.
22) Somers, VK, Dyken ME, Mark AL, Abboud FM. Dyken ME, Mark AL, Abboud FM. Dyken ME, Mark AL, Abboud FM. Sympathetic nerve activity during in normal subjects. N Engl J Med 1993; 328(5)3903-3907.

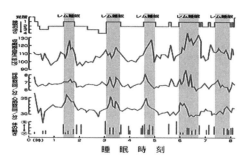

図3-16　レム睡眠時の交感神経の賦活

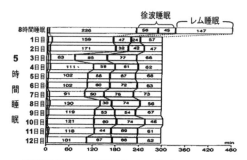

図3-17　8時間睡眠と5時間睡眠時の徐波睡眠とレム睡眠出現量

　このことは、脳・心臓疾患が循環器負担の疾病であることから、過労死の点からも注目することができる。図3-17は、8時間睡眠をとる大学生に、8時間睡眠を12日間にわたって5時間睡眠にしたときの徐波睡眠とレム睡眠の出現量を示している[23]。

　通常8時間睡眠時には、徐波睡眠が睡眠前期のみに多く出現し、レム睡眠は、中期から後期に多く出現するため（図3-13・77頁）、一晩の睡眠では、徐波睡眠よりレム睡眠の出現量が多くなる。

　また、加齢による一晩の睡眠での徐波睡眠出現率とレム睡眠出現率を調

---

23) 佐々木司＝酒井一博「睡眠短縮が睡眠中の循環器機能に及ぼす影響——心拍数の変化」労働科学73巻7号（1997年）288-291頁。

第3章　間違いだらけの働き方・休み方の「常識」　81

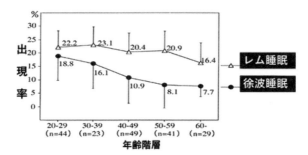

図 3-18　年齢階層別の徐波睡眠出現率とレム睡眠出現率

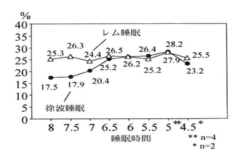

図 3-19　睡眠時間と徐波睡眠、レム睡眠出現率

べた研究（図 3-18）でも、どの年齢階層においても一晩の睡眠では、徐波睡眠より、レム睡眠の出現率が高いことが明らかになっている[24]。

したがって、正常な一晩の徐波睡眠とレム睡眠の出現量は、レム睡眠のほうが徐波睡眠より多くなる。これが適切な徐波睡眠とレム睡眠出現率の関係である（徐波睡眠―レム睡眠バランス）。図 3-19 は、1 日の睡眠時間を短縮したときの徐波睡眠とレム睡眠出現率の関係を記している[25]。図を

---

24) Hirshkowitz M, Moore CA, Hamilton CR 3rd, Rando KC and Karacan I. Polysomnography of adults and elderly: Sleep architecture, respiration, and leg movement. Journal of Clinical Neurophysiology 1992; 9(1): 56-62.
25) Mullaney DJ, Johnson LC, Naitoh JP, Friedmann JK, Globus GG. Sleep during and after gradual sleep reduction. Psychophysiology. 1977 May;14(3):237-244.

みると、7時間睡眠時には徐波睡眠よりレム睡眠の出現率は高いが、睡眠時間が短くなると、その差は小さくなっていることがわかる。したがって、睡眠の質を踏まえた適切な睡眠時間も、死亡率の睡眠時間（図3-5、図3-6）と同様、7時間であることを意味する。

　しかし、睡眠時間が5時間まで短縮すると、回復力の強い徐波睡眠が優先的に出現して（図3-11）、レム睡眠より疲労出現量が多くなっている（図3-17；3日目〜12日目）。そのときのレム睡眠中の心拍数の変化を示したのが図3-20[23)]である。

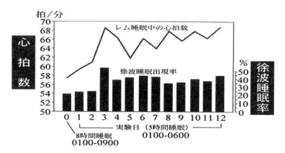

図3-20　睡眠時間を5時間睡眠にした時のレム睡眠時の心拍数の変化

　図から、8時間睡眠時（横軸0）には、58拍未満であった心拍数が、5時間睡眠時には、5時間睡眠の経過に従って上下こそするが、5時間睡眠12日目には約68拍と、8時間睡眠に比して1分間に約10拍高くなっていることがみてとれる。5時間睡眠は過労死認定基準[3)]の睡眠時間でもあることが注目される。このメカニズムとしては、睡眠時間が5時間以下になると、疲労を回復させようと、回復力の高い徐波睡眠が優先的に出現し、回復力の弱いレム睡眠を抑制させ短縮する。そのときに、レム睡眠はただ短縮するのではなく、レム睡眠圧（レム睡眠を多く出そうとする圧力）が高い状態で徐波睡眠に抑制されているのである（それが進むと約90分間隔で出現するレム睡眠が90分未満に出現したり、徐波睡眠より、多くレム睡眠が出現したりする**レム反跳**が起きる）。レム睡眠は、抑制されていなくても交感神経が活性化する睡眠であることから（図3-16）、5時間睡眠のようにレ

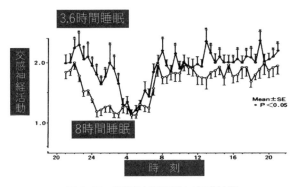

図 3-21　睡眠時間短縮と交感神経

ム睡眠圧が高くなる条件では、一層交感神経が高まると考えられ、この交感神経が活性化することが、心拍数や血圧に影響を与え、脳・心臓疾患の一因となると推認できる（図 3-21）[26]。

また、脳・心臓疾患疾患の1つある脳梗塞や心筋梗塞は、血管内皮細胞がはがれて固まって生じた血栓が血管内に詰まることで生じるが、図 3-22 のように、血管内皮細胞の正常性を血流依存性血管拡張反応という血管の柔軟性を示す指標で調べると、血管内皮細胞の正常性とレム睡眠量には、正の相関がある（レム睡眠が多く出現すると、血管内皮機能は正常化する）という知見も報告されている[27]。つまり、レム睡眠睡眠を多くする

---

[26] 疲労の回復過程でありストレスの解消過程とされてきた睡眠時に死亡が多いとの報告がある。例えば、徳留の研究では、1989〜1993年にわたり東京都監察医務院の突然死（24時間以内の死亡）を健康群（3,179名）、疾患群（15,010名）に分けて突然死前の行動を調べている。その結果、健康群の上位行動は第5位が排便中（4.2％）、第4位が作業・労働中（4.5％）、第3位が休憩・休息中（6.2％）、第2位が入浴中（10.7％）、第1位が就寝中（33.6％）と報告している。第3位の休憩・休息中を除いた行動は、いずれも循斑器負担に影響を及ぼすとされる要因であるが、健康群も疾患群も第1位の就寝中の突然死は、第2位の入浴中より3倍以上の比率を占めている。この睡眠時の突然死は、上述したようにレム睡眠時に交感神経を活性化させるメカニズムが影響していることが強く推認される（徳留省悟「東京都内の突然死の実態に関する研究」平成5年度厚生科学研究補助金成人病対策総合研究事業報告書〔1994年〕69-82頁）。

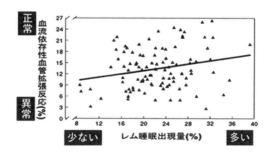

図 3-22　レム睡眠の出現量と血管内皮細胞の正常性

ことで、動脈硬化を回避することができるのである（反対に、レム睡眠が少なくなると、動脈硬化を促進することになるということである）。レム睡眠が抑制される条件（長い覚醒時間や短い睡眠時間）を回避することが、1つの脳・心臓疾患対策になり得る[28]。

以上のように、健康には、睡眠の「量」とともに、その「質」である睡眠内容や睡眠経過も重要であり、特にレム睡眠の機能が重要になるのである。

---

27) Cooper DC, Ziegler MG, Milic MS, Ancoli-Israel S, Mills PJ, Loredo JS, Von Känel R, Dimsdale JE. Endothelial function and sleep: associations of flow-mediated dilation with perceived sleep quality and rapid eye movement (REM) sleep. J Sleep Res. 2014 Feb;23(1):84-93.

28) また、近年では、睡眠感との関係では、N3 睡眠（徐波睡眠）より、レム睡眠の持続時間との相関が高いという研究成果も報告されている（Della Monica C, Johnsen G, Groeger JA, Dijk DJ. Rapid Eye Movement Sleep, Sleep Continuity and Slow Wave Sleep as Predictors of Cognition, Mood, and Subjective Sleep Quality in Healthy Men and Women, Aged 20-84 Years. Front Psychiatr. 2018 Jun 22;9:255.）。その理由としては、N3 睡眠（徐波睡眠）は、回復力の強い睡眠であるがゆえに、自然と優先的に回復するからである。一方、レム睡眠は、ストレス解消や循環器負担の点から重要な睡眠であるが、回復力が弱いため適切な睡眠条件（時間、時刻）が必要であり、レム睡眠が持続するような適切な条件を満たす必要がある。また疲労の過労へのドライブがストレスであることからもストレス（情動反応）の解消過程であるレム睡眠が疲労回復には欠かすことができない。

第3章　間違いだらけの働き方・休み方の「常識」　85

[5]　レム睡眠の抑制からアロスタシス崩壊へ

　睡眠と過労死との関係で重要なのは、前述したように、通常の睡眠では徐波睡眠よりレム睡眠が多い出現量を示すが、5時間睡眠のような短い睡眠では、そのバランスが崩れ、レム睡眠が抑制され、その時、レム睡眠中の循環器負担が大きくなることである。

　過労死発症の睡眠科学上の説明には、アロスタシス崩壊モデルがある。睡眠は、繰り返し述べてきたように、徐波睡眠とレム睡眠という質の異なる睡眠から構成される。徐波睡眠は、早朝に起きているとその時間数に応じて（関数的に）増加するが、ただし、これはホメオスタシス性（恒常性）を示す。これに対して、レム睡眠は、午前2時から午前10時に出現するというリズム性がある（その意味で、時刻依存性がある）。通常の睡眠では、睡眠構築バランスが保たれ、これらのホメオスタシス性とリズム性は同調している。この同調範囲を超えなければ（適正負荷という）、生体には何も異常は生じない。そして、早朝に起きている時間が長くなり、徐波睡眠が多くなっても、生体にはただちに悪影響はないが、しかし、時間外労働が長くなり（過剰負荷）、睡眠時間が短縮されると、ホメオスタシス性を示す徐波睡眠は増加し、リズムのある変化を示すレム睡眠との間に、その同調に崩れが生じる。通常、徐波睡眠は15％から20％であり、レム睡眠は20％から25％で出現するが、時間外労働の過剰負荷がかかり、早朝勤務することにより、この比率が徐々に変化する。この過程を、Mac Even がアロスタシスとして示した[29]。このアロスタシス状態に、さらなる繰り返しの睡眠短縮もしくはリズム変調が生じると、アロシタシス状態も破綻し、過労死発症に至るのではないかと考えられる[30]。

　例えて言えば次のようなものである。人間の生体は、外的変化を受けた時にも元に戻るように仕組まれている。それは、バネに適切なおもりをぶ

---

29)　Mac Even BS, Protective and damaging effects of stress mediators, N Engl. J Med, 338-3, 1998, pp.171-179.

30)　佐々木司＝松元俊「睡眠構築バランス理論からみた過労死発症モデルについて」労働科学93巻1号（2017年）11頁。

ら下げたときに、バネが元に戻る仕組みに似ている。時には、適切でない過重なおもりがバネにぶら下がることもあろう。そのときは、適切なおもりをぶら下げたときより一層バネは伸びてしまうが、その頻度が少なければバネはまた元の長さに戻る。これを Mac Even はアロスタシス（alostasis）（動的適応能）といった[31]。

　しかし、そのアロシタシス状態が何度か続くと、バネはバネの限界を超えて、とうとう元に戻らなくなってしまう。これを睡眠でいえば、徐波睡眠が過剰に生じて、レム睡眠を抑制させた上述の状態である。その状態がアロスタシス崩壊である。過労死発症時には、このアロスタシス崩壊が、循環器負担として、生体に生じたものと考えることができる。これが過労死発症の睡眠モデルである。

6　まとめ

　以上のように、疲労の回復と睡眠は、切っても切れない関係にある。このことの理解は、日々の疲労の過労の防止、そしてひいては過労死防止の点から重要である。特に過労死防止対策を念頭に置いた睡眠対策としては、レム睡眠が抑制されないような睡眠が望ましい。睡眠の科学からみれば、長時間労働による睡眠不足から、徐波睡眠が過剰に発生し、レム睡眠が抑制されることが、脳・心臓疾患の一因になると考えられる。したがって、睡眠時間では7時間以上が必要となる。

　31）McEwen. Stress, adaptation, and disease. Allostasis and allostatic load. Ann N Y Acad Sci 1998;840:33-44.

第4章
過労死・過労自殺につながる健康障害とその背景

医師、仙台錦町診療所／産業医学センター所長　**広瀬俊雄**

はじめに

　国際労働機関（ILO）は、2021年5月17日「**長時間労働が心臓病と脳卒中による死亡者を増加させる可能性をILOとWHOが指摘**」と発表した。2016年の長時間労働による両者の死亡数は、2000年比で29%増である（心臓病：プラス42%、脳卒中：プラス19%）。わが国において「**過労死110番**」が設けられてから33年となるが、健康障害を被った労働者、遺族、取り組んできた関係者たちのたゆまぬ努力によって大きな前進・成果が生まれてきている。しかし、まだまだ根本的な解決に至っていないことが明らかにされている。

1　医学が眼を逸らしていた「過労死」、行政も抵抗

　1991年から1998年の時期に「**突然死**」を標題にした冊子・雑誌（特集）が多く刊行されているが、それらを読むと、いかに「突然死」（あるいは急性死）が社会問題となっていたか、医学・医療が急いでその解明と予防を迫られていたかを知ることができる。その反面、「**過労死**」とは呼ばれずに終わっている。

　「過労死」という呼称が使われ始めたのは、1977年に行われた労働者対象の学習会で、大阪西淀病院産業医学科初代所長の田尻俊一郎医師が使っ

たのが初めてである。各地では 1970 年頃から該当するそれぞれの関係者が相談活動や労災・公務災害申請の援助活動に取り組んでいたが、例えば、『道標──田尻俊一郎過労死問題意見書集』（大阪過労死問題連絡会、1998年）によれば、第 1 回の「過労死 110 番までに意見書を 43 通書いて、既に 1986 年に過労死認定基準が定められていたが、それら全てが監督署段階では『業務外』とされている」と述懐している。実際、何年もの取り組みの末、上級審で 15 件、裁判で 4 件が「過労死」と裁定されるまでには長い時間を要している。このことから、「過労死」の社会的認知はきわめて不十分であったことがわかる。

　私自身が関わったものから例を挙げれば、1982 年に、近海漁業に従事していた 20 代の冷凍室担当の漁師が、大漁の最中、感冒⇒気管支炎⇒肺炎と悪化しながら漁の都合で港に戻れず、塩釜市の坂総合病院呼吸器科に入院したときには、唇は重度のチアノーゼ（皮膚や粘膜が青紫色である状態）で、高度の酸素療法によっても回復することなく命を落としたケースで、「過重の労働と医療の遅れによる肺炎での死亡例」として労災申請し、認定を得ているが、行政は「過労死」という言葉は使ってはいなかった。

　その後、1988 年頃には、働き盛りの著名人の突然の死がマスコミにおいても大きく取り上げられることになる。しかし、その当時、マスコミの扱いはカギカッコ付きの「過労死」であった。その背景としては、医学・医療界における「突然死」という呼称があり、厚生省もまた、「急な病死」と呼ぶことにしていたことも強く影響していた現実がある。医学的には「死亡に直接つながる事象の発症から 24 時間以内の死亡」とすることが医学的だとされていたのである。死亡した時間的経緯には注目するが、その原因は注目されておらず、当然、「過重労働と密接」という発想は見られて来なかった──そういう現実があったのである。

2　医学が課題とした過労死

　「過労死」を標題にした書籍として、『過労死──脳・心臓系疾病の業務上認定と予防』という本が 1982 年に刊行されている[1]。この本の共著者

の一人である上畑鉄之丞医師は、多数の事案の解析・調査結果をもって『過労死の研究』を出版し[2]、また、日本産業衛生学会循環器疾患の作業関連疾患要因検討委員会委員長（1期・2期）を務めていることから、「**過労死研究の祖**」とみなされている。

1988年4月、前述の田尻俊一郎医師は、「労働者の健康電話相談」を行った夜、筆者に「相談者が100名を超した。大阪だけでないはず。全国規模で電話相談の検討を」との電話をくれた。すぐに、前述の上畑鉄之丞医師に電話で相談し、「父の日前日」開催を決め、上畑医師には、彼が主管する「ストレス疾患労災研究会」に参加する弁護士に呼びかけてもらい、筆者は、全日本民医連労働者健康問題委員会の委員たちに参加を求め、「札幌・仙台・東京・名古屋・大阪・神戸・福岡」の7都市で電話相談を行った。このようにして「**過労死110番**」が誕生した。ちなみに当日の過労死事案相談は137例であった。当時、筆者は、医学書院から6巻シリーズで刊行された「現代の病シリーズ」の後半3巻の編集の作業に従事しており、その第4巻『職場の病』を責任編集し、その本の中で「第8章　過労死」を田尻医師に執筆していただいた[3]。

過重労働によって脳心疾患をはじめとする健康障害により死に至ったり、仕事の継続を妨げられる事例が急激に増え、その特徴が示されるに伴って、労災が認定される事案も増え、過労死認定基準においても、過重労働において特に長時間労働の程度による評価が示されるようになってきた。それには、事案ごとの過重労働の実態と死を含む健康障害との関わりを、過労死に取り組む医師・弁護士等によって丁寧に明らかにする努力の積み重ねが貢献している。次項で示すこの課題に特化した日本産業衛生学会の委員会の取り組みに先立つ4年前に、同学会「**夜勤・交替制勤務に関する学会**

---

1) 細川汀＝上畑鉄之丞＝田尻俊一郎編著『過労死——脳・心臓系疾病の業務上認定と予防』（労働経済社、1982年）。
2) 上畑鉄之丞『過労死の研究』（日本プランニングセンター、1993年）。
3) 田尻俊一郎「第8章　過労死」河野友信＝唐木正敏＝広瀬俊雄＝山岡昌之編『職場の病（シリーズ現代の病4）』（医学書院、1992年）193-213頁。

意見書」が発布されている。その要旨を示せば、「各産業にわたって交替制勤務が拡大しつつある現状にかんがみ、深夜業と交替制勤務の導入自体を法規によって規制すべきである。現実の社会経済条件のもとでも、必要な深夜業ないし交替制勤務者数をできるだけ制限するような生産技術の開発や勤務編成は十分可能だと考えられるからである。とりわけ、（高価な設備の減価償却や経済効率などに関連した）経済的理由による交替制の導入は、禁止されるべきである」とある。

[1]　日本産業衛生学会「循環器疾患の作業関連要因検討委員会」

　日本産業衛生学会の「循環器疾患の作業関連要因検討委員会」（第1次委員会）は、1992年に設置され、3年間にわたり精力的な検討を行った。委員は20名、構成は、大学10名、研究施設3名、医療機関3名（筆者含む）専属産業医3名、健診機関1名、労組医師1名から成る。その多くは、学会内の本課題に関係する委員、過労死に取り組んでいる会員である。以下、その報告書（1995年2月）の概要を記す。

　同委員会の第1回が1992年7月24日、そして1995年1月までに計11回行われ、確認されている。その報告書（第1次報告書）の第1章は「労働者の健康、特に循環器疾患」、第2章は「循環器疾患と労働関連性」、第3章は「労働関連性の文献考察」、第4章は「職場の循環器疾患予防」、第5章は「循環器疾患と労災補償」、第6章は「提言——労働関連疾患を考慮した循環器疾患の予防」から成っている[4]。

　委員会の名称としては「作業関連要因」となっているが、その報告書冒頭で「WHOやILOで提唱したwork-related diseaseという概念を踏まえて」とされ、夜勤労働、睡眠時間減少等の要因を「作業関連」とするよりはその第2、3章でも「労働関連性」が使われている点でも、こちら（労働関連性）のほうが妥当だと思われる（筆者は、最初の会合で主張したが、

---

4) 「日本産業衛生学会循環器疾患の作業関連要因検討委員会報告書——職場の循環器疾患とその対策」産業衛生学雑誌38巻5号（1996年）A153-181頁。

第4章　過労死・過労自殺につながる健康障害とその背景　**91**

理事会確認が済んでいることから「作業関連要因」が踏襲されて検討に入っている）。実は、この2つの言葉の違いは大きいと思う。委員会は、その時点での研究の到達点を、「寒冷・暑熱」「騒音」「振動」「有害化学物質」「筋労作」「運転労働」「夜勤・交代制勤務」「心理社会的ストレス」「身体活動」に分けて、委員で分担して、文献収集を進めた。その数は360編にのぼる。委員会で順次報告し合い、報告書に活かせるよう集約し、第3章「労働関連性の文献考察」に集約した。本報告書は、睡眠障害を主な検討項目にしているが、下に、それぞれ、現在においても有意義な内容に絞って紹介する。

＊寒冷・暑熱　⇒寒冷では、血圧上昇、左心室肥大、血中カテコラミン上昇等が起きる。季節変動は、冬季の血圧上昇はみられるが、否定的な報告もある。寒冷環境下での労作は労作性狭心症患者で強いストレスを生む。暑熱では、身体諸機能に様々な影響が出るとの報告が多い。

＊騒音　⇒不快感、睡眠への影響、作業能率低下、末梢血管の収縮、心拍出量減少等影響は多く・大きい。

＊振動暴露　⇒局所暴露、全身暴露共に循環器系への障害を惹起するとされる。

＊化学物質　⇒一酸化炭素、二硫化炭素、ニトログリコール、鉛・カドミニューム・銅・アンチモン等多くの重金属は不整脈、心筋症を引き起こすという報告がある。

＊筋労作　⇒動的筋労作は、全身的・局所共に目立って反応する。静的筋労作においても様々な血流障害を生むことが知られている。

＊運転労働　⇒直接の負荷要因と付帯する負荷要因が密接に絡んでの負担が特有。バス運転手・タクシー運転手・トラック運転手を中心に報告多数（収集論文も最も多い）。

＊夜勤・交代勤務　⇒心・血管系疾患の危険因子への影響と血管系疾患そのものの2群あって、ここも報告多数。筆者の報告も含まれている。

> **＊心理社会ストレス**　⇒交感神経・副腎反応系反応と狭心症・心電図
> 変化の双方の報告あり。セリエの概念提起依頼精力的に研究されて
> いる。ライフイベントや daily hassle 等代表的な評価尺度が次々提
> 出されてきている。次いで、カラセックとセオレルが demand
> control model を提出する。即ち、職場における心理的な仕事の要
> 求度と裁量の自由度。
> **＊精神的ストレス**　⇒血圧上昇、不整脈、虚血性心疾患・突然死と多
> 数の報告あり。

[2]　第2次委員会

　上の第1次委員会の報告に関して、理事会では、「予防に関する政策・特に夜勤の制限」での議論がなされ、学会の見解にすべきかどうかで意見が分かれ、全会員の意見を集約する目的で、1997年4月、第70回日本産業衛生学会総会（富山市）においてパネルディスカッション「産業労働者における循環器疾患の予防管理」が行われた。演者は、上畑鉄之丞（国立公衆衛生院、第1次委員会委員長）、堀江正知（日本鋼管京浜産業医、鉄鋼産業医集団代表）、鎌田隆（本多技研浜松産業医、自動車産業医代表）、小木和孝（労働科学研究所所長、第1次委員会委員）、広瀬俊雄（仙台錦町診療所・産業医学健診センター、第1次委員会委員）であった。その討論を踏まえ、**第2次委員会**が理事会の指示で設けられた。委員長は、第1次と同様上畑、作成委員は、第1次委員会事務局の2名、筆者他3名で構成されていた。

　1999年に報告書が出され、理事会の承認を得て、第1次報告書と共に学会誌に掲載されている[5]。

　その中では、要因については、「座業・夜勤交代制勤務・騒音」の伝統的なものに加え、「心理社会的ストレス」の重要性が強調されている。わ

---

5)「『職場の循環器疾患とその対策（1998年度）』の掲載について（日本産業衛生学会 循環器疾患の作業関連要因検討委員会報告）」産業衛生学雑誌41巻1号（1999年）A9-14頁。

が国の動きでは、「不整脈による突然死」「過重負荷の判定における対象期間に変更」「健診項目の充実・ストレス状況の問診の強化」等の行政指針の変化が集約されている。第1次報告書以降の3年間の変化として、職場の循環器疾患の予防活動の進展が、労働者支援と職場改善の双方において、欧米での経験、ILOの提唱、わが国での経験、が紹介されている。

　予防策については、第1次報告書には、夜勤制限に関する提言について産業医の産業別の集まりから「現場の事情の配慮」が提案され、第1次報告書の学会としての確認を第2次委員会に引き継ぐ措置がとられたが、第2次委員会での検討においても、3年間の新たな情報収集と改善活動の実践を踏まえて、「**長時間労働・夜勤労働の改善・制限**」がやはり同様に強調される結果となっている。

　委員長の上畑医師は、上記委員会（2期）をまとめつつ、並行して自らが扱った事案の医学的検討を進め、前記のように1993年に『過労死の研究』[2]を出版しているが、以下でその概要を紹介する。

　まず、代表的な疾患としては、①高血圧性脳出血、②脳動脈瘤破裂・くも膜下出血、③脳血栓、④急性心筋梗塞、⑤急性心不全、を挙げている。それぞれで扱った職種を整理し、①では、トラック運転手、工場研究所課長、テレビ局ディレクター、②では、応援販売への出向の工場労働者、損害保険会社営業マン、③では、海外出張中のテレビ局ディレクター、④では、販売推進課長、トラックターミナル徹夜労働者、⑤では、ペースメーカー装着トラック運転手、肥大性心筋症のカメラマン、工場長兼務旋盤工の事案で、それぞれ障害に至った要因を詳しく推察している。特に、④の連続徹夜勤務では、**生体リズムの変化**に注目している。

　これらの事案検索の中から要因解析を進めるが、まず、循環器死亡者の職業別分布解析を進め、当時高率だった農林業従事者と大企業従事者の減少が明らかなことに反して、脳疾患では、運輸・通信業、専門的・技術者、保安、販売業では目立った減少が無く、また、心疾患では、専門的・技術者、運輸・通信業で明らかな増加が見られる、としている。差を示した業種間の作業内容等の差・予防策実践の差の解析から、過労死防止の糸口が探れるのではないか、としている。循環器疾患発症のストレス要因の解析

では、「**労働関連疾患**（WHO・ILO）」を強調していることを踏まえての評価と予防を強調している。

わが国で、この概念（労働関連疾患）が意識的に拡がらずにいて、「**生活習慣病**」に完全に置き換わっている今日の事態と悪影響をみれば、上畑医師によるこの指摘はきわめて重要であった。

次いで、わが国と欧米での循環器疾患における労働ストレスの検討研究を紹介し、循環器疾患発症の直接的要因であると共に不健康生活習慣の助長因子であるとしている。次いで、当時欧米で注目されていた「タイプＡ行動」「カラセック・モデル」を紹介している。特に前者についての疫学研究（職種だけでなく職階、労働時間等）の意義を訴えている。

なお、労働と循環器疾患の知見については、2013 年に刊行された『産業安全保健ハンドブック』の中で、筆者が執筆を担当している[6]。

3　筆者の検討の紹介

[1]　東北における過労死事例検討[7]

筆者は、当時、「東北過労死対策委員会」を組織し、福島県を除く 5 県の医師の参加を得て、過労死事例の解析を試みた。

対象は 1988 年〜 89 年に相談を受けた 76 名の死亡例とし、方法は健診記録や診療録を遺族の許可のもとで収集し、解析した。全員が男性、年代では 40 代が 42％で最も多く、次いで 50 代 32％、30 代 13％、20 代も 1.8％（1 人）含まれていた（図 1）。

死亡原因（死亡診断書）は、くも膜下出血 29％、急性心不全（当時はこの病名が死亡診断書に使用されていた）26％、心筋梗塞 19％、脳出血が 13％の順であった（図 2）。

---

6) 広瀬俊雄「労働と循環器系疾患」小木和孝ほか編『産業安全保健ハンドブック』（労働科学研究所、2013 年）748-751 頁。

7) 広瀬俊雄編著『あなたと家族のための過労死しない、させない本』（農文協健康双書、1992 頁。現在復刻版自主出版中）。

第4章　過労死・過労自殺につながる健康障害とその背景　95

　倒れる1か月前の労働時間では57％が1日14時間以上（月100時間残業時間相当）と突出し、長時間労働が背景にあることが示されたが、正規労働者の8時間労働を下回っている事案もあるのは、注目される（図3）。

　被災者職種・職階では、管理職（19％）と専門技術職（17％）が抜きん

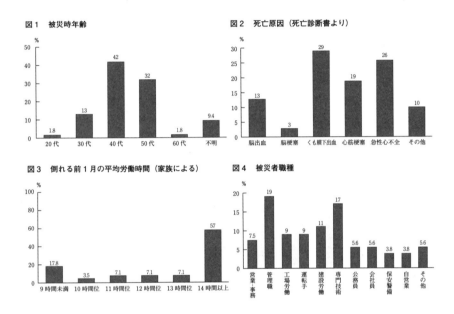

出た。この2つがダブっている経営者と現場での労働の兼任（開業医はその典型といえる）は、一層の危険があることになる（図4）。

　図5は、その職種・職階別の過労死発症頻度と政府と政府統計での神経疲労を身体疲労で除した数値の比較である。管理職と専門技術職の2群はその数値が高いという結果であった。この2群は仕事上身体を使うことが少ない反面で神経を使うことが多い職種・職階であることは容易に推測できる。この点は過労死のメカニズムや予防との関係を踏まえて別項で触れる。

　この解析で我々が最も注目したことは図6である。被災者の家族や同僚は口ぐちに「これまで病気一つせず元気そのものでした」と伝えているとのことだが、実は、対象者の7割は**高血圧**であったことを健診の成績や外

来診療録から知ることとなった。図7は1989年に厚生省（当時）が同様の調査をした結果である。「急な病死」とは、死亡診断書での発症から死亡までの期間が1週間であって、事故死と自殺を除いたものである。11道府県で保健婦（当時）が直接自宅に訪問して調査している。ここでもす

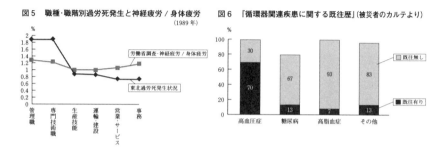

図5　職種・職階別過労死発生と神経疲労／身体疲労（1989年）

図6　『循環器関連疾患に関する既往歴』（被災者のカルテより）

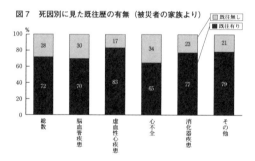

図7　死因別に見た既往歴の有無（被災者の家族より）

べての死亡原因でその疾患に関係する**既往症**が3分の2から8割存在していたと公表した。このことは予防にとっても重要である。

[2]　自営業者での検討[8]

筆者は、ある自営業者の共済会の、1995年約10万人、1998年約7万人、2002年8.4万人の3度の大規模全国調査を実施してきた。①「労働時間」と各健康項目との関係では、労働時間が長い群ほど「健康不安」「翌日に

---

8) 広瀬俊雄ほか「10万人を対象とした『営業とくらし、健康調査』にみる零細事業者・自営業者の労働・生活・健康状態の特徴」産業衛生学雑誌40巻5号（1998年）222-226頁。

第4章　過労死・過労自殺につながる健康障害とその背景　97

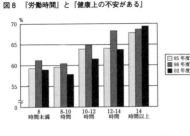
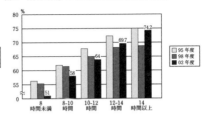

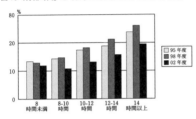
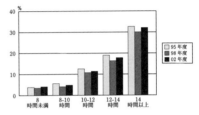

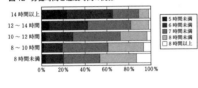

持ち越す疲労」「休めと医師に言われても仕事の為に休めず」「健診3年以上受けず」の該当者が多いという結果であった（図8～12）。

「労働時間が長い群」は「休日がほとんど無い」が最も多いことなど、仕事多忙による休養不足の影響が今回も示された。②「営業状況」と各健康項目の関係では、売上げが悪いほど「健康不安」「通院中の病気（風邪・歯科を除く）がある」「医師に休めと指示されたが休めなかったことがある」が多いという結果であった（図13）。

③産業別の特徴では、健康関連8項目で産業別で悪い順に並べて1位に5点～5位に1点とスコアを与えて合計した。多いのは順にサービス業、流通・商業、製造業、建設業、農林・水産の順であった。小分類で上位6位に登場する回数をみたところ、酒場・スナック5回、飲食料品小売り、

コンビニ4回、漁業、情報通信3回と夜勤の多い業種が目立っていた。④「介護者」を抱える影響としては、家族に要介護者がいる群では、居ない群に比して「健康不安」「翌日持ち越し疲労」「通院中」「医師からの休めの指示」「休めの指示あるのに仕事で休めず」が、有意の差ではないものの、多い結果であった。3回の調査は一致して「労働時間」「売上げ悪化」の健康への明らかな悪影響が示された。産業別解析にて「夜勤業種」で健康状態の悪さが目立っている。図14は、ある年の死亡給付申請者の発症から死亡までの期間を示す。過労死を広く捉えるならば、約半数が半年以内で死亡していることは、かなり重症で医療を受け始めたこと、遅れるま

図14 初診から死亡迄の期間
全商連共済会給付(1997年12月)

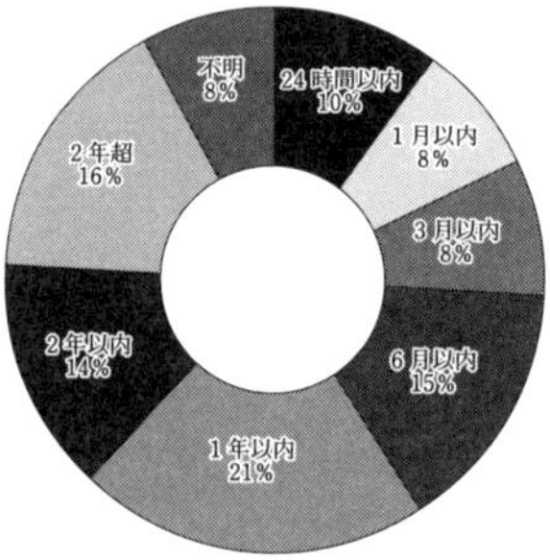

で「放置」していたことが推察される。また、「自殺は死亡給付が適応されるか」の確認の電話があった後に命を無くす会員がいる事実も明らかにされている。

[3] 過労死・過労自殺の主要因「夜勤」についての取り組み

　2004年6月12日の朝日新聞朝刊の「声」の欄に「24時間の店で深夜働く主婦」という37歳のパートの方からの投書が掲載された。24時間営業に変わった際の深夜勤務者募集への応募者のほとんどが乳児・幼児、小学生のいる主婦だったとし、徹夜勤務が週3日で年金保険料、介護保険料合計とほぼ同額を得る、と書いている。最後に「深夜、母親の居ない家で寝ている子供……それが現実です」で終わっている。なぜここまで「無理を

して」夜勤に従事するのであろうか？　その背景には、「国際化・24時間社会」のような社会的要因や、女性・若年世代を中心に日勤の正規職員の求人がきわめて制限されていること、「高時給」を必要とする家計上の事情等があるだろうが、「**夜勤による健康障害**」の知見が必ずしも夜勤労働者に明らかにされないで来たこともあるのではなかろうかと考えていた。高血圧が健診等で明らかにされれば、世界の多くの国では、「夜勤を離れなくてはならない」といった法制度が敷かれているので夜勤から離れるという、いわゆる「healthy effects」があることや、見かけ上の「正常化」を図ることも引き出されている可能性もあり、調査に実態が表れないこともあった、と指摘されている。その辺についても十分認識していかないと、判断に大きな誤りを生んでしまいかねないと思われる。

[4]　夜勤労働者対象の健診解析の示すもの

　我々はこの20年、産業医契約している企業において**24時間心電図**（以下、「Holter ECG」とする）や**24時間血圧記録**（以下、「ABPM」とする）を軸とした夜勤者健診を進め、そのなかで得た成績を日本産業衛生学会を中心に報告してきた。

（i）　パン製造工にみる常夜勤による高血圧と対策[9]

　パン工場で深夜に働く男子労働者を対象に夜勤者健診を年2回実施していた。

　内容は、通常の健診のほか、より早期に夜勤の健康影響を見出すために、マスター負荷心電図、眼底、それに夜勤帯の健康状態をつぶさに反映でき得る Holter ECG、ABPM を加えている。

　1982年から1989年までの健診時の血圧の年次推移では、1年目には全員正常であったものが、除々に上昇し、平均値で明らかに血圧が上昇して

　9）広瀬俊雄「あるパン製造工場の男子常夜勤労働者の血圧への影響」産業衛生学雑誌37巻1号（1995年）43-46頁。

いる。最も上昇した者では、5年目に血圧170/100mmHgとなり、眼底出血して、退職となった（図15）。この時点で、半数は3交替に移行し、更なる血圧上昇は抑えられた（図16、17）。半数は収入確保の為に嘱託として「夜勤専業」にとどまったが、その結果、この集団の平均血圧は更に上昇した。そこで我々は、疲労度検査のフリッカーテスト[10]で深夜1時頃をピークにV字形に下がっているという事実（図18）、ABPMでもその時

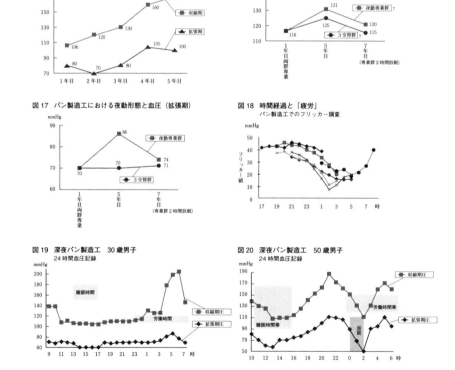

---

10) 疲労測定法の一つ。点滅光を見せて、点滅のスピードを上げ、点滅を弁別できず連続光に見えるようになる閾値を調べる検査。通常は50Hzまで点滅を感じる。図18では、グラフの下になるほど「強い疲労」を示す。

間を経て急激に血圧上昇に至る結果（図19）を得て、この時間帯に2時間の仮眠の導入を提案し、集団の平均血圧でも有意に低下し（図16、17）、ABPMでも最も高かった時間帯の血圧がみごとに下がっていることを示している（図20）。

(ii) 惣菜工場で働く女子パート労働者の夜勤労働継続による健康影響[10]

　また、我々は、惣菜工場で週5日働く女子労働者の夜勤者健診を進めてきた。健診項目は前述のパン工場労働者と同様である。当初の「早朝5時から」、「3時から」を経て、半数が「0時からの勤務」へと変化してきたが、ABPMの成績で、全員が3時からの勤務の時点で1日平均血圧ではおよそ約半数が「境界域以上の高血圧」を示した。

(iii) 店舗での学生アルバイトの夜勤労働への影響

　数年前より段階的におよそ半数の店舗の閉店時間が22時を超え、23時と移行していた。その時間に働く労働者の主力は学生アルバイトであるが、この集団の健康状態、特に夜勤の健康影響はこれまで把握されてきてはいなかった。我々の提案に基づいてみやぎ生協では、2005年から学生アルバイトも含めて夜勤者健診を開始した。健診項目は、「パン工場」「惣菜工場」のそれと同様の内容である。その結果、20歳前後の若い学生アルバイトのABPMにおいてもかなりの程度に**「夜勤帯に高血圧」**を示すものがみられた（図21）。この状態を放置すれば、蓄積疲労と加齢が相乗的にはたらき、過労死に至る可能性も否定できない。授業終了後店に勤務したら、空腹を遮断するためにおにぎりを与え、加えて、業務終了し帰宅後には、最大限早く寝るように助言した後には、高血圧を示す学生アルバイトはみられなくなるという結果を得ている。

　10）広瀬俊雄「夜勤労働と健康障害」医学のあゆみ176巻7号（1996年）450-451頁。

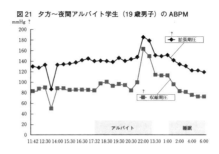
図21 夕方〜夜間アルバイト学生（19歳男子）のABPM

(iv) 夜勤者健診の「高血圧者」への事後措置と効果

　夜勤労働は、**循環器疾患**の重要な要因の一つである。日本では、夜勤者は年2回夜勤者健診を受けているが、健診項目は他の労働者の通常の項目と同様である。我々は、約20年間、ある食品工場において夜勤者健診にABPMを導入してきた。夜勤者健診でのABPMは、2010年の前期健診までは半数ずつ、同後期以降は全員で実施し、施行者数は、2007年までは約90人、2008年以降は130人である。この方式の夜勤者健診が始まって以来、脳心「事故」は1例も発生していない。退職者については、退職後5年間の健康状況の把握を安全衛生担当者にお願いしているが、その期間においても脳心「事故」は無いとのことである。その最大の理由は、ABPM導入であると我々は考えている。

　ABPMの評価は、今井潤（東北大学臨床薬理学）教授（当時）らが岩手県大狭間町での全住民対象の調査から導き出した標準値を用いた。一日平均血圧値で、その標準値の2σ以上の場合あるいは収縮期圧160mmHg以上または拡張期圧95mmHg以上が50％以上の場合に即夜勤禁止の指示を出した。2013年までの4年間7回の夜勤者健診における該当者の合計は、延べ55名であり、6％にあたる。同じく1σ以上で160/95以上が3分の1以上の場合は、夜勤継続を許可しつつ2〜3か月後の再検としたが、該当者は96名で、10％にあたる。再検者のほとんどは、「問題無し」に移行したが、指示した対応策は、「**睡眠・仮眠の十分な確保**」である。いかに睡眠確保が夜勤による血圧上昇の防止に欠かせないかが示されている。

⒱　夜勤による健康障害における睡眠障害の意味

　厳しい労働条件のなかで夜勤を継続するには「睡眠の確保が必要条件」と労働者が自覚していることがわかったうえで、2002年春の夜勤者健診において更なる調査を実施した。対象は29名で、3時から働く者13名（以下、「3時から群」とする）と3時以前から働く者16名（以下、「3時前群」とする）を検討した。平均年齢はそれぞれ49.2歳、46.4歳、夜勤経験年数が7.2歳、8.4歳で、両群間に差は無い。日本産業衛生学会産業疲労研究会による「新疲労調査項目（2002年度版）」による自覚症状調べでは、スコア合計では両群に差はみられなかったが、「3時前群」において「足がだるい」「肩こり」が有意に多く、両群合計での検討では、夜勤後に増加する項目は「横になりたい」「頭ぼんやり」「全身倦怠感」「足がだるい」「あくびが出る」であった。ピッツバーグ質問表[11]による睡眠困難（過去1ヶ月）の頻度では、「あり」は「3時から群」8人（61.5％）、「3時前群」11人（68.8％）と差はみられなかったが、両方高率であった。また、「生活に支障有り」は、それぞれ5人（38.5％）、8人（50％）で「3時前群」で高率であった。エップワース睡眠尺度[12]による眠気の尺度では、全項目で該当数（人数補正後）、総スコア共に「3時前群」が上回っていた。特に「読書中」「車中」「運転時」で明らかな差を認めている。「3時前群」は「3時から群」に比して睡眠時間をなんとか減らさず（働くには他の生

11）ピッツバーグ睡眠質問票（Pittsburgh.Sleep Quality lndex; PSQI）は、総合的な睡眠の質について自記式で回答し採点・評価を行うことができ、既存の睡眠尺度の中では最も多くのエビデンスが集積されている（Buysse DJ, Reynolds CF, 3rd, Monk TH, Berman SR, Kupfer DJ. The Pittsburgh Sleep Quality lndex: a new instrument for psychiatric practice and research. Psychiatry Res 28:193-213, 1989）。筆者は、日本版を使用したが、土井由利子＝蓑輪眞澄＝大川匡子＝内山真ほか「ピッツバーグ睡眠質問票日本語版の作成」精神科治療学13巻6号755-769頁を基にした。

12）エプワース眠気尺度（Epworth sleepiness scale:ESS）は、日中の眠気を計る指標として開発されたものある（Dr Johns first developed the ESS for adults in 1990）。筆者は、日本呼吸器学会、睡眠時無呼吸症候群に関する検討委員会によって（委託）作成されている日本語版を使用した。

活項目を減らせても睡眠時間自体は減らせない）、睡眠の質（＝深い睡眠）を維持しようとしているようであったが、それでも「仕事中～日中の眠気」は強く「生活上に支障有り」が多いという結果であった。実際この職場では、深夜勤務に向かう途中で交通事故を起こして死亡した労働者がいるとか、昼間の睡眠がうまくとれない夏季に作業中の怪我が多発する等、**睡眠障害の影響が示されている。**

(vi) 夜勤労働継続に表れる生活犠牲・自己犠牲[13]

　1人を除き子育しつつ夜勤を続けている主婦において、夜勤継続がどのような生活上の変化を生んでいるか、言い換えれば、どのような生活変化（犠牲）が夜勤を継続させ得ているかを調べるために2000年秋の夜勤者健診を受診した40名に、健診時に直接聴取した。質問項目は、1978年に日本産業衛生学会夜勤交替制委員会が検討した生活項目を基本とし、休養（3細項目：以下同じ）、食事（8）、運動（4）、団欒（2）、趣味（3）、付き合い（5）役員（1）である。シフトの変更の前後で「減らす方向」「増やす方向」「同じ」「判定困難」かについて質問した（本調査は当時宮城大学に在中していた三木明子関西医科大学教授・看学生との共同調査である）。

　回答数は、無職または日勤から5時開始の勤務に変わった人は16人（以下、「A群」とする）、無職または日勤から3時開始からの勤務に変わった人が21人（以下、「B群」とする）、5時開始からの勤務から3時開始からの勤務に変わった人が15人（以下、「C群」とする）、3時開始からの勤務から0時開始からの勤務に変わった人が12人（以下、「D群」とする）であった。その結果、①「健康状態の悪化」は、各群4割程、「疲労回復の悪化」は、B群6割強、D群4割強、C群3割強にみられた。②「睡眠の変化」では、「時間減少」がD群6割強に対し、A・B・C群では3割前後にとどまっている。一方で、「睡眠の深さが増した」のはA・B・D群

　13）広瀬俊雄「過労死の問題の現在、そしてこれから」医学のあゆみ255巻7号（2015年）785-786頁。

図22 勤務時間の変更前後の睡眠・健康状態の変化

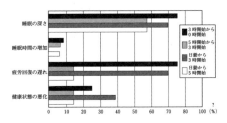

図23 夜勤の生活への影響

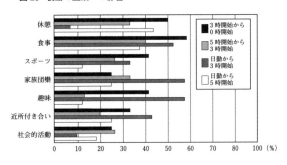

で7割前後もみられ、最低のC群でも5割に、「睡眠時間減少」を大きく上回っていた。③生活内容の変化では、どの群でも共通して3割以上の労働者が制限しているのは、「休養」「食事」関係の項目である。制限する項目の多いのは、無職または日勤から5時開始の勤務移行（A群）、3時からの勤務から0時からの勤務（D群）であり、特にこの勤務時間の変化で**生活上の対応（つまり犠牲）**がより強く余儀なくされていることが示されている。このように、より深夜近い時間から働くことによって、健康状態の悪化や疲労回復の遅れを多くの労働者が経験しているが、それでも夜勤が続けられているのは、「出来るだけ睡眠時間は減らさず」、「出来るだけ深い睡眠を得る工夫」をし、それ以外は徹底して捨て去る生活を貫いていた。すなわち、家族との食事回数を減らし且つその食事の質を落とし、家族団らんの機会、運動、趣味、近所付き合い、PTA等の活動等の社会的な活動をそのほとんどを避けながら、夜勤労働中心の生活に徹していることが明らかになっている（図22、23）。

4　過労死（過労自殺）の予防に向けての活動

[1]　過労死予防につながる健診・健康管理のありかた
──背景をみずに語られる「生活習慣病」「メタボリック症候群」

　世界一の長寿国であるわが国では、現在、国を挙げて「メタボリック対策」に取り組んでいる。その施策が登場する少し前は、今ではほとんどの人が忘れているが、「世界の中で日本は珍しく職域定期健診に固執する国」との非難が殺到し、健診はいわば「風前のともしび」であった。当時、筆者は、図6、7のごとく、過労死事例においては、高血圧他の異常がみられることから、健診は重要であり結果を活かすべきだと主張してきた。2008年になって、いきなり手のひらを返すがごとく「メタボリック健診」が強引に押し出され、脳心疾患発症を予防せんとわが国独自の基準に沿っての「階層化による選別による保健指導」と「後期高齢者保険援助金＝ペナルティによる脅し」の2本立てによって、大々的に健診が取り上げられることになった。

　この健診異常者は、「**生活習慣病**」・「**メタボリック症候群**」とされ、その言葉の範囲での指導が熱心に展開されることになる。「生活習慣病」は、"disease due to lifestyle" の略であると説明されているが、**図24**で例示したように、その背景にある「**長時間労働**」や「**睡眠不足**」という不健康要因が明らかである。

[2]　過労死の予防にまず必要なのは
　　　睡眠障害の元凶である夜勤の制限・削減

　夜勤は、「夜勤専業」「長時間夜勤」「日勤の午前様（長時間・過重労働）」等を含めて考える必要がある。夜勤・長時間労働は、高血圧や動脈硬化、心疾患等を惹起し、進行させることを先に述べた。この点から「予防」を考えれば、過労死の最大の温床である**夜勤の制限**、特に**不必要な夜勤の解消**に取り組むことを提案したい。例を少し挙げれば、「コンビニ全店の24時間営業（地域ごとに最大7店で1時～3時を分担して営業する）」や「ダイレクトメール郵便を深夜に分別してまでの翌日配達（急ぐ必要の無い郵便

第4章 過労死・過労自殺につながる健康障害とその背景 **107**

物は『遅達』と印して3〜4日後に届ける)」「午後とか翌日に食べる物まで
深夜製造(関連地区では筆者の助言にて冷凍弁当として夜間製造を減らした)」
等が挙げられる。こうした産業・職場に夜勤者がいれば、その労働者のた
めの夜勤労働者が必要となり、連鎖反応的に夜勤従事者が増えてきた経過
がある。夜勤労働者が生み出す種々のサービスを享受している国民が「不
要」の声を上げないかぎり「24時間社会」は解消に踏み出し得ない。

　夜勤問題を取り上げるとき、単に健康診断結果を夜勤群と日勤群とを比
較して行う調査は、まったく不十分である。夜勤群と日勤群が「さほどの
差は無い」とか、「夜勤群の方がむしろ良い」という論調や学会報告すら
目に付くが、夜勤帯の健康状態の把握が十分でない夜勤継続のために様々
な犠牲をしていることを十分ふまえる必要がある。また調査方法において
夜勤継続が困難になった労働者は皆、日勤に移動している点の影響の大き
さを無視・軽視してきたことを指摘しなければならない。夜勤労働は、生
活全般の犠牲、家族の犠牲をもって成り立っている意識こそ重要である。

　以上より、夜勤者の健康管理に必要なことは、

①夜勤者健診は、常勤正社員はもちろん経営者、パート、嘱託、アル
　バイト等の非正規職員も対象にすること。
②夜勤者健診には24時間心電図(Holter ECG)や24時間血圧記録計
　(ABPM)等夜勤帯の健康状態がよりわかる項目を採用すること。
　もしこれらの検査が困難の場合でも、家庭血圧計をもって「夜勤に
　行く時」「夜勤中」「終了時」等に測定すること。
③夜勤帯に常夜勤者または深夜1時を挟んで働く場合は2時間の仮眠
　が挿入できるようにすること。
④深夜働いた場合は日中の勤務は避け、日中の睡眠を出来るだけ確保
　すること。睡眠の質を確保するため、寝る部屋を「暗くする」「静
　かにする」「暑過ぎ・寒過ぎを避ける」等の家屋対策を企業・行政
　等の支援によって進めること。
⑤健診等で知り得た病気を放置すれば夜勤の悪影響が出やすくなるの
　で、きちんと対応する必要があること。

である。

[3] 職場・生活にはびこるストレス過重負荷軽減への取り組み

　長時間労働・過重労働対策と共に、神経の過度に緊張を強いる切れ目のない**精神的負荷労働**に対する取り組みが必要である。

　過労死、過労自殺は共に、水面下で進んでいく「神経疲労」を感じる監視装置そのものの疲労、すなわち、自覚することなく進んでいく「**疲労の蓄積**」と考えられている。そのことによって、自他共に「死ぬわけがない」として働き続ける事態が生じ、防げる事態が防げなくなり、平均寿命の半分近くでの過労死あるいは過労自殺を生んでしまっていると解釈される。とすれば、その予防策には、どうしても「**肉体的疲労**」と「**神経的疲労**」の２つが有効に軽減、解消されるような取り組み（＝休養）が必要となる。肉体的疲労は身体を休めることによってある程度軽減されるが、神経疲労の方はただ身体を休めていればよいということではない。一定の労働者が、週休を得ているとしても、残りの多くの労働者は今もってその休日も返上して働いている。自営業者の大規模調査でも１日の労働時間が長い群ほど休日ゼロの割合が高いという結果であった。蓄積疲労に疲労を上乗せしているのである。そこで筆者の提案として、「２連休を取り、前の日は身体を動かす（出来ればストレス発散できる、全身を動かし楽しみを実感できるもので）こと、２日目は「仕事の疲れと運動したことによる疲れ」の両方を軽減する」ことをすすめている。どうしても２連休が無理というなら「土曜日夕方運動・日曜日休養」や「午前は運動・午後は休養も」でも仕方は無いので、できる形でよいので「まず身体を動かす事をすすめつつ休養」をすべての労働者に普及すべきである。

[4] 職場・生活の場での禁煙の推進

　最後に、多くの過労死事例に接してきて残念なことは、少なからずの被災者が**喫煙者**ということである。なかには、生前「この忙しさのなか、ストレスの多い・大きい日々の生活、唯一の楽しみはタバコだけ」と周囲のアドバイスを振り切って吸い続けているなかで、「ストレスとタバコの相

第4章　過労死・過労自殺につながる健康障害とその背景　109

乗作用」から息途絶えてしまっているケースも決して少なくない。過労死・過労自殺の予防の活動においても、**更なる禁煙対策、無煙環境の確保**も緊急の課題であると思われる。

[5]　これからの過労死対策・予防の活動を進めるうえでの重要な留意事項

「過労死防止」が強調されている昨今、もう一つの「死」について言及したい。それは、「過労死対策で見逃されてきた「**夜勤や過重労働を続けるためにする生活面での犠牲**」である。先に紹介した食品工場夜勤労働者の詳細な面談では、日勤から5時からの勤務、5時からの勤務から3時からの勤務、3時から0時からの勤務と変化するにつれて、休憩、食事内容と回数、家族団欒、運動、趣味、近所付き合い、町内会や学校行事などの社会的活動のほとんどを犠牲にしていた（図23）。この犠牲は、本人はもちろん、家族、職場、地域に多大な悪影響を及ぼしており、特に過労死や過労自殺予防に不可欠といわれる家族の支えの低下をも意味する。たとえ脳心臓器は死なないで済んでも、「労働者本人と家族の生活面での失っている物」は、計り知れないのが現実である。この「死」を防ぐことも対策の柱にすべきといえる。

おわりに

[1]　夜勤の制限の必要性

過労死を無くすためには、経済、政治、労働、医学・医療等の多面的・総合的な施策が必要なことはいうまでもない。医学・医療の立場からいえば、「**夜勤の制限**」がまず必要であることを強調したい。

日本産業衛生学会が1988年に発表した意見書にあるように、「経済的理由による交替制の導入は、禁止されるべきである」は、今でも重要な指摘であり、実施すべきことである。社会に必要とされる夜勤においてもすでに示したように、最も強い疲労状態にある「深夜1時から3時の夜勤」は最大限回避すべきで、法規制をも必要であり、当事者の英知も結集して対処すべきである。

筆者は、先にパン製造工の夜勤対策で、労働者自身の研究・工夫によって当事者の工夫にもとづいてその時間帯の酵母の生育を制限することを可能にし、2時間仮眠を実現、その結果高血圧が改善したことを紹介した（99頁、図16・17）。各産業でこのような工夫が望まれる。コンビニの深夜営業は、深刻な健康障害を生んでいて、過労死の温床の一つとして社会問題になっている。深夜1時から3時の間の利用客は一桁であると店主の集まりで報告されている。そうであるならば、7店舗毎に交代で開けることにすれば、6店舗の働き手はこの時間帯に仮眠を取ることができることになる。深夜の配送の商品のなかには、必ずしも夜中に届けなければならない物ではないものもある。例を挙げれば、「郵便物翌日配達」を緩和し、速達の代わりに何日か後の配達をするために「遅達」があれば、深夜の分別も減るだろう。

　筆者が進めてきた（すでに1万件を超えている）ABPBを、夜勤者健診に広く採用することも必要である。深夜帯の高血圧は昼の健診では把握できない。高血圧学会によれば、夜間高く昼の測定で見出されない高血圧を「仮面高血圧」と呼ぶとされているのだが、夜勤労働者自身は仮面をかぶっているわけでは決してなく、本当は、「高いけど（医療側が）測っていない高血圧」なはずである。筆者らの夜勤者のABPMの結果から類推するに、およそ1割の労働者が「高血圧」であると推定される。このことは「過労死に向かう兆候」であるから、健診事後措置において「改善するまでの夜勤回避」を指示するように安全衛生法にも唄うべきである。「3ヶ月後再検」労働者の多くは、再検時には、正常域になっているが、その変化を生んでいるのは「睡眠・仮眠」の確保の励行であり、それを怠ると、再び「高血圧域」に逆戻りとなることもしばしばである。いかに、睡眠を妨げる労働が健康障害の要因であるか、を物語っている。

　過労死該当疾患には、「不整脈」が加わって久しい。24時間心電図を深夜作業中の労働者に装着し、解析するのは困難と専門家が指摘しているので、筆者らはABPM年2回に切り替えてきた。一案としては、深夜労働において「座位安静姿勢時間」を意識的に挿入し、その間の心電図を記録し、早期に異常を見出すやり方を夜勤者健診に採用する必要がある。

[2] 「複合負担」の回避の取り組みの必要性とその点を考慮した法規制の必要性

　以上のように、循環器疾患を惹起する様々な要因を挙げたが、深夜の運転労働であれば、「夜勤」という負担と「運転労働」による負担が重なって労働者の健康障害を惹起するように、過労死を防ぐためにはそれらの**「複合負担」の回避**の取り組みが必要である。個別要因ごとに対策を立てているだけでは、いつまでも過労死防止は実現できない。例えば、時期が寒い季節であれば、「寒さ」の負荷も重なるのだから、「寒い時期での深夜の運転」で許される夜勤労働時間は短縮されなければ、リスクを減ずることはできない。重複する負担の規制こそが過労死防止には不可欠であるのだから、そうした法規制の理念が今こそ必要と考える。

〈追記〉「医師の働き方改革」によって過労死は防止できるのか

　最後に、私自身、医師として長年活動してきたわけだが、私たち医師の働き方の問題について、その現状と問題点について追加したい。

[1]　医師の働き方改革——過労死水準の２倍の上限規制

　2018年に成立した「働き方改革関連法」（同年7月6日公布）は、「1947年来70年目の大改革」と唄われたが、そこでは「医師」「自動車運転」「建設事業」、更には「新技術・新商品研究開発」が適用猶予・除外の業務とされ、また、「中小企業」は、「配慮して」として、改革が後回しにされた。「**医師の働き方改革**」に関しては、「良質かつ適切な医療を効率的に提供する体制の確保を推進するための医療法等の一部を改正する法律」が2021年に成立し、2024年4月1日に向けて段階的に施行される。現在、2023年4月から、関係する医療機関は、申請する「分類」の選定と書類提出に入っている。2018年に「猶予・除外」された産業は、5年を経て、「改革」に着手しようとしているわけである。「70年を経ての大改革」としているが、そもそも残業時間も全労働時間も、従来は、いわゆる「三六協定」等によって「青天井」であったし、そこから「上限規制の導入」に

勤務医4割8万人が過労死ライン越え、1割2万人過労死ラインの倍！

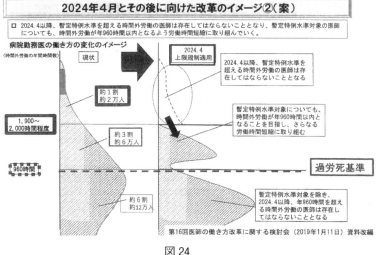

図24

踏み切ったわけだが、その容認基準は、なんと「**過労死水準の2倍**」あることに、驚く。

2022年から、厚労省・日本医師会は、本制度の医療機関向けの説明会をブロックごと、都道府県ごとに開催してきている。2023年2月の宮城県医師会主催の「時間外労働上限規制実施への研修会」で、報告者は、冒頭、「A、連携B、B、C-1、C-2とある類別の中での最も一般的なA、連携Bで許される可能な残業時間は『960時間以下』ですが、その時間は、行政より『過労死水準』とされている時間であることを踏まえおいて欲しい」と述べている。このことは、すべての医師が過労死水準で働くことを余儀なくされ得る制度であり、まさに過労死覚悟で働くことが、今回の「医師の働き方改革」では認められているのである。

B水準は、「地域医療の確保に必要な医療機関」、C水準は、「「集中的な技能訓練が必要な医師が所属する医療機関」であるが、申請が認められれば1860時間の時間外勤務が可能となる制度である。

政府機関が要望している対策が申請書上認められるならば、許可される制度は、政府が、過労死防止を進める姿勢が土台に無くてはならないはず

であるが、過労死水準の2倍の時間外勤務を容認する行政指針のもとでは、「絵に描いた餅」となることが必至である。**図24**には、政府自身が出した現時点での過重労働実態を示すが、2024年4月以降も「勤務医4割＝8万人が過労死ライン越え」である。この現状を変える方針を避け、この事態を残しつつの制度では、解消にはほど遠いはずである。

[2] 過労死の不安を抱えながら働く医師たち

「過労死110番」を66回取り組んできた筆者は、過労死の予防・防止は、過重労働を余儀なくされている労働者（ここでは医師）自身が、「過労死はしたくない・しないですむ労働を求める」ことが必要であると痛感してきた。今回の制度は、過労死への不安を感じている医師の希望を十分に集約しての要望であったか、疑問である。過労死等防止対策白書によれば（令和3年度版）、脳心疾患労災請求・決定・支給件数では、医師を含む専門的・技術的職業が高率である（支給決定件数では2位：**図25**）。60歳未満の脳心死亡数では、医師を含むこの職種は第1位で15.8％となっている（**図26**）。働き盛りの医師の死亡・労災事案は、極めて目立っている。過労死

図25　脳・心臓疾患の職種別労災請求、労災決定及び労災支給決定（認定）件数

職種（大分類）	令和元年度			令和2年度		
	請求件数	決定件数	うち支給決定件数	請求件数	決定件数	うち支給決定件数
専門的・技術的職業従事者	127 (19)〈46 (2)〉	82 (8)〈35 (3)〉	26 (0)〈14 (0)〉	112 (21)〈31 (2)〉	99 (18)〈36 (3)〉	27 (1)〈11 (0)〉
管理的職業従事者	40 (2)〈13 (0)〉	40 (2)〈16 (0)〉	20 (0)〈8 (0)〉	44 (3)〈10 (0)〉	48 (2)〈16 (0)〉	12 (1)〈6 (0)〉
事務従事者	82 (16)〈19 (1)〉	66 (13)〈24 (1)〉	6 (0)〈4 (0)〉	59 (11)〈12 (1)〉	50 (7)〈14 (1)〉	13 (1)〈3 (0)〉
販売従事者	91 (15)〈28 (3)〉	75 (12)〈24 (3)〉	21 (1)〈7 (0)〉	69 (18)〈19 (8)〉	58 (6)〈21 (3)〉	23 (2)〈8 (1)〉
サービス職業従事者	114 (42)〈27 (8)〉	80 (31)〈24 (7)〉	26 (7)〈8 (1)〉	80 (26)〈17 (3)〉	79 (32)〈21 (6)〉	23 (6)〈4 (1)〉
輸送・機械運転従事者	185 (2)〈54 (2)〉	151 (1)〈55 (1)〉	68 (1)〈29 (1)〉	148 (2)〈43 (1)〉	120 (2)〈39 (1)〉	60 (1)〈22 (1)〉
生産工程従事者従事者	70 (8)〈15 (0)〉	49 (5)〈20 (1)〉	12 (1)〈5 (0)〉	60 (5)〈19 (1)〉	49 (5)〈11 (1)〉	13 (1)〈4 (0)〉
運搬・清掃・包装等従事者	76 (15)〈18 (1)〉	47 (5)〈16 (1)〉	17 (0)〈7 (0)〉	79 (18)〈17 (2)〉	60 (15)〈17 (1)〉	5 (0)〈2 (0)〉
建設・採掘従事者	88 (0)〈20 (0)〉	58 (0)〈15 (0)〉	7 (0)〈2 (0)〉	70 (0)〈21 (0)〉	56 (0)〈24 (0)〉	12 (0)〈5 (0)〉
その他の事業（上記以外の事業）	63 (2)〈13 (1)〉	36 (1)〈9 (0)〉	13 (0)〈2 (0)〉	63 (1)〈16 (0)〉	46 (1)〈12 (1)〉	6 (1)〈2 (1)〉
合計	936 (121)〈253 (18)〉	684 (78)〈238 (17)〉	216 (10)〈86 (2)〉	784 (105)〈205 (18)〉	665 (88)〈211 (17)〉	194 (14)〈67 (4)〉

注　1　職種については、「日本標準職業分類」により分類している。
　　2　「その他の職種（上記以外の職種）」に分類されているのは、保安職業従事者、農林漁業従事者などである。
　　3　（　）内は女性の件数で、内数である。
　　4　〈　〉内は死亡の件数で、内数である。

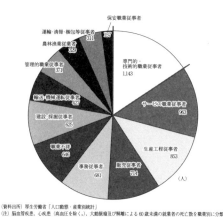

図26　60歳未満の就業者の脳血管疾患、心疾患等による死亡数
（平成27年度職種別）

防止を図るには、こうした実態に対しての施策でなくてはならない。

[3]　求められる、**医師を増員したうえでの働き方改革**

　医師の過労死のために政府は勤務時間の改善を順次進める方向性を明記し、その計画の提出を求めている。その内容では、「**勤務間インターバル**」や「**医師による面接指導**」を挙げている。前者では、始業から24時間に9時間連続の休息時間、同48時間に18時間連続の休息時間の確保を指示している。宿直週1回の厳守含めて、大学病院からの支援は一層大切になるが、担う医師自体も、「総体としての業務量判断」を義務付けられているなか、困難が予想される。先に述べたように、政府が基準を出し、医療機関に責任を負わされる、という図式では、一層の困難を産む可能性を秘めている。

　現場は犠牲的医師労働の結果、疲弊している。できそうもない「基準」を定め、提起したいくつかの基準を選択のうえで申し込みさせ、その後は、示した基準を基に評価を繰り返し、実現を迫るというやり方で、はたして「医療・医師」を守れるのか、真剣に検討するべきであったと強く指摘したい。

　現場の声として、**医師の増員**を求める声が強まっている。平成30年版

第4章 過労死・過労自殺につながる健康障害とその背景　115

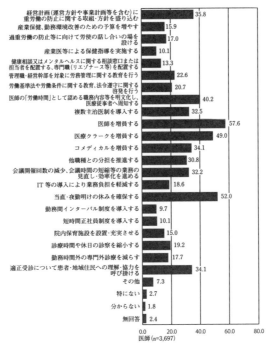

（資料出所）厚生労働省「平成29年度過労死等に関する実態把握のための労働・社会面の調査研究事業」（委託業務）
（注）複数回答のため、内訳の合計（％）が100を超える。

図27　過重労働の防止に向けて必要だと感じる取組（医師調査）

過労死等防止対策白書によれば、「過重労働の防止に向けて必要だと感じる取組（医師回答）」によれば。医師を増員する（57.8％）が最も多くなっている（図27）。まず、この対策を先に、国を先頭に進め、そのうえで（少なくても並行して）、医師・医療機関に「働き方改革」を迫るべきでなかろうか。

[4]　「医師の過剰」「医師の偏在」という誤解

医師の増員という要望があっても実現できてない理由として、わが国では長い間、「医師は過剰」「医師の偏在が原因」という誤解がはびこっていることが大きく影響している。図28、29をみれば、わが国の医師数、育成数は、OECD加盟各国でも世界全体でも、きわめて少ないことは自明

2020年12月31日現在日本の医師数「339,623人」
2019年OECD平均と比較して「約13万人不足」

3.6/2.6×339,623人＝470,247人－339,623人＝130,624人

図5　都道府県（従業地）別にみた医療施設に従事する人口10万対医師数
令和2(2020)年医師・歯科医師・薬剤師統計の概況
https://www.mhlw.go.jp/toukei/saikin/hw/ishi/20/dl/R02_kekka-1.pdf
令和2（2020）年12月31日現在

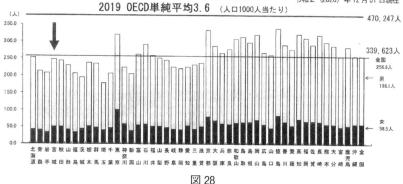

図28

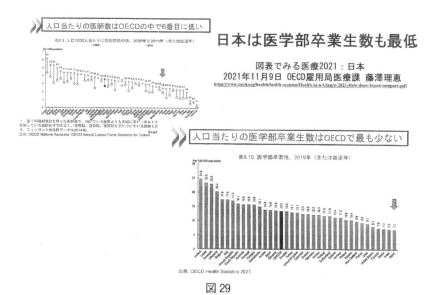

図29

である。まずは、「医師不足ではない」という誤解の解消は急務である。

第4章 過労死・過労自殺につながる健康障害とその背景 117

[5]　水面下で進行する疲労による「不健康」を見逃す危険

　過重労働をしている医師の健康維持のための対策に、「**医師による面談**」が挙げられている。過労死相談を受けて感じることとして、そうした方々は、見た目だけ見れば元気「そう」であり、通常の健康診断の値に取り立てての「異常」は見出されないこともしばしばである。**図24**に示されている仕事量をこなせることは、即対応すべき異常は見受けられにくいと理解して「面談」に入るである。元気そうに見える医師が、元気でなくなる要因が無いのかどうかをしっかり推察する必要がある。健診でも、筆者の経験では、24時間血圧記録計（ABPM）や24時間心電図（Holter ECG）のような長時間・夜間労働時間帯観察可能な検査の実施が無ければ水面下で進行している疲労による「不健康」を見逃してしまうことを、しっかり踏まえないといけないと強調したい。

[6]　「支え＝犠牲」で無理やり成り立たせている過重労働から脱却を

　最後に、いま過重労働ができているからといって、地域医療や医学研究、研修での無理があっては、重大なしっぺ返しが起きうることへの自覚が大切である。いま「過労死しないで激務を継続できている」としても、許される「働き方」であると評価することにはならない。なぜなら、その多くは、本人はもちろん、家族の大変な「**支え＝犠牲**」によって成り立っているという認識が不可欠である。過労死水準の労働、ましてやその倍の労働であれば、そうした「支え＝犠牲」が弱まれば、容易に心身の変調を産むことになる。過労死や障害によって勤務できなくなる事態となれは、「守るため」だった地域医療は、現状より一層困難になることは自明である。「取り敢えず必要だから」で過重の負担を良しとする施策は、決して予防策なり得ない。過労死が与える家族への影響は計り知れないということは、多くの過労死相談で学んだ現実であるが、「取り敢えず頑張らねば・自分がやるしかない」とする医師だけを見て、家族の不幸・困難を軽視しての方策は、結果として多くの不幸を招くはずである。

第5章

疫学からみた急性心筋梗塞と
労働時間との関係

三重大学名誉教授　笘島　茂

1　疫学とは何か

[1]　疫学と病態生理学のちがい

——「医学」というと、「病態生理学（Pathophysiology）」、すなわち、病気が
何を原因としてどのようなメカニズムで生じるのかを研究する学問というイメ
ージが一般的だが、「疫学（Epidemiology）」とはどのような研究分野なのか
——

　われわれ疫学者（Epidemiologist）は、集団の中での疾患の発生確率の変
化というものが個体における病態生理とどのように関連し合っているのか
を研究しています。

　「集団」をみるときには、「個体」のことを外してしまうと的外れなこと
になってしまうし、「個体」のことから「集団」のことを導くプロセスに
はさまざまな要素が入ってくるわけですから、それを誤って解釈してしま
う可能性があります。要は、「集団」「個体」両面からみていくということ
です。

　例えば、これは自律神経系の活動性、特に心拍に影響を与えている、あ
るいは心拍に影響を与えているところに疾病の原因があるかもしれないと
いうことを個体のレベルでおさえながら、それを集団の中でどのように再
現可能なのかということを、あるいはどの程度のレベル乃至割合で確実な

のかということをおさえる。そうすることによってはじめて対策もできるわけなのです。しかし、社会的なファクターとして何かを取り除けばそれで解決するという問題であればシンプルでよいのですが、なかなかそうはなりません。自分が取り除きたいと考えているファクターが、個体レベルあるいは細胞レベルにおいて予想されるものと一致していないと、なかなか理解できないし、あるいは、治療ということを考えるときには、社会的なファクターを取り除けばそれで何パーセントの発生確率を抑えることができるといったとしても、それによって個体レベルでそれを抑えられるかどうかはわからないのです。それと比べて、病態生理的なところでおさえると、個体レベルの予防に役立ちます。

　例えば、「温熱環境（thermal environment）」をどのように制御すれば心血管系の負担が小さくなるかを考えると、たしかにそのレベルで制御できることもあり得るのですが、集団の中での発生確率、例えばどのくらいの人が年間に急性心筋梗塞で亡くなるかというところまでもってくるのは難しいことなのです。

　結局のところ、心理的・社会的なファクターに両面をみることができるようなファクターを見出してきて、そこを制御することによってマクロのほうも制御できないか、そしてそれがマイクロのところと整合しているかどうかを確かめて病態生理的に矛盾のない心理的・社会的なファクターをピックアップしていく、ということを私たち多くの疫学研究者は行っているわけなのです。

[2]　疫学と病態生理学の関係
——両者の関係をどのように理解すればよいのか——

　疫学と病態生理学との関係を端的に言えば、相手にするものが患者なのか（病態生理学）、集団なのか（疫学）というちがいがあります。疫学では、集団における発生確率をみます。病態生理学では、まさにこの患者においてなにゆえにこれが起きたのかということを理解して、その原因をおさえようとします。両者で同じことを行う場合もあるのですが、疫学は、多くの場合には予防医学的に行うわけです。これだけのことをすれば、すなわ

ち、特定のリスクファクターを抑え込んであげれば、結果として生じる患者の数がこれだけ減るだろうということを予測するわけです。病態生理的には、例えば、いまこの人が病気になっている原因というのは、この血管の狭窄が原因である、その狭窄を広げてあげれば心筋梗塞に陥る可能性が減る、ということをいえるわけなのです。

　ところが、病態生理学的な意味での解釈と疫学との間には大きなギャップが生じることが多い。両者はクルマの両輪と捉えることもできるのですが、両者で矛盾する場合もあるので注意が必要です。要は、病気が起こる原因というものは、一つのことで説明できるものではないということです。ときには患者さんの病態を理解するのに役に立つことはあるかもしれないけれども、社会で制御するためにはなかなか役に立たないということにもなってくる。

　「労働時間」というものは、かなり安定的で普遍的なもの、つまり誰でも抱えている問題であって、それが疾患の発生確率に及ぼす影響は無視できない大きさであろうということを確かめることがこの時点での疫学の任務です。数百人の症例と対照とをみれば充分に説明できる（後述の「症例対照研究」）ということになれば、それを用いて集団で患者の数を減らす、死亡者を減らすことが可能になるだろうということです。1万人に1例くらいの要因によって制御したとしても、その要因をもっていない人あるいはそれに対する感受性の無い人が大部分である場合には、それを制御しにかかっても、1人は救うことができるかもしれないが、社会の中で患者の数を減らすことは難しい場合もある。そのような「選択」に関しては、そのありかたを疫学の研究者が明確に提示して、選択は社会的な決定プロセスに任せるべきだろうと考えています。

　病態生理学の役割、すなわち、目の前の患者さんをどうやって治したらよいのか、苦しみを取り除いてあげられるのかということは、非常に重要なことです。一人の患者さんに対して、レアなケースだけれども、この人はこういう原因でこうなっている、こういうメカニズムがはたらいてこうなっているということを説明できることは、これは医学の大きな役割の一つです。この役割は絶対に外すことはできません。

第5章　疫学からみた急性心筋梗塞と労働時間との関係　121

　それを疫学的に評価する場合には、そういったファクターをもっている人は極めてレアで、そのレアなものを制御するということが一方であって、他方で非常に普遍的な問題があり、それを制御すれば多くの人を救うことができるということがあり得る。政策決定者はそのような状況のなかで政策の「選択」をしなければならない。疫学は、政策決定者の選択に際して、原因と結果のありかたについて質的に「これがあれば、これが出てくる」と言うだけではなくて、「これが『どれくらい』あれば、これが『どれくらい』出てくる」ということを言う。要するに幅をもってみていく。単なる線でみていくのではなく、面あるいは立体的にみていく。疫学は、そういったものを社会的な意思決定機関に対して情報として提示する役割を負っているのです。また、社会的な意思決定機関は、そのような情報に関する理解力を高めておかねばならないともいえると思います。ですから、厚労省の、少なくとも政策担当官には、必ず疫学の概要を理解してもらう必要がありますし、実際のところ理解してくださっていると思います。

　以上のようななかで、過労死の問題というものを、社会的な制御の問題として考えて、取り上げているわけです。

2　急性心筋梗塞に関する疫学研究

[1]　急性心筋梗塞と労働時間
——過労死の引き金ともなる「急性心筋梗塞症」に関する疫学研究として、労働時間との関係を研究したのはなぜか——

　諸外国と比較した場合に、日本は、労働時間が異常に長いとされ、労働時間に関連する可能性がある疾病があるのかどうかということが、一つの重要な問題です。

　ところで、読者の方々は意外だと思うかもしれませんが、急性心筋梗塞に関しては、実は、日本は他国と比較してその罹患率と死亡率が圧倒的に低いことがわかっています。圧倒的に高いのがロシアとウクライナです。ヨーロッパ諸国は全般的に日本よりは多いです。

　一方で、すべての労働者に共通する、単純かつ普遍的な条件である労働

時間自体が、独立して急性心筋梗塞の一因になる可能性があるわけです。私が次に紹介する研究を行う以前には、長時間労働や労働時間の変化が急性心筋梗塞を含む症例の発生に影響を与えるかどうかを調べた分析研究がきわめて少ない状態でした。

[2] 「日本における急性心筋梗塞の危険要素としての労働時間——症例対照研究」[1]
——1998年に発表された疫学研究論文の内容——

ここに「作業関連疾患総合対策研究」第3部会「作業態様と心疾患に関する研究班報告」（主任研究者　鏡森定信、副主任研究者　土師一夫）（1992年8月）という報告書があります。主任研究者の鏡森定信先生が当時の富山医科薬科大学（現富山大学）における私の上司でした。仕事における「作業関連」[2]というものが心筋梗塞等の循環器疾患の発生にどのように関与しているのかを、病態生理的に、あるいは心理的・社会的にみて、要因をピックアップして、それを制御するような要因を研究して、当時の労働省（現厚生労働省）に提示するというものでした。

そのなかで私が行っていたのが、急性心筋梗塞の発生確率を労働時間でおさえるという研究でした。労働時間をなぜ選んだのかというと、先ほど申し上げたように社会的に追尾することが可能なものだからです。労働時間というものが病態生理的にどのようにして心筋梗塞を引き起こすのかというところがわかれば、そこを社会的に調整することが可能になります。この研究の目的は、労働時間が急性心筋梗塞のリスクにどの程度影響するのかを解明することであり、「労働時間の長さ」「労働時間の変化」を2つの主たるファクターとして取り出して、確立されている危険因子や職業的条件とは独立して心筋梗塞の発症に関与しているという仮説を立てて、そ

---

1) Working hours as a risk factor for acute myocardial infarction in Japan, case-control study, BMJ, 317, 775-780.
2) 一般の人がだれでもかかる日常的な病気のうち、特に、職場の環境、労働時間、作業による負荷などの影響によって、進行や発症の危険性が高くなる病気を「作業関連疾患」と呼ぶ。本書4章2 [1] も参照。

第5章　疫学からみた急性心筋梗塞と労働時間との関係　**123**

れを検証しました。検証の結果、2つのファクターが実際に発症に関与していることがわかりました。先の報告書が1992年で、この論文が1998年ですから、研究を始めてから10年はかかっていませんが、それに近い時間をかけて研究したものでした。この研究は、死には至らない心筋梗塞に限定していますが、従業員の平均労働時間と急性心筋梗塞のリスクとの関係を明らかにした初期の研究の一つとなりました。

　この研究は、「症例対照研究（Case-Control study）」という手法で行いました。1990年から1993年の間に急性心筋梗塞で入院した30歳から69歳の男性195名の症例（ケース）のグループと、職場での健康診断で冠状動脈性心疾患がないと判定された、先の症例と年齢と職業をグループレベルで一致させた331人の男性の対照のグループ（コントロール）とを、比較したものです。これら2つのグループに関して、過去1か月の1日の平均労働時間と前年の平均労働時間の変化との関係における心筋梗塞のオッズ比[3]を調べました。

　詳細な質問票をつくり、全国の主要な病院で「ケース」（疾患に罹患している人）を調べて、大学関連の組織で「コントロール」（疾患に罹患していない人）を調べました。「主要な病院」とすることでもバイアスがかかりますし、2つの対象を比較する場合にはソースのちがいをみているにすぎないのではないかという疑いが生じますので、そこを調整するために、その2つ対象の間の比較可能性をとることができるように、労働時間を主たる対象としてみているのですが、職業はどうかとか、職業に関連するその他の要因はどうかといった社会的ファクターを調べることができるような詳細な質問票をつくって調べたわけです。そのような質問票を用いて、まず全国の主要な循環器系の臨床部門の先生たちと組んで症例を正確なかたちでおさえて、それに対して大学関連の組織で質の制御に長けている者にコントロールをとることができるように言って調べました。ケースとコン

3）ある事象の起こりやすさを2つの群で比較して示す統計学的な尺度を、オッズ比という。

トロールがしっかり比較可能なかたちでとれているかどうかが非常に重要なことなのです。結論として出しているの、メディカルなリスクファクターとしての労働時間、職業というところなのですが、その背後でそれだけのことをおさえて比較可能性をとことん追求した、というのが1998年論文の研究でした。

　この研究をしている最中に、私はイギリスに留学して、留学先は夏目漱石も留学したというユニヴァーシティ・カレッジ・ロンドン（ロンドン大学）だったのですが、そこはまさに社会的な要因と基礎疾患との関係の研究を行っているところでした。「ホワイトホール（官庁街）スタディ」というのですが、世界的に著名な疫学研究者として知られるジェフリー・ローズという人がそこでがんばっていて、その弟子のマイケル・マーモットという先生が私の師匠だったのですが、職階（職業上の階級）が循環器疾患発生に関与するのか否かを研究していました。イギリスと日本とで職階を比較しろと言ってもできないだろうというのが、まず私の思いでした。が、ホワイトホールスタディに携わって、どのように比較するのかという方法論について多くのことを学ぶことができました。疫学的に誰にも有無を言わせない、批判されても答えられるようにしていくというスタンスで、この日本での研究内容を組んだのです。ですから、見えない何かがこれに関与しているだろうという議論については、私はこれに穴はないと思っています。見えないからそれが左右しているかどうかわからないということがないように調査票をつくっていきました。論文を緻密に読んでいただければそのことが意識されて書かれていることがわかるはずです。

[3]　研究から得られた２つの結論
――労働時間の「長さ」と「変化」を管理する可能性――

　結論としては、２つの結論が導かれました。

　１つ目には、**平均労働時間と急性心筋梗塞のリスクとの間には「Ｕ字型の関係」があること**がわかりました。心筋梗塞のリスクは、異常に長い労働時間だけでなく、平均より短い労働時間でも増加しました。平均労働時間と急性心筋梗塞のリスクとの間には、**図１**のようにＵ字型の関係に

なっていることがわかりました。

2つ目には、**平均労働時間の増加に伴い急性心筋梗塞のリスクも増加する傾向がありそうだ**ということがわかりました。急性心筋梗塞のオッズ比が、労働時間が11時間以上では職業を調整しても2.44（95%信頼区間1.26〜4.73）、労働時間が7時間未満では3.07（1.77〜5.32）でした。平均労働時間が1時間未満増加した男性と比較して、3時間以上増加した男性の心筋梗塞の調整オッズ比は2.53（1.34〜4.77）でした。心筋梗塞の既往の危険因子と心理社会的危険因子でオッズ比を調整しても、有意な変化は認められないという結果でした。図2のように、平均労働時間が最も短い月から梗塞前月までの平均労働時間の増加幅が大きいほど、梗塞リスクは増加する量反応関係の傾向がみられました。

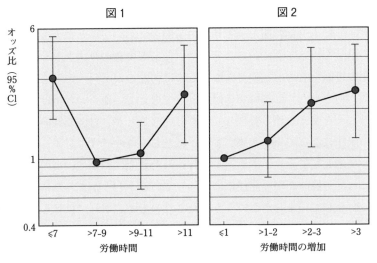

日本人男性における急性心筋梗塞のオッズ比（年齢および職業を調整）：梗塞前月の1日平均労働時間および労働時間が最も短い月と前月との1日平均労働時間の変化量別

これらの結論から導くことができることとしては、まず、極端な長時間労働は、過度の職業的ストレスによる心筋梗塞発症のリスクを高める疑いがあるということです。一方で、日本における急性心筋梗塞の罹患率・死亡率の低さとU字型の関連性のメカニズムやその影響を明らかにするた

めには、さらなる研究が必要である、ということがわかりました。

労働時間の「長さ」と「変化」を併せて時間管理をすればよいだろうというのがもう一つの結論でした。そして、「長さ」と「変化」の両方をみることが必要で、静的なものと動的なものを合わせてみないと社会的な調整がうまくいかない。片方を「制約」にして他方で「調整」する、あるいはその逆にするなどです。「長さ」を制約にして「変化」で調整するのがやりやすそうですが。年間での労働時間の変化、つまり長期休暇をとるかとらないかとか、季節によってどのくらい変化があるのかといったことを考えていくと、ずいぶんと話が多様化してくるわけです。どのようにして労働時間の変化のことを組み込めば、この研究でわかったことの効果と合わせて心筋梗塞を最適に減らすことができるのかということが問題になります。

そして、ここで重要なことは、その後、先に紹介した「ホワイトホールスタディ」でも労働時間がイギリスの労働者において非常に大きく関与している結論を出してきていることです。循環器疾患のリスクファクターとして比較可能なものと比較できないものは何なのかということを弁別していって、何を私たちは制御する対象として考えていかないといけないのかということを交えながら整理していくということが、日英で共同研究する本当の意味になってくると思います。私たちのこの研究に対するイギリスからの反応としてホワイトホールで行われた研究において、この研究をベースにして労働時間が心筋梗塞に関与しているかどうかをみた結果は、みごとに関与していましたというものだったのです。これには私も、こんなにすっきり、はっきりと結果が出てくるものかと驚きしました。ですから、労働時間が問題の中心に近いところにあるだろうと言えると思います。

労働時間の「時間」自体が関与するということを考えることは難しいことですが、ただ、労働時間というものは、制御しうるところにあって、それを制御することによって心筋梗塞の発生確率が下がったということがわかれば、社会的な調整によって心筋梗塞という不幸な出来事を減らすことができることになるわけです。イギリスと日本で、労働時間という調整可能性のある変数に対して何らかの変化をもたらした場合に、それに応じて

心筋梗塞の発生確率あるいは死亡率が減るだろうということがいえました。

　医師の故上畑鉄之丞先生が、週60時間以上の残業で過労死が起こりやすいということを1992年に最初に指摘されています[4]。過労死家族・同僚203名を分析した医学的な研究によると、週60時間以上の労働、月50時間の残業、または所定休日半分以上の出勤のいずれかにあたる長時間労働が、過労死者の3分の2を占める。配転、課題ノルマ、要求度の高さ、支援の低さ等の特徴がみられる。高血圧の既往、降圧剤服用、喫煙、飲酒などがみられると。それは分析的な研究的ではなく、観察的な研究だったのですが、素晴しい洞察力だと思いました。私どもの分析的な研究結果と整合することを1990年代はじめの段階で既におっしゃっていたわけですので。

　1998年に発表したこの論文の2つの結論に関しては、幸いその後も、大きく矛盾するような他の研究は無いと思います。労働時間に関してはまだまだ検討していかないといけませんが、今のところ反対方向を向いているような議論はなさそうです。

3　疫学と法学との親和性——政策提言との関係で

[1]　労働法における規制の方向性の評価
——いわゆる「働き方改革」の議論のなかで、平成30年の労基法改正で労働時間の上限規制の強化と勤務間インターバル制度が努力義務の限度で初めて導入されました。いずれも労働時間に関わる規制だが、このような労働法上の規制の方向性に関する評価は——

　厚労省の方も、私ども医学者の研究成果と矛盾しない形で設計して下さっていることはわかりますので、現在動いている方向が誤っているとは考

---

4)　上畑鉄之丞「労働ストレスと循環器疾患」日本循環器病予防学会誌26巻3号（1992年）185-190頁。過労死家族・同僚相談者203名を分析した医学的な研究によると、週60時間以上、月50時間の残業、または所定休日半分以上の出勤のいずれかにあたる長時間労働が、過労死者の3分の2を占めるとした。本書4章2も参照。

えていません。もちろん、厚労省の方は独立して考えていて、社会的な利益とバランスをとらないといけないわけですし、医学的な現象論の中でこれが医学的に妥当だといったものが社会的に有用なものになるとは必ずしもいえないわけです。医学でこれが妥当だといって、それを解決するためにある施策を行った場合に、それに伴って他のところが動く。他のところが動いたときに、そこで疾患の要因になっているものがあるとすれば、それがどうなっているのかとみなければならないわけです。労働時間の問題についてもそこまでみているわけではありませんから、「疫学（Epidemiology）」から「計量経済学（econometrics）」、「行動経済学（behavioral economics）」的なところで経済学的な分析に乗せてあげないと、社会全体としてどうなっているのかといったときに間違った施策であったと言われる可能性もゼロではありません。ですから、私は疫学的な見方を最優先してほしいとは決して言えません。

[2]　医学がもつ課題
──「計量経済学」の土台に乗せた総合的な研究──

　医学がいくつか課題をもっているとすれば、いま申し上げた「計量経済学」の土台に乗せるという課題が大きいと思っています。政策的には、あるところを動かした場合には、ここは良くなる、そこはそうでもない、ここは逆効果だったといったことがおそらく出てくるはずです。そのアウトカム（outcome）というのは、医学的な見地からのアウトカムだけではなくて、経済的にどうしても実現しないといけないアウトカムも出てくるわけです。結局は、提示された選択肢の中からどれを選択するかという話です。そのような「計量経済学」の発展の度合いが必ずしも充分でないと思っています。経済とのリンクができていないものですと、評価を求められても、良いところに近いとは思っても、経済的な最低限の条件を満たさないという答え方しかできないのです。

　コロナ対策に関しても同じことが言えます。コロナの流行が始まった当初から、対策は経済とリンクしていないといけないという話をしていたわけですが、最近では計量経済学のモデルを構築する人は少ないですからね。

コロナ対策が、「判断」というよりも「直感」に近いもののように見えて、もちろん現実のなかでそうせざるを得ない面がありましたから攻めるつもりは毛頭ないのですが、学問の世界からみれば、そういうところの力点が軽すぎるのではないかと思います。

　私が研究してきたことというのは、一貫していて、社会的な現象と病理学的な現象とをどのように結びつけるのかということを考えて、そのためには個体レベルの現象を疫学的に捉えたものをまな板の上に載せ、それを社会科学的な方法論の中でパラメータとして使っていくということをやらないといけないと考えています。私は、もともと経済学を学んでいましたので（早稲田大学政経学部経済学科卒業）、行動科学的なアプローチをしないといけないと思いながら医学の道に入り、そのような課題にについてもがきながらやってきました。最近では、国の政策や日銀政策などをみていると計量経済学はいまひとつ影が薄いですね。私は、計量経済学の方々にもっとがんばってほしいと思っています。

　結局のところ、大学においても、国レベルにおいても、総合的に研究する機関がほとんど無いという問題がありそうです。社会政策に医学的な知見を適用としようとしても、自分の非力さによるところもあるわけですが、ギャップが大き過ぎるということもあります。最近は、経産省が行っている計量モデルなどをみても、マクロの現象を扱うものが少ないです。マイクロな話を確実な形で捉えることを志向しているけれども、はたして上手くいっているのか。良い接点を見出しかねているということはあるでしょうね。医学の中でも実際はそうです。疫学が非常に重要だということを臨床の先生方はもちろん言うわけですが、実際に上手く擦り合わせて臨床の現場に活かせる知見を疫学が出せているのかといえば、出せないわけではないけれども、期待しているほどたくさんは出てこないのです。逆もまた同じで、臨床でやっていることを疫学的に追証せよと言われると、ちがうねということもある。コラボレーションが期待されているのだと思いますが、みなさん志向してはいるけれども、方法論的になかなか難しい現実がある。マクロの現象とマイクロの現象というのは、一見同じように見えて、結果は反対の方向に向いてしまうということもよくありますからね。

[3] 国勢調査と人口動態統計を疫学的に活用するための国勢調査コホートの提言

——過労死の法実務からみると、過労死当事者が長時間労働をしていた例が多いので、過労死がいまだ数多く生じている現状を踏まえれば、労働時間規制の強化を考えたい。もっとも、事例を比較して詳しく調査したとか、調査する方法があるわけではない。科学的知見を踏まえた政策の提言に必要なものは何か——

　私は、以前に、学術会議で、国勢調査コホート研究（コホート：ある時点で登録された集団）を行うことを提言したことがあります。具体的には、例えば、(1)国勢調査時に労働時間に関する調査項目を加えます。次に(2)人口動態統計で国勢調査後の調査対象の罹患状況、ないし、死亡の有無を登録します。そうすると、国勢調査から人口動態までの期間における、問題の疾患の罹患率ないし死亡率を予測することが可能になります。

　イギリスには、「ONSLS」（office for National Statistics〔国家統計局〕Longitudinal Study〔縦断的調査〕）というものがあります。これは、50万人くらいの疑似国民コホート（cohort）をつくって、アウトカム（outcome）に相当するところを「このデータとリンクして出してくれ」と言うと、対応してくれる機関があって、データを切り出して出してきてくれるんです。政策の検討にそれを使うことができる。日本でも1億人以上を対象とする国勢調査がある。そのベースラインの社会的なデータが個人についてみえている。こういう組み合わせだと死亡するリスクが高くなる、こういう疾患にかかるリスクが高くなるということがわかれば、それは政策的に対応しなければならない、このようにしなければならないということが、即時にわかるようにできるはずなんですよね。まずはそのような仕組みをつくって対応してみることが望ましいと思います。

　国勢調査と人口動態統計のリンケージというのは、まさに疫学なのです。個人情報の管理の問題などはあるわけですが、そこを乗り越える努力をしないで国勢調査だけ続けますというのではもったいない。なぜそれをやらないのかと以前から言ってきたのですが、残念ながら今のところまだ始まっていません。

[4] リスク管理としての疫学と法学との親和性
——疫学と法学にコラボレーションの可能性——

　疫学のことを知らない方に疫学とは何かをひと言で説明するとすれば、私は「リスク管理です」と説明します。そして「リスクとは何ですか？」と聞かれたら、「発生確率です」と答えます。ある場合の確率と別の場合の確率がどうちがうのかを確かめて、こうしてあげたほうが病気になる確率が減るとわかれば、その確率をもたらした方法は従来のものに比べてベターである。そうであるから、そうなるように政策を改めることを提言する。このようなことが「リスク管理としての疫学」といえるだろうと思います。

　疫学がやっていることは、実はシンプルなことなのですが、「リスク管理」と聞くと、複雑で難しい得体の知れないものだと思う方もいるようです。19世紀のイギリスの医師ジョン・スノウが、コレラの発生原因を追跡したエピソードがあるのですが、住民が使っている井戸の水系と地域住民のコレラの罹患率を調べて、罹患率の高い地域の井戸のポンプの柄を撤去させて使えなくしたところ、コレラ患者が激減した。これが疫学のルーツだといわれている有名なエピソードです[5]。

　リスク管理としての疫学という意味では、法学もリスクを踏まえてそれを防止することを目的として妥当な法政策を法律にするものだともいえるでしょうから、それぞれ方法論はだいぶちがうと思いますが、両者には親和性もありそうです。両者を上手く組み合わせて学問的な知見を政策に反映していくためには、先ほどお話しした社会的な現象を客観的に捉えるための基礎的な調査の活用が可能になれば、よりスムーズになるだろうと思います。

　5）サンドラ・ヘンペル著（杉森裕樹＝大神英一＝山口勝正翻訳）『医学探偵ジョン・スノウ——コレラとブロード・ストリートの井戸の謎』（日本評論社、2009年）。

第6章

睡眠科学からみた夜勤・不規則労働と勤務間インターバル

大原記念労働科学研究所上席主任研究員　佐々木　司

　第3章では、睡眠の「量」と「質」に反する生活を続けることより過労死に至る最悪のケースの過程を説明したが、過労死に至る手前のところでも、より良い睡眠状態を得るための知見があるので、以下で紹介する。

　特に、夜勤の労働者に関しては、睡眠科学の観点から注意するべきポイントが明らかになっているので、詳しく説明する。また、睡眠科学の観点からも適切な勤務間インターバルを設定することが望ましいことも説明する。

　なお、当然ながら、過労死を防ぐ観点から、本章で説明する知見を活かすことが望ましい。

1　夜勤・不規則労働と睡眠科学

[1]　睡眠のリズム

　図6-1に記したように、人間の睡眠は、3つのリズムに支配されている[1]。1つ目は約24時間の概日リズムである。それは、人間が昼行性の動物であるため、昼間に活動し、夜間に休息に適したリズムである。2つ目

---

1) Lavie P. Ultradian rhythms: Gates of sleep and wakefulness. In: Schulz H, Lavie P. eds. Ultradian rhythms in physiology and behavior. Springer-Verlag, Berlin 148-164. 1985.

第6章 睡眠科学からみた夜勤・不規則労働と勤務間インターバル 133

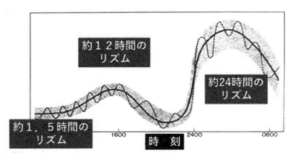

図6-1 人間の3つの睡眠リズム

は概日リズムの半分の約12時間の概半日リズムである。概半日リズムは、概日リズムによる睡眠がまったくとれなかった時や不足したときに機能する睡眠リズムである。このリズムは、14時から16時の間に生じる。これまでは乳製品などの食事をお昼に摂ると、乳製品→トリプトファンを経て睡眠物質であるメラトニンが産生されるから物質的に眠くなると説明されてきたが、近年では概半日リズムによって眠くなることが明らかになっている。

図6-2は睡眠潜時反復測定法（MSLT）による概半日リズムの出現を記している[2]。MSLTは頭部に脳波用の電極を装着し、対象者を午前9時

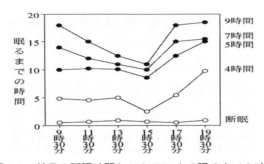

図6-2 前日の睡眠時間とMSLTによる眠るまでの時間

---

2) Dement W, Seidel W, Carskadon M. Daytime alertness, insomnia, and benzodiazepines. Sleep. 1982;5(Suppl 1): 28-45.

30分から2時間間隔でベッドに横臥させ、対象者に「眠ってください」と教示し、そのときに睡眠様脳波であるシーター波が出現するまでの時間を測定する睡眠を客観的に測定する方法である。睡眠不足で睡眠の圧力が強い場合は、シーター波が出るまでの時間が短くなる。図をみると、前日の睡眠（右軸）が4時間で短い場合はもちろん、前日に9時間の睡眠をとった場合でも15時30分の測定時点の眠るまでの時間が短くなっていることがわかる。14時〜16時までは概半日リズムが生じる時刻であるから、この図は、概半日リズムを示していると解釈することができる。

最後は、約90分の超日リズムである。概日リズムや概半日リズムを利用して睡眠をとることができなかった場合、約90分間隔に著しい眠気が生じて睡眠が生じるようになっている。このようにして、睡眠は最終的な疲労の回復過程であることから[3]、生体に最低限の睡眠をとらせて生体が過労化するのを防いでいるのである。第3章で述べたようにレム睡眠は、睡眠中に約90分ごとに出現するが、覚醒時にも睡眠が約90分ごとに生じることを報告し、睡眠学の父である故クレイトマン教授（Prof.Kleitman）は基礎的休息—活動周期（Basic Rest Activity Cycle; BRAC）と呼んだ[4]。

旧・新過労死認定基準[5]では、時間外労働時間以外の負荷として夜勤・交代勤務を挙げている。夜勤・交代勤務は、昼行性の動物（昼間に働き、夜間に眠る）である人間の生活に反する生活を強いるため、夜間に睡眠が十分にとれないことを前提として、負荷要因としていると考えている。夜勤者は夜勤のリズムに生体リズムが適応しないことが知られている。文献[6]によると、夜勤に完全に適応できるのは、夜勤者の3％にすぎない。また部分的に適応できるのは、25％未満である。残りの72％はまったく

---

3) 小木和孝「休息要求からみた疲労の種類」『現代人と疲労』（紀伊国屋書店、1994年）90-92頁。

4) Kleitman N. Basic rest-activity cycle--22 years later. Sleep. 1982;5(4):311-317.

5) 厚生労働省「脳・心臓疾患の認定基準に関する専門検討会報告書」（2001年11月16日）、「脳・心臓疾患の労災認定の基準に関する専門検討会報告書」（2022年）。

6) Folkard S. Do permanent night workers show circadian adjustment? A review based on the endogenous melatonin rhythm. Chronobiol Int. 2008 Apr;25(2):215-224.

適応できないことが知られている。

[2] 概日リズムは強固であるため夜勤時の疲労は大きい

図6-3に概日リズムが強固であるとした研究成果を記した[7]。この研究の実験は、対象者を2つの群に分けて行われている。第1群は、午前8時から起き続け、2時間間隔でトラッキング課題を行わせる群、他の群は、オレンジジュースにウオッカを入れて、24時間の平均血中アルコール濃度が0.1%になるように調整して、トラッキング課題を行わせた群であった。その後、トラッキング課題の成績を基に、起き続けた時間と時刻とアルコール濃度をマッチングさせて、起き続けた時間と課題の成績（左軸）、そしてアルコール濃度（右軸）の関係を図示したのが、図6-3である。本実験はオーストラリアの研究であるため、血中アルコール濃度が0.05%の時に、酒気帯び運転と評価され（わが国では0.03%）、罰則の対象となる。横軸には、経過時間と時刻を示した。図は、起き続けて、16時間を過ぎた頃（午前1時）から、トラッキング課題の成績が著しく低下し、連続覚醒22時間（午前7時）に最低値を示していることがわかる。その後は、連続覚醒して疲労が蓄積しているにもかかわらず、成績（疲労）が回復している様子がみてとれる。このことは、連続覚醒によって疲労が蓄積し、作

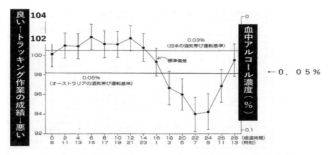

図6-3 午前8時からの連続覚醒時のトラッキング作業の成績と血中アルコール濃度

---

7) Dawson D, Reid K. Fatigue, alcohol and performance impairment. Nature. 1997 Jul 17;388(6639):235.

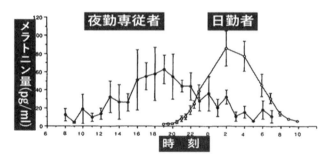

図 6-4 夜勤専従者と常日勤者のメラトニン分泌量

業成績も悪化するが、長く起き続けていても、日中の時刻帯は、作業成績が回復することを意味している。

したがって、このデータからも夜勤・交代勤務が過労死の負荷要因となっており、夜間と昼間では疲労の回復力が異なることがわかる。

図 6-4 は、夜勤専従者と日勤ばかりを行う常日勤者のメラトニンの出現量を記したものである[8]。メラトニンは、睡眠物質の1つであり、この物質が入眠を促す。図をみると明らかなように、夜勤専従者のメラトニン出現量は、夜勤を続けても日勤者のレベルに至らないのである（つまり、昼間は睡眠には適さない）。このように、夜勤は、生体リズム的に日勤者よりも疲労回復の点で不利であり、日勤者のレベルに達しようと常に緊張して勤務に当たっている。緊張はストレスであるから、過労を疲弊に容易に進展させるリスクを孕んでいる。これが、旧新過労死認定基準報告書[5]で夜勤が時間外労働時間と同様に脳・心臓疾患を発症させる負荷要因として挙げられている理由の1つである。

また、夜勤への適応度が、2017年にノーベル医学生理学賞を得た3人の学者が発見した時計遺伝子 PERIOD（ピリオド）の PER 3 の型によって決まっており、PER 3 $^{5/5}$ 遺伝子を持つ者よりも PER 3 $^{4/4}$ 持つ者が夜

---

8) Sack RL, Blood ML, Lewy AJ. Melatonin rhythms in night shift workers. Sleep. 1992 Oct;15(5):434-441.

第 6 章　睡眠科学からみた夜勤・不規則労働と勤務間インターバル　137

勤に弱いこともわかってきた[9]。しかも中国の研究では、漢民族の 78.3％
が夜勤に不適応の *PER* 3 [4/4] 遺伝子を持ち、それは白色人種やアメリカ人、
イタリア人の 2 倍を占めること、一方、夜勤に適応しやすい *PER* 3 [5/5] 遺
伝子を持つ者は、それらの人種の 1/10 ～ 1/6 しか存在しないという報告
もされている[10]から、日本人も例外と考えることはできない。

[3]　覚醒のリズム

　1 [1] で述べたように、人間の睡眠のリズムは、概日リズム、概半日
リズム、超日リズムの 3 つのリズムによって生体に睡眠を促し、疲労を回
復させるように仕組まれている。一方で、レム睡眠がストレスを解消する
睡眠であることは第 3 章で述べたが、疲労と同様に、睡眠はストレスの最
終的な解消過程であるから、睡眠までストレスを持ち込まないで、睡眠前
の覚醒時に心身をリラックスさせ、ストレス解消を促すようなリズムも存
在する[8]。これは、第 3 章・69 頁で述べたとおりドーソン教授が疲労回復
には「Leisure Phase」が必要と報告したこと[11]や、疲労の中にストレス
因子が含まれているというわが国の疲労の科学[12]にも通じる。図 6-5 は、
一晩の断眠の後、1 日 24 時間を 1 日 20 分間と仮定し、24 時間の睡眠─覚
醒条件、すなわち、覚醒時間 16 時間、睡眠時間 8 時間を覚醒時間 13 分間、
睡眠時間 7 分間とした時の睡眠時間の分布である。左図が、対象者に「な

9）Viola AU, Archer SN, James LM, Groeger JA, Lo JC, Skene DJ, von Schantz M,
Dijk DJ. PER3 polymorphism predicts sleep structure and waking performance.
Curr Biol. 2007 Apr 3;17(7):613-618.

10）Wu B, Wang Y, Wu X, Liu D, Xu D, Wang F. On-orbit sleep problems of
astronauts and countermeasures. Mil Med Res. 2018 May 30;5(1):17.

11）Eldevik MF, Flo E, Moen BE, Pallesen S, Bjorvatn B. Insomnia, excessive
sleepiness, excessive fatigue, anxiety, depression and shift work disorder in nurses
having less than 11 hours in-between shifts. PLoS One. 2013 Aug 15;8(8): e70882.
Kripke DF, Garfinkel L, Wingard DL, Klauber MR, Marler MR. Mortality
associated with sleep duration and insomnia. Arch Gen Psychiatry. 2002; 59(2):
131-136.

12）佐々木司「疲労と過労」小木和孝編集代表『産業安全保健ハンドブック』（労働
科学研究所、2013 年）424-427 頁。

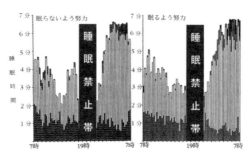

図6-5 睡眠には適さない睡眠禁止帯

るべく起きていてください」と教示する覚醒努力条件、右図が「なるべく眠るように努力してください」と教示する睡眠努力条件の睡眠分布の結果である[13]。

対象者は横軸に記したように、朝の7時から翌朝の7時まで、睡眠機会の7分間には、睡眠をとることができる。手続としては、朝の7時から翌日の7時まで、7分間の睡眠機会を与え、その後に13分間の覚醒機会を与えることを繰り返すのである。図の縦軸は、睡眠時間である。1回の睡眠時間は、最大7分であるから、メモリは、7分が最大になっている。図6-5の左側をみればわかるように、眠らないように対象者に求めても、夜間時刻帯（夜間）では、7分ギリギリまで眠っていることがわかる。一方、図の右側のように、眠るように努力してもらっても、およそ、19時付近は、睡眠時間が短いこともわかる。このことから、19時付近には、睡眠に適さないようなリズムがあることが明らかになっており、それを睡眠禁止帯（sleep forbidden zone）という。この睡眠禁止帯は、日中にも存在する。午前10時付近がそれである。覚醒維持帯（wakefulness maintenance zone[14]）と呼ばれている。これらの時刻帯では、レム睡眠によってストレスを解消させるのではなく、起きて心身をリラックスするような行動をと

---

13) Lavie P. Ultrashort sleep-waking schedule. III. 'Gates' and 'forbidden zones' for sleep. Electroencephalogr Clin Neurophysiol. 1986 May;63(5):414-425.

ることによって、ストレスを解消させる意味をもつと考えることができる。

[4] ルーテンフランツ 9 原則

前述したように、人間は昼行夜眠型の動物である。したがって、夜勤は
最小限に抑え、夜間睡眠がとれるような配慮が必要である。どうしても夜
勤や交代勤務をせざるを得ない場合は、**図 6-6** に示した、1982 年に交代
勤務のガイドラインとして提唱されたドイツのドルトムント大学のルーテ
ンフランツ（Rutenfranz J）教授の「**ルーテンフランツ 9 原則**」[15]が役立つ
であろう。

原則 1 は、長期間夜勤を行っても夜勤慣れは生じないことから、連続的
な夜勤はなるべく少なくするべきというものである。**原則 2** は、日勤と夜
勤の交代勤務では、日勤の始業時刻を早めると、夜勤者にとっては、夜勤
の労働時間が少なくなるが、一方で、日勤者の睡眠時間が短くなり、第 3
章 2 [3]・76 頁で述べたように、「翌日、いつもより早く起きなければい
けない」というストレスが徐波睡眠を減少させる問題が生じるからである。
また早朝に生じるレム睡眠も少なくなってしまうからでもある。**原則 3** は、
生体原則に基づく一定のルールがシフト編成には必要ななものの、個人の
労働環境を考慮して、窮屈なものにせず、柔軟性をもたせる必要があると
いうことである。**原則 4** は、そもそも勤務は緊張を伴うため、短いほうが
望ましいというものである。緊張は疲労を過労に進展させてしまうからで
ある。**原則 5** は、疲労やストレスを回復し、解消させるのは勤務以外の時
間であるから、その時間は長くとる必要があるという意味である。特に、
交代勤務の場合、勤務の組み合わせによって充分な勤務間隔時間が確保で

---

14) Strogatz SH, Kronauer RE, Czeisler CA. Circadian pacemaker interferes with
sleep onset at specific times each day: role in insomnia. Am J Physiol. 1987 Jul;253
(1 Pt 2): R172-178.

15) Roach GD, Reid JK, Dawson D The amount of sleep obtained by locomotive
engineers: effects of break duration and time of break onset. Occup Environ Med.
2003 Dec;60(12): e17. doi: 10.1136/oem.60.12.e17.

1.	夜勤の継続は最小限にとどめるべきである
2.	朝の始業開始時刻は早くすべきでない
3.	勤務の交代時刻は、個人レベルで融通性を認めるべきである
4.	勤務の長さは、仕事の身体的・精神的負担の度合いによって決めるべきで、夜勤は日勤より短時間が望ましい
5.	短い勤務間インターバルは避けるべきである
6.	少なくとも終日オフの2連休の週末休日をいくつか配置すべきである
7.	交代勤務の方向は正循環がよい
8.	交代周期（シフトの一巡）の期間は長すぎてはいけない
9.	交代のシフトは規則的にするべきである

図 6-6　ルーテンフランツ 9 原則

きない場合があるため、そのような短い時間では、わが国の労働者を念頭に置いた場合、休息時間としては不充分である。ルーテンフランツ原則が報告されたのは 1982 年であるから、具体的な勤務間隔時間は盛り込まれていないが、第 3 章で述べたように、循環器負担の少ない睡眠時間は 7 時間であることから、その睡眠時間を確保するには、日勤者では 16 時間、夜勤を行う場合は、24 時間必要である。**原則 6** は、夜勤や交代勤務を行う労働者は、シフトの休日が社会的休日の土日になることは少ない。人間は社会的な動物であるため、多くの人が休日としている土日が休日となることが望ましいという意味である。**原則 7** の「正循環」とは、交代勤務の編成方式の 1 つで、日勤、夕勤、夜勤があるならば、日勤→夕勤→夜勤のように、始業時刻を遅らせて、時計回りにシフトの順番を編成することが望ましいというものである。その理由は、生体リズムは 24 時間より長いことがわかっているので[16]、シフトを遅らせる方が体の負担は軽くなるからである。これは**原則 2** で述べられている日勤の始業時間を早くしないということにもつながる。また、飛行機で子午線を超える移動の場合、時刻が早まる東行きの飛行（例えば日本から米国への飛行）よりも時刻が遅くなる西行きの飛行（例えば日本から欧州への飛行）の方が時差ぼけが少ない

ことと同様である。**原則8**の交代周期とは、交代勤務で1つのシフトから休日までの日数であるが、勤務を長く続けるのではなく、早く休日を挿入して、疲労やストレスの回復や解消に充てるべきであることを意味している。**原則9**は、シフトがバラバラに組まれると、日常生活の予定を立てにくくなるため、シフトを規則的に配置して、いつどのようなシフトが生じるかが労働者だけでなく、その家族にも容易にわかるようにすべきであることを説いたものである。

　このように夜勤者は、生理的・心理的・社会的に日勤者より不利であることから、夜勤者の比率が全労働者の25％と低いとはいえ、夜勤者に配慮した労働条件の設定が過労死の減少には必要である。それは、旧過労死認定基準や、新過労死認定基準でも時間外労働時間の長さに加えて重要視されているとおりである。

2　勤務間インターバルと睡眠科学

　ここでは勤務間インターバルの科学的意味とは何かを解説する。

[1]　勤務間インターバルに関わる医学的知見

　勤務間インターバルとは、労働の終了と（次の日の）労働の開始まで休息時間を設けるということであるが、休息との関係で重要なのは、睡眠時間である。深夜労働や不規則労働によって睡眠時間が充分とれず、勤務間インターバルが不充分な場合、重大な疾患のリスクを高めうる。

　日本では、過労死しないためには、厚労省「脳・心臓疾患の認定基準に関する専門検討会報告書」（2001年）によれば、1日5時間以下の睡眠は、脳・心臓疾患の発症との関連において、すべての報告において有意性があ

---

16) Czeisler CA, Duffy JF, Shanahan TL, Brown EN, Mitchell JF, Rimmer DW, Ronda JM, Silva EJ, Allan JS, Emens JS, Dijk DJ, Kronauer RE. Stability, precision, and near-24-hour period of the human circadian pacemaker. Science.1999; 25;284 (5423):2177-2181.

るとしている。

　天海陽子らの報告では、睡眠時間が6時間未満と9時間以上の人の心血管疾患発症のハザード比は、2.14（1.11-4.13）および男性では1.33（0.93-1.92）、女性では1.46（0.70-3.04）、1.28（0.88-1.87）であった[17]。それぞれ、睡眠時間が7〜7.9時間の人と比較した場合である。7時間睡眠と比較して、睡眠時間が短いことは女性における冠動脈疾患による死亡率の増加と関連していた。

　「競争心」、「ストレス」が狭心症、心筋梗塞症の慢性冠動脈疾患には有位であったのに対して、睡眠減少は、急性心筋梗塞症の慢性冠動脈疾に対して有位であったとの報告もある[18]。

　また、睡眠時間が短く、起床パターンが不規則なグループは、心血管系疾患（CVD）の発生率が実質的かつ有意に高かった[19]。

　Liu・田中によれば、睡眠時間が、過去1年の就業期間の平均睡眠時間が5時間以下であった男性は、急性心筋梗塞のリスクが2倍であった[20]。

　睡眠時間と冠動脈疾患のリスクとの間にはU字型の関係が認められ、1日7〜8時間の睡眠時間で最もリスクが最低であった[21]。

　川地俊明の報告でも[22]、死亡率と虚血性脳卒中死亡率は、それぞれ短い睡眠時間（睡眠時間6時間以下）は、脳卒中の総死亡率および虚血性脳

---

17) Amagai et al., Sleep Duration and Incidence of Cardiovascular Events in a Japanese Population: The Jichi Medical School Cohot Study J Epidemiol, 20(2)(2010), S.106, 110.

18) 田辺直仁ほか「急性心筋梗塞症発症に与えるストレスの影響」日本循環器管理研究協議会雑誌28巻1号（1993年）50-56頁。

19) Eguchi K, et al, Short sleep duration as an independent predictor of cardiovascular events in Japanese patients with Hypertension, Arch Intern Med.（2008）p.2225-2231.

20) Y Liu, H Tanaka, Fukuoka Heart Study Group, Overtime work, insufficient sleep, and risk of non-fatal acute myocardial infarction in Japanese men, Occupational and Environmental Medicine 59(7)(2002), p.447-451.

21) Wang et al., Sleep duration and risk of coronary heart disease: A systematic review and meta-analysis of prospective cohort studies, S.Int J Cardiol. 219(2016): 231-239.

卒中による死亡率の低下と関連していた。9時間以上の睡眠は脳卒中総死亡率および虚血性脳卒中総死亡率のリスク上昇と有意に関連していた。

また、月間13回を超える深夜労働があると、精神疾患発症と新規受診に有意なリスクの上昇があったとの研究報告がある。そして、月間13回を超える深夜労働により心身症を発症した場合に、深夜労働の少ない職場への配置換え、深夜労働の回数の制限などの措置が推奨されている。「仕事負担感」が有意に高いリスクを示したとされる。この研究における「仕事負担感」は、「仕事の量が多すぎる」、「ノルマや納期に追われる」、「仕事のトラブルが多すぎる」、「仕事量が多い」、「ミスが許されない」など13項目の質問によってその有無が判断されていた。また、仕事の自由度が低い人のほうが、新規受診に有意なリスクをとらえられている[23]。

これら代表的な文献だけみても、長時間の睡眠とともに短時間の睡眠は、脳・心臓疾患のリスクの上昇と関連していた。

特に、こうした所見は、労働時間の上限規制、勤務間インターバル規制に影響を与えると考える。むろん、これらの疾患が、労働時間を唯一の要素として引き起こされたのではなく、労働の密度、緊張の度合い、既往症、喫煙、飲酒等他の様々な要素が関係することもある。しかし、睡眠時間も、重要な要素として重大な疾患のリスクを高め、労災事故を実際に引き起こしていることは看過されてはならない。

これらからは、1日5〜7時間未満の睡眠では、脳・心臓疾患、うつ病などを発症することがわかる。高血圧症、脳梗塞などの疾患にならないためには、7〜8時間程度の睡眠とこれに相当する休息が確保できていたかどうかが重要であるといえる[24]。

---

22) Kawachi et al., Sleep duration and the risk of mortality from stroke in Japan: The Takayama cohort study, J Epidemiol, 26(3) (2016), 123-130.

23) 杉澤あつ子ら「中年期男子労働者の精神健康に関連する要因についての追跡研究」産業医学36号（1994年）91-101頁。

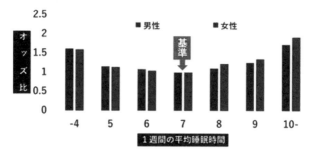

図6-7　1週間の平均睡眠時間の死亡との関係

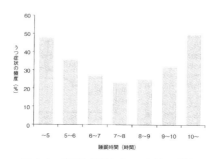

図6-8　睡眠時間とうつ症状の頻度

[2] 勤務間インターバル制度は睡眠の質を高める

　睡眠時間は睡眠にとって重要なファクターであるが、睡眠時間のみが安全や健康にとって重要なのではない。図6-7は、第3章71頁でも紹介したが、睡眠時間と死亡率の関係を示したものであり[25]、また、図6-8は睡眠時間とうつ症状の頻度の関係を示したものである[26]。

---

24) 厚生労働省「脳・心臓疾患の認定基準に関する専門検討会報告書」(2001年) 97頁。

25) Tamakoshi A. Ohno Y. Self-reported sleep duration as a predictor of all-cause mortality: Results from the JACC study, Japan. Sleep 2004: 27(1): 51-54.

26) Kaneita Y, Ohida T. Uchiyama M. Takemura S, Kawahara K, Yokoyama E, Miyake T. Harano S. Suzuki K. Fujita T. The relationship between depression and sleep disturbances: a Japanese nationwide general population survey. J Clin Psychiatry. 2006:67(2):196-203.

第6章 睡眠科学からみた夜勤・不規則労働と勤務間インターバル 145

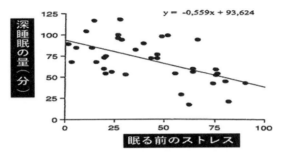

図6-9 寝る前のストレスと深睡眠の出現度

　たしかに睡眠時間が短いと、これらの値が上昇していることがみてとれる。しかし、同時に、睡眠時間が長い場合においても値の上昇がみられ、睡眠時間と健康の関係には7〜8時間を底辺とするU字カーブが認められる。このことは、睡眠を考える場合には、第3章で述べたとおり、睡眠時間だけでなく、睡眠の質も考慮する必要があることを意味している。睡眠の質は、睡眠経過と睡眠深度で表現される。そのとき最も大切な入眠潜時（寝つきまでの時間）を押さえておきたい。入眠潜時が最も大切な理由は、睡眠障害として知られる入眠困難、中途覚醒、早朝覚醒の3要因の関係を考えると理解が容易になる[27]。すなわち、中途覚醒や早朝覚醒が問題である理由は、再び寝付くことができないという入眠困難に帰着する。とりわけ入眠時に過度なストレスがある場合には、入眠潜時が長くなり、睡眠の質が劣化する。

　図6-9は、これも第3章76頁でも紹介したが、起床時間がバラバラなキャビンアテンタントとドライバーを対象として、「翌日に起きなければいけない」という不安度と、疲労の回復に寄与する深睡眠の関係をみたものである[28]。図から「翌日に起きなければいけない」という不安度が高くなると、深睡眠が減るという負の相関がみられる。また、長時間の時間

---

27) Ong JC. Åkerstedt JT. Gehrman PR. Insomnia diagnosis. assessment. and evaluation. 785-793. In: Kryger M. Roth T. Dement WC. eds Principles and practice of sleep medicine. Six edition. Philadelphia. Eliesevier. 2016.

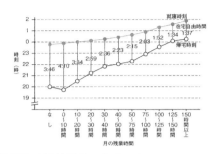

図6-10　月平均時間外労働と帰宅時刻、就寝時刻、在宅自由時間

外労働がある場合は、就寝間際まで緊張状態が継続して、入眠潜時が長くなることが問題となる。図6-10は、建設コンサルタントの労働者を対象にして、月残業時間と帰宅時刻、就寝時刻、在宅自由時間の関係をみたものである[29]。図から、月残業時間が長くなると、帰宅時刻や就寝時刻が遅くなり、在宅自由時間が短縮している様子がみてとれる。

　日本では、過労死しないためには、厚労省「(旧)脳・心臓疾患の認定基準に関する 専門検討会報告書」(2001年)によれば、8時間の睡眠が必要であるとされている。反対に、1日5時間以下の睡眠は、脳・心臓疾患の発症との関連において、すべての報告において有意性があるとしている。

　死亡率が低い睡眠時間は7〜8時間であり、5時間未満の睡眠は、生存率が低く、1日24時間中にその睡眠時間を確保するには、16時間の勤務間隔が必要であるという指摘がある[30]。

　Kripkeらは、睡眠時間は8時間が必要とし、8.5時間以上でも死亡率は上昇し、3.4-4.5時間の場合のリスクより15％増加すると指摘する[31]。

---

28) Kecklund G. Åkerstedt T. Apprehension of the subsequent working day is associated with a low amount of slow wave sleep. Biol Psychol. 2004:66(2):169-176.
29) 全国建設関連産業労働組合協議会「仕事による疲れとその回復　パパこっち向いて！――守れてますかあなたの健康・あなたの家族」東京K＆S（1984年）122-124頁。
30) Kecklund, Åkerstedt T. Effects of timing of shifts on sleepiness and sleep duration. J Sleep Res. 1995:4(S2):47-50.

第6章　睡眠科学からみた夜勤・不規則労働と勤務間インターバル　**147**

　また、「疾患がなく6～7.9時間／日で睡眠をとった参加者と比較して、1日の睡眠時間が＜6時間／日と短く、疾患の存在があり、1日の睡眠時間が≧8時間／日と短い、中等度、または長い参加者は、認知症の発症リスクが高い」[32]とする報告がある。

　久保らによると、勤務間インターバルが増加するにつれて、睡眠時間は、平日の勤務間インターバルによって有意に変化するが、疲れの改善が有意に確認でき、また、仕事からの心理的な距離の確保が有意に確認できた[33]。そして、平日11時間の勤務間インターバル（DRP）の場合でも、睡眠時間は約5時間であり、睡眠時間が短い（5時間未満）ほど、労働安全衛生上のリスクが高いことが示唆したうえで、11時間DRP（＝EU基準）を守ることは、労働安全衛生を守るために必要な最低限と同等になる可能性があると指摘する[34]。

　また、IT労働者への調査で、勤務間インターバルと以前の仕事の疲れの残り具合の調査では、11時間未満のインターバルでは、1日の睡眠時間は5時間となり、起床時の仕事による疲れの訴えも、高くなると示されている[35]。

　特に、こうした所見も、労働時間の上限規制、インターバル規制に影響を与えると考える。

　ただし、月残業時間が100時間超えという、過労死認定基準の時間外労働といった労働者の疲弊をうかがわせる状態であっても、労働者は「バタ

---

31) Kripke/Lawrence/ Garfinkel/ Deborah Wingard, et al., Mortality Associated With Sleep Duration and Insomnia, Arch Gen Psychiatry. 59(2)(2002), 131.

32) Ukawa et.al, Association between daily sleep duration and the risk of incident dementia according to the presence or absence of diseases among older Japanese individuals in the New Integrated Suburban Seniority Investigation (NISSIN) project, Sleep Medicine, Vol.100 (2022), 190.

33) Kubo/Izawa/Tsuchiya/Ikeda/Miki/Takahashi, Day-to-day variations in daily rest periods between working days and recovery from fatigue among information technology workers, J Occup Health 60, (2018), 394-403.

34) Kubo et al., op. sit.

35) Kubo et al., op. cit.

ンキュー」とすぐ寝ているわけではなく、就寝まで1時間37分を要している（図6-10）。すなわち、就寝前に前述した不安や緊張状態がある場合には、少なくとも約90分のクールダウンの時間が必要なのである。しかしながら、通常の場合、翌日の勤務開始時刻は変わらないから疲労回復のために睡眠時間を延長するわけにはいかない。そこで勤務間インターバル制度を設けることで、労働者は、労働による不安や緊張のような入眠時刻を90分遅延させる「入眠負担」を解放することによって、睡眠経過を正常に保ち、睡眠の質を高めることができるのである。

　前述の睡眠構築バランス理論は、ホメオスタシス性がリズム性より強いという事実から成立している（第3章85頁参照）。このことを裏返せば、過労死・過労自死対策とは、いかに脆弱なリズム性を維持する仕組みをつくるかがポイントといえる。睡眠には、レム睡眠が1日内に示す概日リズムや約70〜90分周期の超日リズム（ultradian rhythm）があることは前述したとおりである（132頁）。また、前述のとおり、生体内には、概日リズムの半分の概半日リズム（circasemidianrhythm）[36]があり、眠気を感じなくても眠ろうとすれば生理的に眠れる14時から16時付近の時刻帯がある一方、10時や19時付近には、生理的に眠れない睡眠禁止帯[37]、覚醒維持帯[38]がある。生体外においては、常日勤者であれば5日働いて2日休むという労働の週内性リズム（疲労でいう週内性疲労）[39]や、季節のリズムがある。これらのリズムを労働生活に取り込むことができれば、過剰なホメオスタシスの亢進を防ぎ、ひいては過労死・過労自死の防止につながるこ

---

36) Nishida M. Pearsall J. Buckner RL. Walker MP. REM sleep. prefrontal theta, and the consolidation of human emotional memory. Cereb Cortex. 2009:19(5):1158-1166.

37) Lavie P. Ultrashort sleep-waking schedule. III. "Gate" and "forbidden zone" for sleep. Electroencephalography and Clinical Neurophysiology 1986:63-65:414-25.

38) Strogatz SH. Kronauer RE. Czeisler CA. Circadian pacemaker interferes with sleep onset at specific times each day: role in insomnia. Am J Physiol 1987:253(1 Pt 2):R172-178.

39) 斉藤良夫「労働者の疲労をどのように研究すべきか」中央大学教育論集47号（2005年）205-221頁。

とが考えられる。

　例えば斉藤と松本の実験[40]から、長時間の覚醒時間があっても、リズムのズレが規則的であり、かつ8時間睡眠が確保できていれば、睡眠構築バランスが崩れないという知見を得た。これは昨今、休息時間の確保対策として議論になっている勤務間インターバルの導入に繋がる知見である。ただし、欧州労働時間指令では、24時間につき最低連続11時間の勤務間インターバルを規定している[41]が、肥満、糖尿、高血圧、心筋梗塞、脳疾患リスクなどが低い7～8時間の睡眠時間[42]を確保するためには、16時間の勤務間隔時間が必要であるという Kecklund と Åkerstedt の知見[43]があるから、循環器負担に影響を及ぼさない勤務間インターバルの同定には、さらなる研究が必要である。

3　まとめ

　以上のように、7時間以上の睡眠時間を確保するためには、日勤者であれば、16時間以上の勤務間インターバルが必要であり、睡眠時刻帯が疲労の回復に不充分な昼間になりやすい夜勤・交代勤務者では、16時間では不充分であり、夜間に睡眠をとろうとすれば、24時間必要になる。とりわけ夜勤・交代勤務者は、自分のシフトがルーテンフランツ原則にかなっているかを確認することが重要であろう。また睡眠の疲労回復力はとても大きいが、睡眠までに疲労を持ち越すのではなく、覚醒時にストレスを解消させることで疲労を過労化させない努力が必要である。そのためには、睡眠のリズムだけでなく、覚醒のリズムの理解も必要になる。

40）斉藤良夫＝松本一弥「睡眠時刻の推移にともなう覚醒レベルの変化とその後の睡眠パターンとの関係」産業医学30号（1988年）371-378頁。

41）European Union's Working Time Directive 32003L0088 2003.

42）Colten HR. A1tevogt BM eds. Sleep disorders and sleep deprivation: An unmet public health problem. Washington DC. National Academies. 2006.

43）Kecklund G. Åkerstedt T. Effects of timing of shifts on sleepiness and sleep duration. J Sleep Res.1995:4(S2):47-50.

第7章

〔事例研究〕 どのような働き方が危ないか
—— 長時間労働、深夜・不規則労働の危険な組み合わせ

弁護士 川岸卓哉

はじめに

　本章においては、実際に裁判において労災認定が争われ、労働者側が勝利した各事件を通して、不規則労働・交代制勤務・深夜労働について、過労死に関わる労働科学的知見を紹介し、過労死の危険性のある働き方を概観する。そのうえで、過労死を防ぐために労働規制のあるべき方向性について考察する。

1　不規則勤務が原因となった各裁判例

　裁判例では、科学的知見を踏まえて不規則勤務や夜間・交代制勤務についての負荷を考慮し、過労死として認める労働者側勝訴事件も蓄積してきている。

　以下、不規則勤務・深夜・交代制勤務について、過労死を生み出す特徴的な職業の働き方と、裁判例において認定された医学的知見を紹介する。

　まず、不規則な勤務シフトに従った勤務形態が不可欠なハンバーガー店の店長代理、警備員、看護師の過労死事件を通じて、労働科学的知見を踏まえた不規則勤務の危険性について明らかにする。あわせて、不規則勤務の危険性は不可欠な業務に限られるものではないことを、ホワイトカラー管理職の過労死事件を踏まえて示す。

第7章　〔事例研究〕どのような働き方が危ないか　151

　次に、不規則勤務とはいえないものについても、深夜勤務を含む交代制勤務の危険性について、警察官の交代制勤務、工場の交代制勤務の結果過労死した事件で判決が認定した労働科学的知見を踏まえて検討する。深夜勤務それ自体の危険性についても、深夜勤務のトラック運転手の事件を通じて明らかにする。

[1]　頻繁な勤務シフト変更を繰り返したマクドナルドハンバーガー店の店長代理の過労死

川崎南労基署長（日本マグドナルド）事件
（東京地判平22・1・18判時2093号152頁）

（i）　頻繁な勤務シフトの変更を繰り返す不規則な勤務

　まず、はじめに、不規則勤務の危険性を、裁判例を通じて検討する。

　不規則な勤務の典型としては、深夜まで営業しているファストフード店においてシフト勤務で働く店員をあげることができる。特に、正社員は、他のアルバイトが働けないときには自らシフトに入らざるを得ない立場にあり、頻繁な勤務シフトの変更を繰り返すことがある。

　日本マグドナルド事件は、ファストフード大手のマクドナルドの社員の過労死事件である。被災者は、マクドナルドに入社し、店舗の店長代理として就労していたところ、徹夜勤務の翌日の正午頃に出勤した際に、急性心機能不全で倒れて死亡した。本件発症1か月前には、深夜にわたる勤務が10回、シフト変更が11回あった。さらに、本件疾患発症前1週間には、深夜にわたる勤務が2回、シフト変更が2回あった。裁判では、被災者が従事していた深夜にわたるシフト勤務による不規則勤務の負荷が争点となった。

（ii）　専門検討会報告書が指摘した交代制勤務・深夜勤務のリスク

　裁判では、交代制勤務・深夜勤務の医学的リスクを考慮する際の基準として、厚生労働省の過労死認定基準のベースとなった2001年発表の「脳・心臓疾患の労災認定の基準に関する専門検討会報告書」（以下、「専門検討

図7-1 本章で取り上げる事件まとめ

	日本マクドナルド店長事件 (151頁)	ライジングサンセキュリティサービス警備員事件 (155頁)	国立循環器センター看護師過労死 (156頁)	ヘキストジャパン会社員事件 (160頁)
死因	急性心不全	脳内出血	くも膜下出血	心停止（心臓性突然死）
時間外労働時間	発症前6ヶ月平均112.3時間	発症前6ヶ月143時間58分	発症前6か月間54時間〜64時間	発症前6か月平均59時間42分
深夜・不規則勤務・交代勤務	発症前1か月深夜に渡る勤務が10回11回のシフト変更発症前1週間深夜に渡る勤務が2回シフト変更2回	発症前6か月間深夜勤務1か月あたり平均17.6回発症前1か月間勤務25回中18回深夜夜勤明けにそのまま日勤の連続勤務		終業時刻が深夜の時間帯に及ぶことが稼働日数の3分の1程度であり、3時間を超える深夜勤務は月に1回程度あった管理職としてプロジェクトの責任者の立場にあり会議や講演会の後の懇親会等を設定し出席することこともあった休日には自宅等において業務の一部を行う持ち帰り残業の時間もあった。
勤務間インターバル		上記勤務形態について、被災者が本件疾病を発症する直前の6ヶ月間において、被災者の勤務と勤務の間には、原告の疾病が回復するだけの充分な間隔（勤務間インターバル）が確保されたと評価することは困難であることも、労災認定理由とされた	①日勤から深夜勤へのシフト（発症前6ヶ月間に22回）の場合の勤務間隔は5時間、②準夜勤から日勤へのシフト（同6ヶ月間に8回）の場合は5時間45分と短く、これらの勤務間隔のもとで確保できる睡眠時間は3〜4時間にすぎない勤務形態であったさらに、これに準ずるシフトとして、早出から深夜勤（間隔は9時間）、準夜勤から遅出（間隔は8時間45分）などのシフトも散見されており、勤務間インターバルの短い期間が多く続いていた	

第 7 章 〔事例研究〕どのような働き方が危ないか **153**

警視庁警察官の過労死事件 (162 頁)	トヨタ工場交替制勤務 (163 頁)	蒋田運送トラック運転手事件 (165 頁)	ニコンアテスト自殺事件 (167 頁)	グリーンディスプレイ過労事故死 (169 頁)
脳内出血	脳血管疾患及び虚血性心疾患	内因性疾患	自死	事故死
最大は発症前 1 か月前 66 時間 30 分	発症前 1 か月 106 時間 45 分	6 か月平均 81 時間 10 分	6 ヶ月平均 173 時間 5 分	事故以前 1 か月間 91 時間 49 分 2 か月間の時間外労働時間平均約 78 時間 38 分
本件発症の 1 週間前から、通常の勤務態勢である三部交替制勤務と異なる二部交替勤務 本件の警察官の発症直前の二交替勤務は、休日がまったく確保されていないだけでなく、発症当日まで連続 13 日間勤務を続け、かつ、隔日の夜勤明けには、午後 3 時半ないし 4 時までの残業	工場は 24 時間稼働しており、被災者の勤務形態は、1 週間ごとに日勤と夜勤を交替する 2 交替制勤務	運転手の従事していた配送業務は、午前 3 時から修行を開始して早朝に出発する 1 便と、午前 11 時に出発する 2 便に分かれていた 所定始業開始時刻は午前 3 時、所定終業時刻は午後 2 時、所定休憩時刻は午前 8 時から午前 11 時までであった	勤務時間は昼番（午前 8 時 30 分から午後 7 時 30 分まで）と、夜番（午後 8 時 30 分から翌日 7 時 30 分までの 9 時間 45 分）を組み合わせた勤務番のローテーションが、3 週間で 1 サイクルの勤務が基本とされた もっとも、被災者の自死する直前は、頻繁な勤務シフトの変更により、被災者の自死する前の月の時間外労働は 77 時間に及び、死亡前 1 か月間は深夜勤務も含めた 15 日間連続勤務に従事していた	原付バイク事故まで 23 時間 36 分起き続けていた

会報告書」）で指摘された科学的知見が、第一に考慮された。本判決でも、これを引用して交代制勤務のリスクを説示している。

専門検討会報告書は、交替制勤務や深夜勤務は直接的に脳・心臓疾患の発症の大きな要因になるものではないとしながらも、交替制勤務、深夜勤務のシフトが変更されると、生体リズムと生活リズムの位相のずれが生じ、その修正の困難さから疲労がとれにくいといったことが生ずることから、心血管疾患に対し概ね 1.2 から 1.5 倍のリスクを有することを指摘している。つまり、専門検討会報告書は、生体リズムと生活リズムのズレによる疲労の蓄積を、過労死を生む考慮要素としている。

そして、交替制勤務や深夜勤務の負荷については、勤務シフトの変更度合い、勤務と次の勤務までの時間、交替制勤務における深夜勤務、準深夜勤務の頻度がどの程度であったか等の観点から評価するべきであるとしている。

(iii) 勤務シフトの変則性・深夜勤務のリスクを認定

判決は、専門検討会報告書で示された科学的知見に基づき、ハンバーガー店店長代理の業務シフトが、不規則であり、深夜勤務を含んでおり、しかもサービス残業を行うことが常態化した勤務態勢であることを認定した。加えて、業務体制は、単に交替制の深夜勤務というだけでなく、心理的にも長い拘束時間を従業員に意識させるものであり、心血管疾患に対するリスクを増大させるものであるとした。

(iv) 勤務の変則性の高い業務の危険性

このハンバーガー店の店長代理の過労死事件は、専門検討会報告書の指摘する勤務シフト変更による不規則勤務で心疾患のリスクが生じた典型例といえる。本件のように予定されていたスケジュールが前日に突然変更されるような業務によって、生活リズムと生体リズムの位相のズレが生じ、その結果疲労が蓄積し、過労死の危険性が高くなる。

業務上の急な要請によって生体リズムと生活リズムの位相のズレが生じる業務は、勤務シフトに従って従事する業務以外にもあり得る。例えば、

第7章 〔事例研究〕どのような働き方が危ないか　155

業務を終了した後であっても深夜に緊急の修理要請に応じて修理に赴くことを余儀なくされる業務や、通常は深夜勤務であるのに、店長会議や他店の応援のために日中から勤務を行うような業務なども、同様に心血管疾患に対するリスクを生む可能性がある。

[2] 不規則勤務が当初の予定どおりでも過労死は起こり得る
——ライジングセンターセキュリティーサービス警備員過労死事件
池袋労基署長（ライジングサンセキュリティーサービス）事件
（東京地判平28・7・14労判1148号38頁）

　先に述べたとおり、2021年に発表された専門検討会報告書は、急な勤務シフトの変更が、生体リズムと生活リズムの位相のズレを生むことに着目し過労死認定基準としている。しかし、不規則勤務の危険性は、当初予定されていた勤務シフトの変更が生じたときだけといえるのだろうか。当初の勤務シフトがもともと不規則勤務であっても、予定どおり実施された場合は過労死の危険はないといえるのか。次に、この点について、争点となった夜間勤務の警備員の事件を紹介する。

(i) 不規則な深夜勤務に従事した警備員

　警備員も、24時間の警備体制を基本とするため不規則な深夜勤務が求められる業種であり、過労死を引き起こしている。警備会社ライジングサンセキュリティーサービスで警備員として働いていた被災者が、夜間勤務前の自宅で、脳内出血を発症し死亡した事件がある。被災者である警備員の発症前6か月間の深夜時間帯の勤務は1か月当たり平均17.8回もあり、特に発症前1か月間は勤務25回中18回が深夜勤務で、このうち11回が夜勤明けに帰宅することなくそのまま日勤に入る連続勤務を行っていた。以上のような警備員の不規則な深夜勤務は、当初から勤務シフトの予定どおりであり、急な勤務シフトの変更は生じていない。しかし、このような場合にも修正し難い生体リズムと生活リズムの位相のズレが生じ、疲労の回復が困難となる。

(ii) **不規則な勤務による生体リズムの位相のズレの修正の困難**

　判決は、被災者の勤務シフトは、日勤と夜勤が組み合わさったものであり、丸一日以上の休日をとることができず、ときには26日間連続勤務になっていたことを踏まえて、生体リズムの位相のズレが生じ、その修正の困難さから疲労がとれにくいという専門検討会報告書において指摘されている趣旨は本件にも当てはまるとした。すなわち、過労死の危険性を考えるうえで重要なのは、当初予定されていた勤務シフトが変更されることだけではなく、不規則勤務自体から生じる生体リズムの位相のズレにあると指摘したものである。

　したがって、労働者の従事していた不規則勤務が勤務シフト予定どおりであっても、早出、遅出等を伴う不規則な勤務は、それ自体が過労死の危険性のあるものなのである。

(iii) **判決は勤務間インターバルにも着目**

　本判決で注目すべきは、被災者の勤務間インターバルの短さにも着目して疲労の回復の困難性を指摘した点である。

　すなわち、判決では、被災者が本件疾病を発症する直前の6か月間において、被災者の勤務と勤務の間には、原告の疾病が回復するだけの充分な間隔が確保されたと評価することは困難であるとした。疲労の蓄積が過労死を生むとすれば、疲労の回復するための充分な睡眠時間がとれない勤務形態は、過労死を生む危険性がある。

　特に、不規則勤務の場合、時間外労働の長さを指標にするだけでは、疲労の回復のために充分な睡眠時間の長さが確保されていたかを推測するのに不充分であり、勤務間インターバルが充分確保されていたかが重要となってくる。

[3]　**勤務間インターバルが確保できなかった結果の過労死**
　　　──国立循環器センター看護師過労死事件

国（国立循環器センター）事件

（大阪高判平 20・10・30 労判 977 号 42 頁）

第7章 〔事例研究〕どのような働き方が危ないか **157**

　このように、不規則勤務は勤務間インターバルが確保されない勤務形態と裏表であり、勤務間インターバルが短いことによる過労死の危険性が問題となってくる。次に、勤務間インターバルが短いことの危険性を正面から裁判所が判断した判決を紹介する。

(ⅰ)　勤務間インターバルが短い勤務シフトが生んだ過労死

　24時間体制が求められる医療現場で働く看護師の職場も、交代制勤務・不規則勤務の典型例といえ、過労死を生み出している。国立循環器病センターに勤務していた看護師（死亡当時25歳）は、勤務を終えて帰宅した後に、自宅で、くも膜下出血を発症して死亡した。

　被災者の時間外労働時間は発症前6か月間は54時間〜64時間程度であり、過労死認定基準のいわゆる「過労死ライン」（第1章参照）は満たしていなかった。もっとも、同センターの看護師の勤務は、深夜勤（午前0時30分〜）、日勤（午前8時30分〜）、準夜勤（午後4時30分〜）、早出（午前7時〜）、遅出（午前11時〜）という5種類の勤務形態のローテーションによって勤務シフトが組まれており、この勤務シフトによって確保できていた勤務間インターバルは、①日勤から深夜勤へのシフト（発症前6か月間に22回）の場合の勤務間隔は5時間、②準夜勤から日勤へのシフト（同6か月間に8回）の場合は5時間45分と短く、これらの勤務間隔のもとで確保できる睡眠時間は3〜4時間にすぎない勤務形態であった。さらに、これに準ずるシフトとして、早出から深夜勤（間隔は9時間）、準夜勤から遅出（間隔は8時間45分）などのシフトも散見されており、勤務間インターバルの短い期間が多く続いていた。

　このように、1カ月単位の時間外労働時間数自体は現行の過労死認定基準を満たさないような勤務形態であっても、これだけ勤務間隔が短い業務形態では、疲労回復のための睡眠時間が充分に確保できないことは明らかである。裁判では、この点をどう評価するかがポイントとなった。

(ii) 最適な睡眠時間を確保できない勤務間隔を強いられる
看護師の変則的勤務

判決は、被災者の看護師の変則的勤務の勤務間隔が5時間、9時間、8時間しかなかったことについて、最適な睡眠時間を確保することができず、疲労回復のため充分な量ではないとして、勤務間インターバルに着目して不規則勤務を負荷要因と認定した。

この点、病院側は、夜勤後の翌日を休日とするなどの「配慮」をしてきたことを主張した。しかし、判決は、昼間睡眠の質の低さについての労働科学的知見に基づき、病院側の主張を排斥した。すなわち、夜間睡眠は、睡眠時間さえ確保できれば、8時間といった長時間の睡眠を持続することができるのに対し、昼間睡眠は2～3時間しか持続できないうえ、心拍数、血圧の上昇をもたらす質の悪い睡眠である。また、勤務間隔が短いシフトが頻繁に組まれる場合は、昼間睡眠によって睡眠不足（「睡眠負債」と呼ぶことがある）がむしろ拡大するとの知見も存在する。これらをふまえて、判決では、病院側の「配慮」によっても、看護師の疲労が回復し、負荷が日常範囲内におさまっていたとはいえないとした。

以上のとおり、判決は、勤務間インターバルが短いことにより睡眠時間が確保されていない状況で、夜勤後の休日の睡眠の質の低さをふまえ、疲労が回復していない実態を適切に判断したものである。

(iii) 過労死認定基準の超過勤務基準は
夜間勤務や不規則勤務等による睡眠不足を考慮していない

さらに、裁判所は、過労死認定基準が月単位の時間外労働時間数を第一に考えている限界について、重要な指摘をした。

すなわち、労死認定基準の時間基準が80時間ないし100時間という超過勤務時間を例示したのは、業務の過重性を長時間労働という観点からみた場合に、睡眠による疲労の回復の観点に基づいて、1日4時間ないし6時間の睡眠が確保できない状態が続いていたかどうかから業務の過重性を評価したものである。そして、1日6時間程度の睡眠が確保できない状態においては1か月80時間を超える時間外労働時間が想定されること及び

第7章 〔事例研究〕どのような働き方が危ないか　159

1日5時間程度の睡眠確保ができない状態においては1か月100時間を超える時間外労働が想定されることを根拠としたものである。そうだとすれば、深夜不規則労働等によって睡眠時間が確保できていない状態についても考慮されるべきである。しかし、長時間労働以外の夜間勤務や不規則労働、あるいは精神的緊張を要する労働か否か、当該労働者が実際に確保できた睡眠の質などの問題は充分に考慮されていないと判決は指摘した。裁判所の指摘は、月単位の長時間労働の規制とともに、勤務間インターバル規制の重要性を説示する重要な指摘である。

(iv) 公益社団法人日本看護協会
「看護師の夜勤・交替制勤務に関するガイドライン」

公益財団法人日本看護協会は、夜勤・交替制勤務と長時間勤務などが原因で看護師の過労死や重大な医療事故が発生していること、近年の労働科学の知見では夜勤・交替制勤務の負担が看護職の健康に対するリスクを高めることが明らかになっていることから、現場の実態と労働科学の最新の知見を踏まえて夜勤・交替制勤務の負担を軽減し、リスクマネジメントに役立たせるため、「看護職の夜勤・交替制勤務の関するガイドライン」（2013年）を作成している。ガイドラインでは、①勤務間インターバルについては、勤務間に最低11時間以上の間隔をあけることなどが定められている。

さらに、②勤務の拘束時間の長さは13時間以内とする、③夜勤回数3交代制勤務は月8回以内を基本とし、それ以外の勤務は労働時間に応じた回数とする、④夜勤の連続回数は最大2連続（2回）まで、⑤連続勤務日数5日以内、⑥休憩は夜勤時は1時間以上、日勤時は労働時間・労働負担に応じて適切な時間数を確保する、⑦夜勤の途中で連続した仮眠時間を設定する、⑧夜勤後の休息（休日を含む）は1回の夜勤後は概ね24時間以上、2回連続夜勤の2回目の夜勤後は概ね48時間以上を確保する、⑨週末の連続休日として少なくとも月1回は土曜・日曜ともに前後に夜勤のない休日をつくる、⑩交代の方向性は正循環（時計回り）の交代周期とする、⑪早出の始業時刻は7時より前は避ける、などが定められている。

[4]　ホワイトカラー会社員が陥る不規則勤務による過労死
　　　──ヘキストジャパン事件

三田労基署長（ヘキストジャパン）事件

（東京地判平 23・11・10 労判 1042 号 43 頁）

　これまで紹介した深夜営業のファストフード店の店員、警備員や看護師など、業務自体が 24 時間勤務が不可欠な業務だけに限って不規則労働による過労死の危険があるのではない。日中が勤務時間帯とされるホワイトカラーの会社員も、深夜までの残業や、持ち帰り残業などによって不規則勤務に陥ることがありうる。次は、この点について認定された裁判例を紹介する。

⑴　**懇親会で帰宅が深夜になり自宅においても深夜まで業務をする管理職**
　被災者は、医療品の製造・研究開発等を営むヘキストジャパンという会社で、管理職として、臨床開発に関する業務に従事していた。被災者は、新薬の検討会議が開かれる予定であった日に出勤していなかったため、部下が自宅を訪問したところ、心停止（心臓性突然死）を発症して死亡しているのを発見された。
　被災者は、管理職として扱われていたため労働時間の管理を受けておらず、フレックスタイムが運用されて就労していた。終業時刻が深夜の時間帯に及ぶことが稼働日数の 3 分の 1 程度であり、3 時間を超える深夜勤務は月に 1 回程度あった。また、管理職としてプロジェクトの責任者の立場にあり、会議や講演会の後に懇親会等を設定し、出席することもあった。さらに、休日には自宅等において業務の一部を行う、持ち帰り残業の時間もあった。
　以上、被災者の業務の特徴としては、基本的に日勤のサラリーマンとして、たび重なる深夜に及ぶ業務に加えて、持ち帰り残業や会議後の懇親会等も、生活の不規則性を生じさせる要因となっていた点にある。これらについて、過労死認定に際して考慮されるかが争点となった。

(ii) **持ち帰り残業の存在についても不規則勤務に準じた負荷要因となる**

　判決は、以上のような被災者の持ち帰り残業や会議後の深夜にわたる懇親会等について、いわゆる時間外労働時間とは認め難いものも、休日を含めて自宅においても深夜まで業務を行うことや、業務に関連して帰宅が深夜に及ぶ日も相当数あり、そして、これらの事情は労働時間以外の主な要因である「不規則な勤務」に準じて負荷として考慮されるとした。さらに、深夜勤務が疲労を回復するに充分な労働時間の減少があったとは言い難いことも考慮し、過労死の業務起因性を認めた。

(iii) **持ち帰り残業などよって勤務間インターバルが確保されない業務**
　　も危険

　休日を含めて自宅においても深夜まで業務を行い、業務に関連して帰宅が深夜に及ぶ日が相当数あることや、持ち帰り残業が行われていると認定できる時間があるときは、その時間について勤務間インターバルが確保されなくなる。他にも、日常業務とは異なるプロジェクトに従事したことによって深夜に及ぶ勤務が増加した場合や、24 時間オンコール状態におかれ、就寝中の電話やメールによって中途覚醒を強いられ、システム障害の対応に追われる業務なども、同様に勤務間インターバルが確保できない危険性が高いといえる。このような勤務形態はホワイトカラーのサラリーマンにとって決して珍しいことではなく、そのような勤務の仕方が過労死を生み出すことは、広く周知されるべきである。

2　交替制勤務・深夜勤務を過労死の原因とした裁判例

　これまで紹介した裁判例は、いずれも、不規則勤務による生体リズムと生活リズムの位相のズレや、勤務間インターバルが確保されないことを負荷要因としてとらえ、過労死を認定してきた。では、日常的・規則的な交代制勤務・深夜勤務を行っている勤務形態は、不規則とはいえないが、過労死の危険性はないのだろうか。次は、交代制勤務の事例の裁判例について検討する。

[1]　交代制勤務に潜む危険——警視庁警察官の過労死事件

地公災基金東京都支部長（警視庁）事件

（東京高判平 22・5・20 判タ 1330 号 105 頁）

(i)　交代制勤務が求められる警察官

　警察官も、深夜も含めた 24 時間体制での業務が必要であり、一般に交代制で夜間勤務をしている。そのような交代制勤務に従事する警視庁第一自動車警ら隊に所属して勤務中であった警察官が、脳内出血を発症して、後遺障害が残った事件がある。被災者は、本件発症の 1 週間前から、通常の勤務態勢である 3 部交替制勤務と異なる 2 部交替勤務につき、時間外労働時間が増加した勤務状況下において、脳内出血を発症した。裁判では、夜勤・交代制勤務の危険性が争点となった。

(ii)　日本産業衛生学会・産業疲労研究会編『産業疲労ハンドブック』が指摘する夜勤・交代制勤務のリスク

　判決では、日本産業衛生学会・産業疲労研究会編『産業疲労ハンドブック』（1988 年）で示されている労働科学的知見が引用された。このハンドブックでは、夜勤・交代制勤務に健康被害が生じるメカニズムについて、以下のとおり解説してる。

　夜勤を行っている労働者は、日勤者に比較して、疲労しやすく、かつその疲労が蓄積しやすく、その結果さまざまな健康障害に陥りやすいことが知られている。それは、人固有の概日性リズムからみて、夜勤労働者は交感神経系の活動が優位な昼間に睡眠をとり、他方、副交感神経の活動が活発なはずの夜間に労働するという、身体にとって最も不利な条件下で生活をせざるを得ない。こうした生活の繰り返しが必ずしも概日性リズムの位相逆転をもたらさず、かえって自律神経や内分泌系機能の平衡状態を乱し、身体不調に陥らせるためである。そのため、夜勤・交替勤務は一般に睡眠不足や蓄積疲労状態をうみ、高血圧症を増加させる要因にもなると考えられている。

　このように、夜勤・交代制勤務自体が、身体不調をもたらし、睡眠不足

第7章 〔事例研究〕どのような働き方が危ないか　163

や疲労蓄積を生んでいることが指摘された。

(iii)　2部交替制において、休憩時間や仮眠時間がとれていないことを過重性の根拠とする判断

　以上の科学的知見を踏まえて、判決では、本件の警察官は、交替制勤務のために、生活習慣全体が不規則となり、深夜勤務時には睡眠が不規則となるだけでなく睡眠不足のために業務による疲労回復を遷延させ、高血圧症の進展に悪影響を与えたと認定した。

　さらに、本件の警察官の発症直前の2交替勤務は、休日がまったく確保されていないだけでなく、発症当日まで連続13日間勤務を続け、かつ、隔日の夜勤明け時には、午後3時半ないし4時までの残業を行っていることから、連続勤務後から次回の連続勤務後ですら24時間以上の十分な勤務間隔が確保されておらず、被災者の高血圧症の進展・悪化に直接影響した可能性が大きいと判断した。

(iv)　交代制勤務が生む過労死のリスク

　本判決は、深夜・交代制勤務が自律神経等を乱し、身体不調に陥らせること、睡眠不足や疲労蓄積状態の結果高血圧症を増加させる危険性を重視して、これが被災者の高血圧症を進展させていた危険性を指摘した。本件と同様に、深夜・交代制勤務に従事する労働者は、同様に高血圧症の進展の危険があるといえる。

　そして、本件では、発症直前の連続勤務や、勤務間インターバルが確保されていない状況がいわば直接の引き金になって、高血圧症をさらに進展・悪化させ、脳内出血を発症させるに至った。

[2]　交代制勤務を繰り返しても慣れることはない
　　　──工場の交代制勤務の労働者の過労死
豊田労基署長（トヨタ自動車）事件
（名古屋地判平 19・11・30 労判 951 号 11 頁）

警察官過労死事件は、交代制勤務によって症状が悪化したところ、直前の過重業務が引き金となって、発症したものといえるが、そのような不規則性がなく、労働者の交代制勤務が完全に規則的であった場合にも、健康リスクに対する危険性を排除することはできない。次に、このことを示す過労死事件を紹介する。

(i)　事案の概要

　トヨタ自動車に勤務していた被災者は、入社以来、工場勤務で、組み立て・溶接された自動車ボディーに、ゆがみ、傷、へこみなどがないかの品質検査業務に従事していた。工場は24時間稼働しており、被災者の勤務形態は、1週間ごとに日勤と夜勤を交替する2交替制勤務がとられていた。被災者は、夜勤中の午前4時20分頃、工場内の詰所において、脳血管疾患及び虚血性心疾患を発症し、死亡した。

　本件の被災者の勤務形態は、完全に規則的な1週間後ごとの日勤・夜勤交代制勤務であった。このような場合にも、過労死を生み出し得るのかが争点となった。

(ii)　交替制勤務が規則的であっても慢性疲労を起こしやすい

　判決は、夜間・交替制勤務による労働は、人間の約24時間の生理的な昼夜リズムに逆行する労働態様であることから、慢性疲労を起こしやすく、さまざまな健康障害の発症に関連することがよく知られており、特に、近年の研究により心血管疾患の高い危険因子であることが解明されつつあることを指摘した。そして、深夜勤務を含む2交替制勤務である本件勤務形態のもとでされていたことは、慢性疲労につながるものとして、業務の過重性の要因として考慮するのが相当であるとした。

　加えて、夜勤生活を何日繰り返しても生理的な適応が起こることはないとの知見があること、本件勤務形態では深夜勤務と昼間勤務を1週間で交代するところ、生活リズムの変更のために週休日の休息が必ずしも充分なものにならないのではないかとの疑問が残るとも判断した。

(iii)　交代制勤務を規則的に繰り返しても過労死の危険性はなくならない

　本判決は、交替制勤務が規則的であっても、就寝する時間帯が大きく変動することは、生体リズムと生活リズムの位相のズレが大きく、慢性疲労を起こしやすいことを、過労死を生み出した要因として認定した。このことは、本件以外の他の日勤・夜勤の交代制勤務にすべて共通する。

　さらに、本判決では、夜間生活を何日繰り返しても生理的な適応が起きない、つまり体が慣れることはないと指摘していることも重要である。日勤・夜勤の交代制は繰り返しても慣れることはなく危険性は残存するのである。

[3]　毎日の深夜勤務自体の過労死の危険
──トラック運転手の過労死事件
福岡東労基署長（蔣田運送）事件
（福岡地判平 26・10・1 労判 1107 号 5 頁）

　以上の裁判例からは、昼夜の交代制勤務では、生活リズムのズレに体が慣れることはなく、過労死のリスクはなくならないことが明らかになった。それでは、業務自体が毎日必ず深夜からの勤務となるような場合には、生活リズムのズレは生じずに過労死の危険性は排除されるのだろうか。深夜勤務が常態化している場合であっても過労死発生のリスクがあるかどうかが争点となった事件を紹介する。

(i)　深夜勤務が常態化したトラック運転手

　運送業のトラック運転手も、深夜の時間帯での勤務が多い業種である。被災者は、トラック運送会社で、4 トントラックの運転手として、農産センターにおいて青果物を詰め込み、トラックを運転してスーパーマーケット等の店舗に配送する業務に従事していた　運転手の従事していた配送業務は、午前 3 時から就労を開始して早朝に出発する 1 便と、午前 11 時に出発する 2 便に分かれていた。所定始業時刻は午前 3 時、所定終業時刻は午後 2 時、所定休憩時刻は午前 8 時から午前 11 時までであった。被災者

の1便の配送業務を終え、トラック車内で食事及び仮眠をとっていたところ、午前10時30分頃、同僚従業員に意識不明の状態で発見され、内因性疾患で死亡した。

本件の被災者であるトラック運転手は、勤務時間自体は完全に規則的であり、死亡した要因として、深夜3時から労働を開始するという深夜業務自体が過労死を引き起こす危険性があったかどうかが、争点となった。

(ii) 深夜業務に恒常的に従事していても慣れることはない

判決は、深夜勤務等が身体に与える影響に関する以下の医学的知見に基づき、深夜業務に恒常的に従事していても慣れることはないことを認定した。

人の深部体温は、午前3時頃ないし午前4時頃に最低値を示し、その後、上昇を始め、午後3時ないし午後4時頃に最高値を示す。他方、催眠作用を有するとともに睡眠に適した体内環境をもたらすメラトニンは、朝の光暴露時間から約14時間ないし15時間後に分泌が開始される。メラトニンの分泌が開始される頃に、深部体温が低下し始め、その2時間ないし3時間後に夜間睡眠が開始する。労働者は、深夜勤務の場合、眠気が増加する夜間に働き、眠気が減少する日中に眠らなければならない。しかし、生体は、この勤務スケジュールに速やかに同調することはできず、生体の概日性リズムと勤務形態との間にズレが生じる。これを「外的脱同調」という。深夜勤務の場合、恒常性の強い深部体温リズムやメラトニンリズムなどの生体リズムは、勤務スケジュールに同調しにくいが、恒常性の弱い睡眠覚醒リズムは、勤務スケジュールに同調させやすい。その結果として、深部体温及びメラトニンリズムからすると夜間であるのに、覚醒して勤務しなければならず、各種生体リズムの間にズレが生じてしまう。これを「内的脱同調」という。夜間長期にわたって継続しても、恒常性の強い深部体温やメラトニンリズムの位相が完全に同調することはない。

すなわち、深夜勤務自体によって、生体リズムのズレは生じ、慣れることはなく、疲労は蓄積するのである。したがって、本件のトラック運転手は、恒常的に、深部体温が最も低いとされる午前3時頃に労働を開始する

ことを強いられ、睡眠をとる時間帯は、催眠作用を有するメラトニンが分泌され睡眠に適する体内環境がつくられる時間帯ともズレていたのであって、被災者は深部体温及びメラトニンからみると夜間であるのに、覚醒して勤務しなければならず、生体リズムには内的同調が生じていたことになる。

(iii) 深夜勤務が生む過労死

　以上の科学的知見に基づき、裁判所は、深夜時間帯に恒常的に就労しているドライバーについても生体リズムのズレは確実に存在するのであり、良質な睡眠を確保することができず恒常的に疲労を蓄積させることになっていた可能性は否定できないとし、過労死と認定した。本判決は、深夜業務自体についての科学的危険性に基づいて過労死を認定しており、あらゆる深夜勤務の危険性について警鐘を鳴らすものであり、重要である。

3　交代制勤務と過労自殺
——ニコン・アテスト偽装請負過労自殺事件

ニコン・アテスト偽装請負過労自殺事件
（東京高判平 21・7・28 労判 990 号 50 頁）

　ここまで、脳・心臓疾患による典型的ないわゆる「過労死」を検討をしてきたが、深夜・不規則労働が引き起こす危険は、これにとどまるものではない。過労自殺を引き起こす心理的負荷となりうる側面もある。この点について争点となった裁判例であるニコン・アテスト偽装請負過労自殺事件を紹介する。

[1]　交代制勤務の果ての自死

　被災者は、派遣会社アテストから、ニコン熊谷製作所に、偽装請負（実態は派遣労働者）として派遣され就労していた。被災者は、ニコン熊谷製作所で、半導体製造装置の完成品検査業務に従事しており、深夜交替制の

勤務形態で就労していたが、うつ病を発症し自殺した。

　勤務時間は昼番（午前8時30分から午後7時30分まで）と、夜番（午後8時30分から翌日7時30分までの9時間45分）を組み合わせた勤務番のローテーションが、3週間で1サイクルとなっている勤務が基本とされた。もっとも、被災者が自死する直前は、頻繁な勤務シフトの変更により、被災者の自死する前の月の時間外労働は77時間に及び、死亡前1か月間は深夜勤務も含めた15日間連続勤務に従事していた。このような勤務に従事するなか、自死する2週間前には、被災者は退職を申し出たが会社から即答は得られず、その後、無断欠勤するようになり、その後社員寮で自殺した。被災者の遺体は、無断欠勤を不審に思った派遣元アネストの上司が社員寮を訪れたことで発見された。自室のホワイトボードに「無駄な時間を過ごした」と記載されていた。

[2]　交代制勤務が精神疾患を引き起こすことを示す科学的知見

　裁判では、交代制勤務が被災者の自殺を引き起こす心理的負荷となったかどうかが争点の1つとなった。会社側は、ニコン熊谷製作所の交代制勤務は、概日性リズムの乱れをできるだけ抑制し勤務者への負担をできるだけ軽減した夜勤頻度が少ないものであること、などから、労働の過重性を否定してきた。

　これに対して、裁判所は、交代制勤務が家庭・社会生活の阻害をもたらす危険があるほか、人間が本来もつ生理的なリズム（概日リズム・サーカディアンリズム）の乱れをもたらし、労働者の慢性疲労や健康低下を来すおそれが強いという労働科学的知見を前提として指摘した。裁判所は交代制勤務が精神疾患を引き起こすことを示す以下の知見を認定している。

　まず、①産業医科大学による平成10年委託研究報告書「深夜業の健康影響に関する調査研究」では、企業における深夜・交代制勤務に関する産業医アンケートの結果、疾患を理由とする配置転換事例のうち、最多は精神疾患を理由とするもので、深夜・交代制勤務と精神疾患との関係が示唆されている。

　また、②福島県立医科大学衛生学・予防医学講座の金子信也らが発表し

た論文「工場労働者の精神状態に対する交代制勤務の影響」（2003年）では、交替制勤務とうつとの程度との関係について、通常の昼間勤務に従事するグループよりも交代制勤務に従事するグループの方がうつ傾向の得点が多くなる結果となり、交代制勤務が直接引き起こすのは不眠症であり、不眠症がうつを状態を引き起こしていると指摘している。

さらに、③日本産業精神保健学会の平成15年度委託研究報告書「精神疾患発病と長時間残業との因果関係に関する研究」では、慢性的な不眠症はうつ病のリスクファクターになることが指摘されている。そして、交代制勤務における心身の問題の中で、睡眠障害及び睡眠不足が最も頻度が高く、かつ、長期間においても順応しにくいものであることから、うつ病の直接のリスクとなり得る可能性も高いことが指摘されている。

以上の知見を踏まえて、裁判所は、会社の主張を退け、交代制勤務により被災者に慢性疲労が蓄積し、あるいは、これに伴い睡眠障害を来すに至るなどした疑いがあると判断した。

この判決の中で指摘されたとおり、交代制勤務、深夜勤務、不規則勤務による生活リズムの乱れが原因となって引き起こされる睡眠障害及び睡眠不足は、うつ病等の精神疾患発症のリスク要因となり、最終的には過労自殺に至る危険性があることも留意すべきである。

4　深夜・不規則労働が引き起こす過労事故死
——グリーンディスプレイ青年過労事故死事件

グリーンディスプレイ青年過労事故死事件
（横浜地決平30・2・8判時2369号12頁）

深夜・不規則労働が引き起こすのは、過労死、過労自殺にとどまらない。最後に、本書の企画のきっかけとなった、深夜・不規則労働の末の過労事故死の危険性を示したグリーンディスプレイ青年過労事故死事件を紹介する（本書第1章1［1］も参照）。

[1] 深夜不規則勤務後の通勤帰宅途上の過労事故死

ホテルやデパートなどに観葉植物等をディスプレイする株式会社グリーディスプレイで就労していた渡辺航太さん（死亡当時24歳）が、長時間不規則労働の末、帰宅途中に単独バイク事故を起こして死亡した。

航太さんは、日常的に顧客の店舗等における観葉植物等の設営及び撤去等の作業に従事し、深夜及び早朝における作業に従事していた。そして、2時間連続の徹夜勤務後、帰宅途中に、極度の疲労状態から今回の事故に至った。時間外労働時間数（法定の1週間40時間、1日8時間を超える労働時間）は、本件事故以前1か月間91時間49分、2か月間の時間外労働時間平均約78時間38分、及び6か月間は同約63時間20分であり、いずれも労働時間の点では現行の過労死認定基準を満たさない事案であった。

以下、裁判に提出された本書共著者の佐々木司氏の意見書をもとに、本件事故が起きたメカニズムを考察する。

[2] 長時間の断眠が事故を起こすメカニズム

航太さんの原付バイク事故までに起き続けた時間は、起床時刻が23日の9時36分頃、事故時刻が9時12分頃であり、約23時間36分起き続けていたということになる。

(i) 反応時間テスト——起き続けていることによって生じた眠気

起き続けて、10分毎に数値の進行を止めるテストによって、眠気と反応時間の関係を整理した実験がある。このテストでは、眠気が無いときは、反応が速く数値の進行を止められるが、眠気があるときは、止めるまでの時間が長くなる。すなわち、起き続けている時間が16時間未満であれば、安定した反応時間を示しているが、起き続けている時間が16時間を超えると急激に反応時間が遅くなっている。原付バイク事故発生時刻である9時12分頃、つまり起き続けた約23時間36分後も反応時間がピークに向けて遅くなっている。このことから、航太さんの原付バイク事故は、起き続けた時間が長くなることによって生じた眠気が原因であることが強く推測される。

(ⅱ) **深夜勤務による体温リズムの底点の位相遅延によって生じた眠気**

　また、深夜勤務が行われる夜間時刻帯は、本来、睡眠がとられるべき最も重要な時刻帯である。その理由は、大脳といった臓器は熱に非常に弱い臓器だからである。そのため、睡眠をとって大脳を過熱状態から守る必要がある。これまでの科学研究から、体温の底点がある時刻は、午前5時付近にあることが知られている。航太さんのように、深夜勤務を行うと、生体リズムに変化が生じる。普通は、夜間時刻帯というのは、暗い環境で眠っている時刻帯であるから、その時刻帯に夜勤を行って光を浴びると、本来は昼間に高く夜間に低くなる生体リズムに変化が生じる。その1つとして、深夜勤務を行った場合には、5時付近にある体温の底点の時刻が後ろにズレる特徴がある（「位相遅延」という）。深夜勤務を行っていた航太さんの体温の底点は、通常の5時よりも遅延して、事故時に眠けが生じていたことが考えられる。

(ⅲ) **夜間起き続けていることによる眠気は酒気帯び運転と同じ**

　さらに、夜間に起き続けることによる眠気は、酒気帯び運転と同じだという研究もある。被験者にアルコールを飲ませてアルコール濃度を測りながらの作業能率と、先行覚醒時間を延長しながらの作業能率とを比較した実験結果がある。航太さんのように起き続けている時間が16時間を超えると、酒気帯び運転状態の血中アルコール濃度0.03％と同等以上の作業能率となってしまい、それだけ眠くなる背景があったものである。

[3]　**求められる過労事故死対策**

　裁判所は、本件事故が、航太さんが、疲労が過度に蓄積して顕著な睡眠不足の状態にあったために注意力が低下し、居眠り状態に陥って運転操作の誤りが生じたものと認められると認定した。使用者は、その雇用する労働者に従事させる業務やそのための通勤の方法等の業務遂行の内容及び態様等を定めてこれを指揮管理するに際して、業務の遂行に伴う疲労や心理的負荷等が過度に蓄積したり、極度の睡眠不足の状態に陥るなどして、労働者の心身の健康を損ない、あるいは労働者の生命・身体を害する事故が

生じることのないよう注意する義務（安全配慮義務）を負うと解するのが
相当であると判断した。

　そして、裁判所は、和解勧告において、過労事故死の対策の必要性につ
いて次のとおり述べている。「これまで、「過労死」の社会問題は、……
「過労死」及び「過労自殺」の類型の労働災害に限定して報じられてきて
おり、本件のような過労ないし極度の睡眠不足にいる事故死という「過労事
故死」は、過労死等防止対策推進法の「過労死等」の定義規定に該当せず
……「過労死」「過労自殺」に並ぶ労働災害の事故として「過労事故死」
の類型が潜在的にあり、本件事故がその氷山の一角であるとすれば、本件
事故の先例としての意義は高いと言い得よう。」

　和解を踏まえて、原告・弁護団と支援者は、厚生労働省に過労運転事故
対策を求め、①通院災害が過労運転が原因となっていないかの実態調査、
②11時間の勤務間インターバル規制の法制化、③事業者に対する過労運
転防止策の指導徹底、を申し入れた。今後、過労死と過労自殺に加えて、
潜在する過労事故についても、過労死の一類型として対策が進むことが求
められる。

5　裁判例分析のまとめ

[1]　裁判例分析のまとめ

　以上、不規則勤務、交代制勤務及び夜間勤務のそれぞれの過労死の要因
となりうる危険性について、検討を進めてきた。

　まず、生活リズムと生体リズムの位相のズレを生じさせるような不規則
な業務が過労死の危険性を高めることは、過労死認定基準のもととなった
専門検討会報告書においても指摘されているところである。急なシフト変
更などによって不規則労働に陥り生体リズムのズレが生じる場合は認定の
際の考慮要素としており、マクドナルドの店長代理の被災者の事件（152
頁）は、その典型的な事件といえる。

　もっとも、不規則な勤務が生体リズムのズレを生じさせるのは、急な勤
務シフトの変更の場合だけではない。もともと勤務シフト自体が不規則な

第7章　〔事例研究〕どのような働き方が危ないか　　**173**

場合でも、生体リズムのズレは生じるのであり、不規則な深夜勤務に従事した警備員の事件の判決（156頁）は、この点の危険性を正当に認めたものであった。

　また、不規則勤務で起こり得るのは生体リズムのズレだけではなく、各勤務間の勤務間インターバルも短くなる結果、最適な睡眠時間を確保できず、疲労が蓄積することも起こり得る。いわゆる「過労死ライン」も、月単位の時間外労働時間から睡眠時間が確保できない結果過労死の危険性が高まるという医学的知見に基づいている。不規則労働の結果、勤務間インターバル不充分で睡眠時間が確保されない状況も、月単位の時間外労働時間数では測れない同様の危険性があるのであり、国立循環器病センターの看護師の過労死事件判決（157頁）は、時間外労働時間ばかり重視する過労死認定基準の盲点を適確に指摘している。

　以上のような不規則労働の危険性は、深夜営業の飲食店や、警備員、看護師といった不規則勤務が不可欠な業種のみだけに存在するのではない。日勤のサラリーマンにも、深夜までの残業や休日の持ち帰り残業、さらには業務後の懇親会などによっても不規則労働に陥り、過労死のリスクが顕在化することを示したのが、ホワイトカラーサラリーマンの事件（161頁）であった。

　一方、勤務形態が規則的であっても、深夜交代制勤務にも、過労死の危険性はある。警察官の事件の判決（163頁）は、日本産業衛生学会の知見に基づき、深夜・交代制勤務が生体リズムを乱して高血圧症を進行させることを指摘して、過労死を発生させる危険のあることを認定した。

　また、トヨタ自動車の工場労働者の事件（164頁）では、日勤・夜勤が一週間おきの交代制勤務が規則的であっても、就寝する時間帯が大きく変動することは、生体リズムと生活リズムの位相のズレが大きいので、慢性疲労を起こしやすく、過労死を生み出す要因となると指摘したことは重要である。

　交代制勤務ですらなく、恒常的に深夜業務に従事していたトラック運転手についても（166頁）、裁判所が、夜間長期にわたって継続しても、恒常性の強い深部体温やメラトニンリズムの位相が完全に同調することはない

ため、生体リズムのズレは生じ、慣れることはなく、疲労は蓄積すること
を認定して過労死と認めたことは、夜間労働自体の危険性に警鐘を鳴らす
ものといえる。

　さらに、交代制勤務・不規則勤務・深夜労働の危険性は、脳・心臓疾患
によるいわゆる「過労死」にとどまらない。ニコン偽装請負過労自殺事件
（168頁）は、生体リズムのズレによる睡眠障害・睡眠不足がうつ病等の精
神疾患を引き起こして「過労自殺」に至らしめる危険性を指摘した。グリ
ーンディスプレイ青年過労事故死事件（170頁）は、深夜不規則労働によ
る生体リズムに反する長時間の断眠状態が「過労事故死」を引き起こすも
のであり、対策の必要性を訴えている。

　以上の各裁判例が認定した、生体リズムのズレや、睡眠についての科学
的知見を踏まえれば、不規則労働・交代制勤務及び深夜労働それぞれにつ
いて、過労死を生み出す危険性があるのである。

　このような、生体リズムのズレや、睡眠についてのリスクについては、
どのように対処すべきなのか。労働科学の分野において、夜業・交替制勤
務の適切な管理を考えるうえでの基本的な原則として位置づけられ、今日
に至る多くの夜勤・交代制勤務の研究により裏付けられている原則として、
ルーテンフランツの原則がある。

ルーテンフランツ9原則
1. 夜勤の継続は最小限にとどめるべきである
2. 朝の始業開始時刻は早くすべきでない
3. 勤務の交代時刻は、個人レベルで融通性を認めるべきである
4. 勤務の長さは、仕事の身体的・精神的負担の度合いによって決め
   るべきで、夜勤は日勤より短時間が望ましい
5. 短い勤務間インターバルは避けるべきである
6. 少なくとも終日オフの2連休の週末休日をいくつか配置すべきで
   ある
7. 交代勤務の方向は正循環がよい
8. 交代周期（シフトの一巡）の期間は長すぎてはいけない
9. 交代のシフトは規則的にするべきである

第 7 章　〔事例研究〕どのような働き方が危ないか　175

　本件で検討した各事件においても、上記各原則が順守されていれば、過労死のリスクが逓減し、避けられた可能性がある。

[2]　裁判例を踏まえた過労死を防ぐための最低限の上限規制の方向性
(i)　労災認定基準の「過労死ライン」

　さらに、本章で検討した各事例は、現行の労働時間上限規制を見直すうえでも重要な示唆を示している。現行の過労死認定基準は、長時間労働が過労死を引き起こすのは、長時間労働により睡眠を充分とれずに、疲労の回復が困難になることによる疲労の蓄積が原因と考えられている。睡眠時間と脳・心臓疾患の発症との関連については、①睡眠時間が 6 時間未満では狭心症や心筋梗塞の有病率が高い、② 4 時間以下の人の冠動脈性心疾患による死亡率は 7 ～ 7.9 時間睡眠の人と比較すると 2.08 倍である等、長期間にわたる 1 日 4 ～ 6 時間以下の睡眠不足状態では、脳・心臓疾患の有病率や死亡率を高めるという疫学的報告に依拠している。他方、労働者の 1 日の生活時間について、総務省の社会生活基本調査報告等をもとに食事、身の回りの用事、通勤等の時間として必要な 5.3 時間を前提に、1 日 6 時間程度の睡眠が確保できない状態は、おおむね 1 カ月あたり 80 時間を超える時間外労働が、1 日 5 時間以下の睡眠が確保できない状態は、100 時間を超える時間外労働が、それぞれ想定されるとしている。そして発症前 1 か月間ないし 6 か月間にわたって、1 か月当たりおおむね 45 時間を超える時間外労働が認められない場合は、業務と発症との関連性が弱いが、おおむね 45 時間を超えて時間外労働時間が長くなるほど、業務と発症との関連性が徐々に強まる、と評価できるとされている。この「6 か月平均で 80 時間、1 か月間で 100 時間」の「過労死ライン」が現行の労働基準法の上限規制となっている。

　1 か月の残業時間数を 1 日の残業時間から計算する方法は、下のようになり、睡眠時間は図 7-2 のようになると計算することができる。

<u>（1 日の残業時間の計算式）24 時間－休憩含む所定労働時間（8 時間＋ 1 時間）－食事等の時間 5.3 －睡眠時間</u>

（1 か月の残業時間の計算式）上記 1 日の残業時間×平均勤務日数 21.7 日

図 7-2

睡眠時間	一日の残業時間	1 か月の残業時間
5	4.7	101.99
6	3.7	80.29
7	2.7	58.59
7.5	2.2	47.74
8	1.7	36.89

　本章で紹介事例した各事例の中には、過労死ラインとされる時間外労働時間以下で、労災と認定されたものがある。国立循環器センター看護師過労（発症前 6 か月間 54 時間～ 64 時間）ヘキストジャパン会社員事件（発症前 6 か月平均 59 時間 42 分）、警視庁警察官の過労死事件（最大は発症前 1 か月前 66 時間 30 分）など、これらはいずれも、現行の労働時間の上限規制に達していないものの、不規則労働、深夜・交代制勤務の危険性が考慮され、過労死として認定された事案である。

　本章で検討した事例だけでなく、厚生労働省が調査した労災認定の支給決定事例においても、不充分な認定基準に基づくものではあるが、上記過労死ラインに至らずとも認定されている[1]。

　次頁の図 7-3 のとおり、60 時間以上～ 80 時間未満の時間外労働時間数であっても、平成 19 年から令和元年まで、毎年 10 ～ 30 件程度であるが、労災認定されており、労災認定実務においても、いわゆる過労死ラインの時間外労働数が絶対ではなくなっている。

　さらに、上記認定結果のうち、次頁の図 7-3 の通り労働時間に加えて労

1）厚生労働省　脳・心臓疾患の労災認定の基準に関する専門検討会　第 2 回（2020 年 7 月 21 日）検討会配布資料。

第7章 〔事例研究〕どのような働き方が危ないか　177

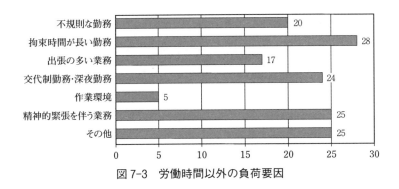

図7-3　労働時間以外の負荷要因

働時間以外の負荷要因を評価して、業務上認定された脳・心臓疾患事案は、85件ある。本章でも検討をした、不規則な勤務について20件、交替制勤務・深夜勤務について24件が付加要因として考慮されている。

　2021年9月に改訂された脳・心臓疾患の新たな労災認定基準では、従来の認定基準と同様に、発症前1か月間に100時間または2〜6か月間平均で月80時間を超える時間外労働は発症との関連性が強いとする基準が適切とされながらも、上記時間外労働数に至らない場合であっても、「これに近い時間外労働数」の場合には、一定の労働時間以外の付加要因がある場合には、業務と発症との関連が強いと評価され労災認定されることとなった。

　厚生労働省の通達[2]では、新認定基準が示した「これに近い時間外労働数」の判断根拠として、2021年に改訂された新労災認定基準のベースとなった「脳・心臓疾患の労災認定の基準に関する専門検討会報告書」（2021年7月）では、脳・心臓疾患の発症等との間に有意性を認めた知見として、長時間労働が「週55時間以上の労働時間」または「1日11時間以上の労働時間」として調査・解析していることを取り上げていることを参考とす

---

[2] 令和3年9月14日付厚生労働省労働基準局補償課長通達「血管病変等を著しく増悪させる業務による脳血管疾患及び虚血性心疾患等の認定基準に係る運用上の留意点について」

図 7-4 脳・心臓疾患の時間外労働時間（評価期間 1 か月及び 1 か月平均）別
　　　 支給決定件数

年度 時間	平成 19 年度	平成 20 年度	平成 21 年度	平成 22 年度	平成 23 年度	平成 24 年度	平成 25 年度
45 時間未満	0	1	0	0	0	0	0
45 時間以上 〜 60 時間未満	0	1	1	1	1	0	0
60 時間以上 〜 80 時間未満	28	21	17	18	20	20	31
80 時間以上 〜 100 時間未満	135	131	119	92	105	116	106
100 時間以上 〜 120 時間未満	91	103	76	84	58	69	71
120 時間以上 〜 140 時間未満	39	49	30	31	46	50	21
140 時間以上 〜 160 時間未満	34	31	19	13	16	16	22
160 時間未満	35	24	18	20	21	31	34
その他	30	16	13	26	43	36	21
合計	392	377	293	285	310	338	306

るよう指摘している。この水準は、1 日の労働時間 8 時間を超え、3 時間
程度の時間外労働を行った場合に相当し、これが 1 か月継続した状態は、
おおむね 65 時間を超える時間外労働が想定される。

　この知見に加えて、上記認定事例において 60 時間〜 80 時間未満でも、
他の付加要因があれば認定されていることも踏まえれば、少なくとも、時
間外労働が 65 時間程度に至る場合には、他の労働時間以外の負荷要因が
あれば、過労死発生の危険性があるとの認識が、現在の過労死の労災認定
基準における科学的知見の到達点と考えられる。

[3]　勤務間インターバルの重要性

　さらに、ライジングサンセキュリティサービス警備員事件（155 頁）は、
被災者が本件疾病を発症する直前の 6 か月間において、被災者の勤務と勤

平成 26年度	平成 27年度	平成 28年度	平成 29年度	平成 30年度	令和 元年度
0	0	0	0	0	0
0	1	0	2	2	0
20	11	14	11	13	23
105	105	106	101	88	76
66	66	57	76	54	39
32	16	36	23	30	41
23	20	18	16	17	10
20	18	17	20	19	11
11	14	12	4	15	16
277	251	260	253	238	216

務の間には、原告の疾病が回復するだけの充分な間隔（勤務間インターバル）が確保されたと評価することは困難であることも、労災認定理由としている。また、国立循環器センター看護師過労死事件（157頁）では、当時の過労死認定基準の上限規制が、1日4時間ないし6時間の睡眠が確保できない状態が続いていたかどうかから業務の過重性を評価したものであり、深夜不規則労働等によって勤務間インターバルが確保されず睡眠時間が確保できていない状態についても考慮されるべきであるとの指摘している。

　不規則な勤務の場合、時間外労働の長さを指標にするだけでは、睡眠時間の長さを推測するのに不充分であり、勤務間インターバルが充分確保されない場合には、疲労を回復するための充分な睡眠時間がとれていないことは長時間労働と同様である。

したがって、過労死防止の観点からは、勤務間インターバルについても、法規制化して義務化すべきである。

第8章　実現可能な労働法制改革の方向性　**181**

第**8**章

実現可能な労働法制改革の方向性
——EU の労働時間規制

立正大学教授　**高橋賢司**

はじめに

　「労働時間形成の一定の側面に関するヨーロッパ議会及び理事会 2003 年 11 月 4 日指令 2003/88/EC（Richtlinie 2003/88/EG des Europäischen Parlaments und des Rates vom 4. November 2003 über bestimmte Aspekte der Arbeitszeitgestaltung)[1]」が出されている。

　「労働時間形成の一定の側面に関する理事会 1993 年 11 月 23 日指令 93/104/EC[2]」が、「指令から除外されていた部門と職務領域に関する労働時間の一定の側面に関する理事会指令 93/104/EC の変更のためのヨーロッパ議会及び理事会 2000 年 6 月 22 日指令 2000/34/EC[3]」を経て、現

---

1) Amtsblatt der Europaischen Union（以下 ABl.EG と略す）, L 299/9. 本章の指令の翻訳はドイツ語版ないし英語版による。

2) ABl. EG, L 307 S. 18. 1993 年 11 月 23 日の EC 理事会指令 93/104 の経緯を中心とした優れた先行研究がある（小宮文人＝濱口桂一郎「欧州連合（European Union）の労働時間指令とイギリスの対応」季刊労働法 181 号〔1997 年〕128 頁）、濱口桂一郎『新・EU の労働法政策』（独立行政法人労働政策研究・研修機構、2022 年）464 頁以下。高橋賢司「EU 法における労働時間規制」立正法学論集第 51 巻第 1 号（2017 年）63 頁以下において、EU2003/88 指令の規制、判例、実態報告を考慮した。本稿では、ドイツ法、日本法との関係で問題になる規制をとくに取りあげ、その趣旨も取り上げ、（規定以外は異なる記述になるように配慮しながら）検討した。

3) ABl. EG, L 195/41.

行の上記の指令 2003/88 へと改定されている。

　むろん、労働法に関わる比較法学である以上、法的な観点から、EU 法がどのようなものであるのかを示す必要がある。

　これに対して、日本法との関連では、最長労働時間（日本では上限規定とも呼ばれる）、休息時間（日本では勤務間インターバル規定と呼ばれる）、有給休暇についてにわかに議論がなされつつあるが、EU 法とはいまだ隔たりがあるようにも思われる。第 1 章で述べたように、その差異を、趣旨、意義、例外規定について、それぞれ明らかにしていきたい。

　また、日本法では、深夜労働の規制に関する議論に乏しい。しかし、過労死や過労自殺に至ってしまうケースは、そのほとんどが、深夜労働に関連する事例である。深夜労働規制をいかに構築していくかは、今後の労働時間法制の鍵になると考える。

　そこで、本章では、まず、EU 法の規制の主な内容を記す。最長労働時間、休息時間、休憩時間、年休、深夜労働に関する規制を示す。

1　EC 指令の経緯と根拠

　1975 年 7 月 22 日、EWG75/457 勧告は、最初の最長労働時間（労働時間の上限）と有給休暇の原則を定めた。これは、週 40 時間労働と 30 日の年次有給休暇を定めていた[4]。しかし、勧告では拘束力を有していなかった[5]。

　これに対して、指令 93/104 は国内法に対して拘束力ある準則であった。

　11 の加盟国の政府首脳により、1989 年 12 月 9 日のストラスブールにおける欧州理事会の会議において通過した労働者の社会的基本権を人権憲章において定めていた。

　この憲章において定められる諸原則を実現するため、欧州委員会は、

---

4)　ABl. EG L 199, S. 32. Thüsing, Europäisches Arbeitsrecht, 3.Aufl., 2017, München, § 7, Rn.1.

5)　Thüsing, a.a.O., § 7, Rn.1.

1990 年 8 月 3 日、指令案を作成した。1 日、1 週および 1 年を通じた休息
時間、深夜労働、交替労働等についての提案を含んでいた。

1990 年 10 月 3 日の委員会による指令提案提出[6]を経て、1993 年 11 月
23 日、理事会は、上記「労働時間形成の一定の側面に関する理事会 1993
年 11 月 23 日 EC 指令 93/104」（以下、指令 93/104 と称す）を決定した[7]。

指令 93/104 は、次のような目的を明らかにする。

「欧州共同体設立条約 118 a 条に基づき、指令により、理事会は、労働
者の安全と健康を保護するために、特に労働環境の改善を促進する、最
低限の規定を定める」。労働にあたっての労働者の安全、健康保護の改
善が目的である。

このような趣旨から規定される労働時間規制は、指令 93/104 において、
週最長労働時間、休息時間、休憩時間、深夜労働、適用除外について、ほ
ぼ現行の枠組みの原型を作り上げている。

指令 93/104[8]は、1 日の休息時間、休憩時間、週の休息時間、週の最長
労働時間、年次有給休暇を考慮して、労働時間の形成に当たり安全・衛生
と健康の保護に関する最低限の規定を遵守し、ならびに、深夜労働ないし
シフト労働の原則を維持するというものであった。

「指令から除外されていた部門と職務領域に関する労働時間の一定の側
面に関する理事会指令 93/104/EC の変更のためのヨーロッパ議会及び理
事会 2000 年 6 月 22 日指令 2000/34/EC[9]」は、これに、変更を加えている。

そして、指令 2003/88 では、労働時間の形成の一定の側面から、労働時
間の形成の安全と健康保護のための最低限の規定が、本質的な点で変更が

6）ABl. EG C 254, S. 4.

7）ABl. Nr. L 307 S. 18.　指令 93/104 の経緯については、濱口桂一郎・前掲注 2）
　464 頁以下が、比類なく詳しい。

8）小宮文人＝濱口桂一郎・前掲注 2）128 頁。

9）Amtsblatt der EUropaischen Union, L 195/41.

なされた。そこで、明確性を確保するという理由から、規定を改定した（指令理由(1)）。

指令 2003/88 は、指令 93/104 と同様の考慮を示した上で、以下のような指令制定の理由を示している（番号は指令理由中の番号）。

「(5)すべての労働者は、相当な休息時間を遵守しなければならない。休息時間の概念は、日、時間ないし、その一部分という時間の単位であらわされる。共同体の労働者は、──日、週、年ごとの──最低限の休息時間ならびに、相当な休憩時間を保障されなければならない。これとの関係では、週の最長労働時間も定められなければならない」。

「(6)労働時間の形成に関しては、国際労働機関の諸原則が考慮されなければならない。これは、深夜労働に適用される諸原則にも関わる」。

「(7)研究では、人間の身体は、特に環境の変動に対して敏感に反応し、一定の負担のある労働組織の形態に敏感に反応すること、そして、長時間の深夜労働が、労働者の健康に負担を与え、労働にあたってその安全を害するということが、示されている。」

「(11)労働条件が、労働者の安全と健康を害することがありうる。一定のパターンに従って仕事を組織するため、労働の形成が労働者に適合させるという一般的な原則を考慮しなければならない」。

「(15)企業において労働時間形成に基づいて提起される問題に鑑み、一定のフレキシビリティが、本指令の個々の規定の適用にあたって、予定され、その際、労働者の安全及び健康の保護に関する原則が考慮されなければならない」。

「(16)ケースに応じて、加盟国または社会的パートナーは、本指令の個々の規定を適用除外する可能性を有するべきである。……」。

2 EU指令2003/88における労働時間と最長労働時間（労働時間の上限）規制

[1] 週最長労働時間の規制

指令2003/88の6条では、次のように、週の最長労働時間を定める。

「加盟国は、労働者の安全と健康保護の要請に従って必要な措置を取る。

ａ）週の労働時間は、国内の法的な規定及び行政的規定により又は労働協約又は社会的パートナーの間での合意により定められる。

ｂ）週の平均労働時間が、7日につき、時間外労働を含めて48時間を超えない」。

指令2003/88では、次のようなことを考慮した。

「すべての労働者は、相当な休息時間を遵守しなければならない。休息時間の概念は、日、時間ないし、その一部分という時間の単位であらわされる。共同体の労働者は、――日、週、年ごとの――最低限の休息時間ならびに、相当な休憩時間を保障されなければならない。これとの関係では、週の最長労働時間も定められなければならない」。

つまり、相当な休息時間との関係で、週の最長労働時間が定められたことを明らかにしている。

指令2003/88の6条は、48時間の週最長労働時間を定めている。時間外労働を含めて週の平均労働時間は、48時間までとする。1日の労働時間の上限は定められていない。ドイツ法では、1日の労働時間の上限を8時間の上限と定めているが、1週6日の場合には、1週の労働時間の上限は48時間となるので、これは指令の基準に沿うものである[10]。

週の最長の労働時間については、指令16条ｂ）により、4ヶ月までの精算期間（いわば考慮期間）を定める。つまり、16条ｂ）は、次のように

---

10) Thüsing, a.a.O., § 7, Rn.33.

定める。

> 「加盟国は、次の条項の適用について、精算期間を定めうる。(……)
> b）6条（週の最長労働時間）については、精算期間は、4ヶ月まで」と
> 定める。

　週の労働時間が精算期間内において平均48時間を超えない限り、より
長い週労働時間を定めることができる。有給休暇と疾病期間は、この平均
労働時間の算定にあたり、考慮されない[11]。

　1日の最長の労働時間を指令2003/88は定めていないが、指令2003/88
の3条では、後述のように、11時間の休息時間を定めていることから、
結局、1日の労働時間は、13時間を超えてはならないことになるとも説か
れる[12]。

　ここで、労働時間の上限に関わるケースがある。欧州司法裁判所は、消
防士が労働時間の上限の遵守を求めた場合に、労働者の意思に反して労働
者を他の職務領域に配置転換することを許す国内法の規定は、6条bの規
定に反し、（不利益の有無の証拠の有無に関わらず）当該規定を排除すると
判断した[13]。なぜなら、この国内法上の規定が労働時間の上限の枠内で
の雇用を追求する労働者の権利をないがしろにし、これを無意味化するも
のであるからである。消防士が指令6条bの遵反を指摘し、違法な時間
外労働に対する補償を求めたために、配置転換されていた。

[2]　休憩

> 「加盟国は、あらゆる労働者に対して、6時間を超える日々の労働時間
> について、休憩が保障されるよう、必要な措置をとる。

11）Thüsing, a.a.O., § 7, Rn.31.
12）Thüsing, a.a.O., § 7, Rn.31.
13）EuGH Urt.v.14.10.2010, C243/09, NZA 2010, S.1344.

かかる休憩の保障のための期間と要件は、労働協約において、または、各社会的パートナーの間での合意、又は国内の法規定において定められる」（4条）。

休憩が、2条1号による労働時間か、あるいは、2条2号による休息時間を意味するのかは、明らかではないとも指摘される[14]（しかし、休息時間を労働時間外で保障する国〔ドイツ〕では、休息時間は労働時間にも休息時間にも含まれない）。

[3] 休息時間

指令2003/88の3条と5条において、休息時間、すなわち、勤務間インターバルが定められている。休息時間とは、労働時間ではないあらゆる時間である（EU指令2条2号）。休息時間とは、1日、1時間、ないしその一部という、時間の単位で表されるものである。

同指令5条では、週の休息時間について、定められている。

「加盟国は、あらゆる労働者に、3条に従った1日11時間の休息時間に加えて、7日について、24時間の連続した最低休息時間が保障されるために、必要な措置をとる」（5条前段）。

「客観的、技術的、又は、労働組織上の事情が正当化する場合には、24時間の最低休息時間が与えられうる」と規定される（5条後段）。

また、週の休息時間については、精算期間は、14日までとする（16条a）。

さらに、1日の最低休息時間を以下のように定めた。指令3条は、24時間につき、11時間の休息時間を定めている。つまり、

---

14) Thüsing, a.a.O., § 7, Rn. 37.

「加盟国は、あらゆる労働者に対して、24 時間につき連続 11 時間の最低休息時間が保障されるよう、必要な措置をとる」（3 条）。

指令 2003/88 の 3 条では、11 時間の休息時間を定めていることから、結局、1 日の労働時間は、13 時間を超えてはならないことになる[15]。濱口氏によれば、EU 指令 93/104 の形成過程で、経済社会委員会において意見を提出した際、休息時間を 11 時間とすると、労働時間が 13 時間となってしまうため、12 時間とすべきだという意見まであったとされる[16]。濱口氏によれば、1991 年の 6 月の作業文書で、11 時間とされたが、これは、「12 時間シフトの交代制を配慮した」ためであろうとされる[17]。

さて、雇用の一種として、オンコール労働、待機労働がある。労働と休息時間は排他的な概念であり、ある行為が、休息時間でなければ労働である。欧州司法裁判所は、オンコール労働（待機労働の一種）を、休息時間ではなく、労働時間とみなしている（EuGH Urt. v. 21. 2.2018, NZA 2018, S. 293）。この事案では、オッフェンバッハ市の公務員として働くプロの消防士が、駅で訓練したりミッションを待ったりするほか、定期的に電話をかけていた。マツザック氏はオンコール時間中に連絡可能である必要があっただけではなかった。一方では、彼は雇用主からの電話に 8 分以内に応答する義務があり、他方では、雇用主が決定した場所に直接立ち会わなければならなかった。毎年、男性は約 40 のオンコール業務を行っており、そのうち 15 は週末に勤務していた。通常のオンコールサービスは午後 5 時に始まり、翌朝午前 7 時に終わっていた。欧州司法裁判所は、次のように判断した。

「使用者が指定した場所に個人的に居る義務と、地理的および時間的観

---

15) Thüsing, a.a.O., § 7, Rn.31.
16) 濱口・前掲注 2）480 頁。
17) 濱口・前掲注 2）483 頁。

点から 8 分以内に職場に出頭するという要請に起因する制限は、マツザック氏のような状況にある労働者が個人的および社会的利益に専念する状況を客観的に制限する可能性がありうる」。

「指令 2003/88 の 2 条は、労働者が自宅で過ごし、その間、使用者の出勤要請に 8 分以内に出頭する義務を負い、それによって他の活動を追求する可能性を大幅に制限するが、そのようなオンコール労働は、『労働時間』とみなされると解される」と。

[4] 深夜労働ないしシフト労働

深夜労働とは、「あらゆる場合に、24 時から 5 時までの時間を含む、各国の法的規定において定められる、最低 7 時間」と定義する（2 条 3 号）。

深夜労働者とは、1 日の労働時間のうち深夜に少なくとも通常 3 時間労働を行う者をいう（2 条 4 号 a）。加盟各国の選択により定められる、1 年の労働時間のうち一定部分深夜労働を行う、あらゆる労働者をさす（2 条4 号 b）。

指令 2003/88 も、前述のように、次のような考慮から、深夜の労働規制がとられたことを示している。

「(6)労働時間の形成に関しては、国際労働機関の諸原則が考慮されなければならない。これは、深夜労働に適用される諸原則にも関わる」。

「(7)研究では、人間の身体は、特に環境の変動に対して敏感に反応し、一定の負担のある労働組織の形態に敏感に反応すること、そして、長時間の深夜労働が、労働者の健康に負担を与え、労働にあたってその安全を害するということが、示されている。」

加盟国は、次のような必要な措置を講じる。

(a)深夜労働者及び交代制労働者は、その労働の性質に適した、安全衛生上の保護を受けることができる。

(b)深夜労働者及び交代制労働者の安全及び健康に関する適切な保護及び予防のサービス又は設備が、他の労働者に適用されるものと同等であり、常に利用可能である（12 条）。

深夜労働者に対して適用される、特別な規定が、8条ないし11条に含まれている。

深夜労働者につき、「通常の労働時間は、24時間のうち、平均8時間を超えてはならない」と規定される（8条前段a）[18]。

深夜労働ののち、残業ないし連続勤務がなされることがあるが、これを禁止していることを意味する。ルーテンフランツ原則でも、夜勤ののちの継続勤務が最小限にとどめられるべきであるとしている（第6章、第7章参照）。深夜労働ののち、残業ないし連続勤務がなされる場合、深夜労働の上に長時間労働がなされることを意味するため、深夜労働者の健康を著しく害する危険があるので、こうした規定には意味がある。

ほかに、次のような規定がある。

「加盟国は、深夜労働者の健康状態が、就労の開始前後に、定期的に、無料で、検査（アセスメント）されるよう、必要な措置をとる」（9条1項a）。

a）による健康状態の無料の検査は、医師は守秘義務に服する（9条2項）。検査は、公的な健康制度において、実施される（9条3項）。
「深夜労働の遂行と明らかに結びついている健康上の困難がある深夜労

18）深夜労働の上限を下回ることが許される。精算期間は、社会的パートナーとの協議により、労働協約において、または、各国あるいは地域的なレベルでの社会的パートナーの間での合意において、定められる（16条c）。

　5条に基づいて要求される週の最低24時間の休息時間が、精算期間にあるときには、平均の算定にあたっては、最低休息時間は、考慮されない。

　「労働が特別な危険や著しい身体的又は精神的緊張と結びつく、深夜労働者は、その深夜労働を行なう間、24時間のうちに、8時間を超えて労働させてはならない」（8条b前段）。

　「b）の目的のために、いかなる労働が、深夜労働の影響、危険を考慮して、特別な危険又は著しい身体的又は精神的緊張と結びつくのかは、各国の法的な規定ないし慣習又は労働協約、社会的パートナーの合意の枠内で、定められる」（8条後段）。

働者は、可能な限り、職場において、この者に適した日中の労働に転換され得る」（9条1項b）[19]。

[5] 適用除外

このような指令2003/88は、適用除外規定を有する。

1日または1週の休息時間が精算期間内において、職務の特別な特徴を理由として、労働時間を測ることができず、予め定められない場合、又は労働者によって自ら定められる場合に、3条（1日の休息時間）、6条（週の最長労働時間）、8条（深夜労働）、16条（精算規定）の規定を適用除外しうる。

(a)管理的職員又はその他の独立した決定権限のある者

(b)家族労働者

(c)教会や宗教共同体の礼拝の領域で就労している労働者（17条1項）。

さらに、当該労働者が、同価値の精算休息時間を有するとき、又は、かかる同価値の精算休息時間の保障が客観的理由から不可能である例外的な場合で、相当な保護を有するときは、法的ないし行政上の規定により、又は、労働協約あるいは社会的パートナー間での合意により、3、4、5項により、当該労働者は、適用除外されうる（17条2項）。この2項については、3項ないし5項による適用除外条項に関する特別な要件が定められる。いずれかの場合に該当しなければならないことになる（3項〜5項については脚注20）21）で記載）。

また、指令18条は、次のような適用除外の可能性も認めている。労働

---

19) ほかに、次のような規定がある。

　加盟国は、深夜労働に関連する安全又は健康に対するリスクを負う深夜労働者の一定のグループの労働が、国内の法規定及び／又は慣行によって定められた条件の下、一定の補償の対象とすることができる（10条）。

　加盟国は、使用者が、深夜労働者を常時使用する場合には、深夜労働者の求めがある限りで、使用者が監督官庁に告知するよう、必要な措置をとる（11条）。

20) 17条3項では、次のような適用除外規定をさらに置いている。
　　　本条2項により、3条（1日の休息時間）、4条（休憩時間）、5条（週の休息時間）、8条（深夜労働）および16条（精算期間）からの適用除外が許される。
　「(a)オフショア（off shore）業務を含む、労働者の職場と住居が離れている業務、又は、労働者の異なる職場間が離れている業務
　(b)財産及び人の保護のため待機を要する警備、監視業務、むろん、特に、警備員、管理人又は、警備会社
　(c)サービスや生産の継続性が保障されなければならないことに特徴がある業務で、特に、次のような業務
　　(i)病院又は類似機関の提供する入院、治療、ケアサービス。研修医、居宅（Heimen）ならびに、刑務所での医師の業務を含む
　　(ii)港湾ないし空港の労働者
　　(iii)報道、ラジオ、テレビ業務、又は、映画制作、郵便又は、電信事業、救急、消防ないし災害業務
　　(iv)ガス、水道ないし電力の生産、送電、配電の事業所、家庭ごみの収集、又は、ゴミ処理場
　　(v)作業工程が技術的な理由から中断できない産業分野
　　(vi)研究ないし開発の業務
　　(vii)農業
　　(viii)市内の定期旅客輸送に従事する労働者
　(d)過度の仕事量が予測される場合
　　特に、(i)農業
　　(ii)観光業
　　(iii)郵便事業
　(e)鉄道職員の場合
　　(i)断続的な業務
　　(ii)勤務時間を列車内で過ごす者
　　(iii)時刻表と連動し、かつ交通の継続性及び定時性の確保に関連する業務
　(f)EEC89/391指令の第5条4項で定められる場合
　(g)事故または事故の切迫した危険がある場合」

さらに、17条4項では、本条2項に従い、第3条（1日の休息時間）および第5条（週の休息時間）からの適用除外が認められる。
　「(a)交代制勤務の場合、労働者がグループを交代する場合
　シフトグループでの労働の終業時刻と次のシフトグループでの労働の始業時刻の間で、1日又は1週の休息時間を取ることができない場合
　　(b)労働時間が1日を分割して働く期間を伴う業務の場合、特に、清掃のスタッフ」
21) さらに、次のような適用除外規定を置いている。「本条第2項の規定に基づき、研修医の場合は、第6条及び第16条(b)からの適用除外は、本項第2号から第7号までの規定により、認められる（…）」(17条5項)。

協約により、国又は地域レベルの社会的パートナー間での合意により、さらに、社会的パートナー間で締結される協定がある場合、より低いレベルでの労働協約又は社会的パートナー間での合意により、3条（1日の休息時間）、4条（休憩時間）、5条（週の休息時間）、8条（深夜労働の長さ）および16条（精算期間）から適用除外されうる。これは、協約や集団的合意により、適用除外を直接なしうるという規定である。

　指令22条1項では、いわゆるオプトアウトを定めている。
　一般的な労働者の安全と健康保護の原則を維持し、必要な措置により次の事項を配慮する場合、6条（労働時間の上限）の適用を加盟国は免除される。
　「a）16条b）に挙げられた精算期間において、そのような労働を行うことについて労働者の同意を得なければ、7日間で平均48時間以上労働することを使用者が労働者に求めることはない。（……）」

ほかに、19条では、次のような精算期間に関する適用除外規定を置く。

「17条3項及び18条に規定される16条b）の適用除外の可能性は、6か月より長い精算期間を設定してはならない。
　加盟国には、その際、労働者の安全及び健康保護の一般的な原則を維持し、次のように免除することが許される。労働協約又は社会的パートナー間の合意において、客観的、技術的、又は労働組織上の理由から、12か月を超えない（より）長い精算期間を定めることである。（……）」

[6]　休暇
「加盟国は、あらゆる労働者が、国内の法規定及び／又は慣行により定められた休暇の取得及び付与の条件に従い、少なくとも4週間の年次有給休暇を受ける権利を有することを確保するために必要な措置をとるものとする」（7条1項）。

年次有給休暇は、労働関係の終了にあたってのほか、金銭的な対価によって補償されてはならない（7条2項）。この目的は、労働者に対し保養させ、安全と健康の有効な保護のために必要な休養と自由を与えるからである。

結びに代えて

　そもそも、EUの労働時間法制は、労働者の安全ないし健康保護の観点に立っている。

　EU法を日本法と比較すると、EU法では、最長労働時間（日本では上限とも呼ばれる）、休息時間（日本では勤務間インターバルと呼ばれる）、休憩時間、有給休暇、深夜労働に関する規制、および、これらの一部に関する適用除外規定が置かれている。わが国では、このような原則に類する厳格な規定は揃えられていなかった。日本法では、いわば、長い間、このような原則のないままに、労働時間政策において一方で規制がなされ、他方でフレキシビリティや規制緩和が推進されてきたといえる。

　日本法でも、最長労働時間に関する議論はあるものの、時間外労働に関する規制も、EU法（週48時間）と比べると、依然最長労働時間に関する規制は、緩いままである。また、最長労働時間の原則が、EU法が原則として1週単位で規制されている点も、重要である。年間単位での総労働時間を規制しても、1週単位、1日単位、あるいは、1か月単位で、著しい長時間労働も可能では、いくらその後労働時間が短く調整されても、最長労働時間規制の意味がなくなってしまう。

　EUの最長労働時間規制との関連では、精算期間が定められ、これにより、労働時間の柔軟化が図られている。

　また、1日の休息時間については、原則として連続11時間の休息時間が規制されている。これについては、EU法上は、例外規定が置かれている。

　このほかにも、EU2003/88では、多様な適用除外規定が設けられている。
　これら適用除外規定は、加盟国すべての国で画一的な規制を行うには、

第8章 実現可能な労働法制改革の方向性　195

困難な面もあったものと思われる。

　一般論でいって、労働時間規制からの適用除外をするとしても、いかなる事由により、どのような内容と要件で適用除外をするのか、という点は重要である。EU2003/88指令の適用除外規定が完成形ではないが、これだけ適用除外するだけの正当性が必要であるように思われる。

　EU2003/88指令では、労働協約、社会的パートナー間での取決め・合意等により、各種の労働時間規制から適用除外されうるとする規制方法も、注目されるべきことである。

　さらに、重要なのは、深夜の労働規制である。EU法、ドイツ法、ともに深夜の労働時間を8時間に制約している。過重労働による健康阻害を防止するためには、日中の労働の規制のみならず、深夜労働の規制と休息時間の規制が不可欠である。その際、深夜の労働時間を8時間に制約する、という規制は、現行の法規制の到達点として、重要であると思われる。

　また、EUでは、深夜労働者の日中労働への配置転換の規定も、設けられ、実務でも用いられている。

　最後に、有給休暇については、EUでは、4週の有給休暇が付与されているのは、よく知られている。日本では、法律上もこれより少ない有給休暇が付与される。

第9章

実現可能な労働法制改革の方向性
—— ドイツの労働時間規制

立正大学教授　高橋賢司

はじめに

　ドイツ法では、EU 法と同様、最長労働時間（日本では労働時間の上限とも呼ばれる）、休息時間（日本では勤務間インターバルと呼ばれる）、休憩時間に関する規制、有給休暇、深夜労働に関する規制、及び、これらの一部に関する適用除外規定が置かれている。

　また、一方で、労働時間規制に関してフレキシビリティー、規制緩和をめぐる議論は、80 年代、90 年代において、ドイツ国内において盛んにおこなわれてきた。

　他方で、労使闘争を通じて、金属産業において週 35 時間制が達成されている。

　同時に、労働協約の差別化が図られ、労働組合と（従業員代表組織である）事業所協議会との間の規制権限の相克の問題を生じさせた。

　さらに、労働時間法以外の規制では、閉店時間法が営業・労働時間との関係で一定の役割を果たしている。

　現在は、労働時間口座、裁量労働制等を通じた労働時間の個別管理、個別化が進んでいる。ドイツ法では、労働時間口座を用いて、シフト労働において、法律よりも、実際上長い休息時間も設けられている。

　そこで、ここでは、EU 域内の国であるドイツにおいて、いかに労働時間の規整がなされているかを概観する。日本法をみるうえでも、他国の労

働時間法制をみることは、参考になると考える。

1 ドイツの労働時間法

ドイツ労働時間法[1]は、1条において、目的規定を置いている。

「この法律は、1. 労働時間の形成にあたって、ドイツ連邦共和国……における労働者の安全と健康の保護を保障し、および、フレキシブルな労働時間に関する枠組みの条件を改善し、ならびに、2. 休息日としての日曜日と国家によって認められた祝日、および、労働者の精神的な保養を保護することを目的としている」。

同条は、労働者の安全と健康の保護を保障するのを目的として掲げている。私生活の確保や労働からの解放というものではない。こうした保護を図る目的から、[1] 労働時間の上限規定、[2] 休息規定（いわゆる勤務間インターバル規定にあたる）、[3] 深夜の労働規制などを置いている。

[1]　労働時間の上限

ドイツの労働時間法は、「労働者の労働日の労働時間は、8時間を超えてはならない」と規定する（3条1文）。

労働時間法3条2文では、「6暦月以内で、又は、24週以内で、労働日の平均8時間の労働時間を超えない場合のみ、10時間まで延長すること

---

1) ドイツ労働時間法制の研究には、和田肇『ドイツの労働時間と法』（日本評論社、1998年）101頁以下、藤内和公「ドイツの労働時間短縮」日本労働法学会誌83号（1994年）34頁、38頁、藤原稔弘「ドイツの新労働時間法と労働時間規制の柔軟化」労働法律旬報1354号（1995年）6頁以下、小俣勝治・藤原稔弘「ドイツにおける労働時間法の統一と柔軟化に関する法律」労働法律旬報1354号（1995年）15頁が代表的研究である。ほかに、旧法については、荒木尚志「西ドイツの労働時間制度」山口浩一郎＝渡辺章＝菅野和夫編『変容する労働時間制度――主要五か国の比較研究』（日本労働協会、1988年）20頁以下の重要な研究がある。

ができる」と定める。清算期間において 1 日の労働時間が平均 8 時間を超えないことが要件となる。清算期間は、6 暦月以内で、又は、24 週以内とされている。その場合も、10 時間の労働時間は、超えてはならない。

使用者が一般的な上限を超える労働を要求することは禁止されている[2]。10 時間を超える週労働時間の命令は労働時間法 3 条 2 文に反する。ただし、法定上限を超えた労働契約の合意は労働時間法 3 条の違反となり、民法134 条により一部無効をもたらすのみである[3]。したがって、同法 3 条違反は報酬請求権の排除につながらない[4]。

これに対して、労働時間指令 16 条 b では、4 カ月の清算期間で労働時間が 7 日間平均 48 時間となるよう定めている。このため、EU2003/88 指令を超えたドイツ法における 6 暦月という清算期間（労働時間法 3 条 2 文）は、指令 16 条 b の文言に明らかに反するとの見解がある[5]。

[2]　休息時間

ドイツでは、勤務間インターバルを休息時間（Ruhezeit）と呼んでいる。ドイツ労働時間法は、休息時間について定めている。次のように定めている。

「労働者は、1 日の労働時間の終了後、最低 11 時間の連続する休息時間を有しなければならない」（5 条 1 項）。

ドイツ法も、EU 法に即して、11 時間の休息時間を命じており、前述のEU2003/88 指令における休息時間の規定に即した規定を置いていることになる。

2）BAG Urt.v. 20.11.2018, NZA 2019, S. 535.
3）BAG Urt.v. 24.8.2016, NZA 2017, S.58.
4）BAG Urt.v. 24.8.2016, NZA 2017, S.58.
5）Müller-Glöge/ Preis/ Schmidt (Hrsg.), Erfurter Kommentar zum Arbeitsrecht （以下、Erf.Komm. と略す）, 21. Aufl., München, 2021, § 3 ArbZG, Rn. 7 (Wank).

休息時間とは、「休息と保養の時間である」[6]。

休息時間とは、1日の労働の終了と次の日の労働の再開との間の時間である[7]。したがって、労働の途中に与えられる休憩時間は、休息時間には含まれない。

労働者は、1日の労働時間の終了後、最低11時間の中断のない非断続的な休息時間を有しなければならない（5条1項）。11時間の休息時間中は、使用者は労働者に就労させてはならない[8]。

任意で提供する労務の提供は、「労働者が受け入れることも、受忍することもできない」[9]。短時間のわずかな業務も、休息時間を中断する性格のものである。待機時間やオンコール労働も、休息時間ではない[10]。

休息時間が他の自由時間（例えば、有給休暇）と重なった場合はどうなるのか。労働者に有給休暇が保障されており、その前日からの夜のシフトが終わり休息時間が始まる場合、休息時間が有給休暇日に重なることがありうる。労働時間法5条は、どのように、休息時間の遵守が達成されるかは、規定していない。休息時間の遵守は、労働義務からの異なる形での解放（ここでは有給休暇）であったとしても、許される[11]。連邦労働裁判所はその理由について、休息時間の遵守は、労働の義務からの解放というさまざまな形でありうる。休暇、祝祭日、その他の規則的に仕事を休む時間も、休息時間の要件を満たすからであると判断する。

通勤時間も、労働時間ではなく、休息時間である[12]。

労働時間法5条2項により、1暦月内または、4週以内で、別の期間で

6）Anzinger/ Koberski, Kommentar Arbeitszeitgesetz, 5. Aufl., 2020, Freiburg, §5 Rn. 6.

7）Anzinger/ Koberski, a.a.O., §5 Rn. 5.

8）Anzinger/ Koberski, a.a.O., §5 Rn. 12.

9）Anzinger/ Koberski, a.a.O., §5 Rn. 12.

10）Anzinger/ Koberski, a.a.O., §5 Rn. 8.

11）BAG Urt.v.13.2.1992, AP AZO §12 Nr. 13.

12）Moll（Hrsg.）, Münchener Anwaltshandbuch Arbeitsrecht, 5. Aufl., 2021, München, §14 Arbeitszeit, Rn. 23

の休息時間の延長による調整が最低12時間までで可能である限りでは、一定の労働者グループについて、休息時間の10時間への短縮は可能である。「休息時間の短縮が、1暦月内または、4週以内に、最低12時間への休息時間の延長により、調整される場合には、1項の休息時間の長さは、病院、その他の治療施設、介護施設、ケア施設において、また、飲食店、その他の食事施設、宿泊施設において、交通会社の事業所において、放送局、ならびに、農業、畜産施設においては、1時間短縮しうる」（5条2項）。こうした休息時間の短縮の例は、本章4［3］にある。

　労働時間法5条3項は、休息時間が、呼出しへの待機により、他の時間に振り替えられる場合には、病院、その他の治療施設、介護、ケア施設（デイサービス等）において、5時間半までの休息時間の短縮を認めている。別の期間での休息時間での調整可能性を認めている。このような扱いは、EU2003/88指令17条2項及び3項により可能であるが、具体的な清算期間を定めることを要求している（EU2003/88指令19条参照）。ドイツ法は、こうした清算期間を定めていないので、労働時間指令に反している[13]。

［3］　休暇
　ドイツの連邦休暇法3条1項は、次のように定める[14]。

「休暇は、少なくとも24労働日でなければならない。

---

13) Thüsing, Europäische Arbeitsrecht, 3.Aufl., § 7, Rn.35.　7条1項3号によれば、労働の種類が休息期間の短縮を要求し、休息時間の短縮が調整される場合には、協約当事者、又は、協約に基づいて事業所協定により、5条1項による11時間の最低休息時間を9時間まで、短縮することが許されている。さらに、協約当事者は、又は、協約に基づいて事業所協定は、7条2項1号により、労働者の健康保護が時間的な調整により保障される場合で、呼出し待機がある場合には、11時間の最低休息時間をその勤務の特性に合わせることができる。

14) 名古道功「ドイツにおける年次有給休暇制度と発展」金沢法学27巻1・2号（1985年）335頁以下、喜多實「ドイツにおける休暇請求権（1〜4完）」法律時報63巻8号（1991年）62頁以下、同巻9号（同年）36頁以下、同巻10号（同年）64頁以下、同巻11号（同年）106頁以下。

労働日として、日曜日および祝祭日を除くすべての暦日がみなされる。」

有給休暇を1年に労働日24日分を保障する。これは、4週の休暇を保障すべきとする、指令に即している。さらに、ドイツでは、産業別の労働協約において年30日の休暇が定められることがある（本章2 [8]）。

[4] 閉店時間と日曜・祝祭日

(i) 閉店時間法による規制

閉店時間法により、販売所の営業が一定の日、一定の時間に制限される。

閉店時間法（Ladenschlussgesetz、LSchlG）の目的は、小売労働者を過度の労働時間や社会的に不利な時間帯の活動から保護することにある。

まず、日曜日・祝祭日の販売店の営業は原則として禁止される。

また、月曜日から土曜日は午前6時から午後8時までしか営業することができない。

「販売所では、顧客との取引のための以下の時間帯は、閉店しなければならない。
1. 日曜日、祝祭日
2. 月曜日から土曜日は午前6時まで、午後8時以降。
3. 12月24日が営業日にあたるときは、午前6時まで、および午後2時から。

第1文にかかわらず、ベーカリー製品の販売所は、営業日の開店時間を午前5時30分まで繰り上げることができる。閉店時にいる顧客には、引き続きサービスを提供することができる。」（3条）

土曜日は、2003年の改正法により、消費者の必要性に応じて、午後8時まで営業可能とされた[15]。

---

15) Drucksache 15/396.

これらの閉店時間法の規制にある販売所とは、以下の適用除外を除く、すべての販売所を指し（1条1）、スーパー、百貨店なども含む。平日・土曜日の午後8時から（午前6時まで）と日曜日などは、多くの販売所は、過度の労働時間や社会的に不利な時間帯の活動からの保護のため、閉店されることになる。

　ただし、これには適用除外があり、以下が主な適用除外される対象である。

　薬局は終日営業することができる。一般的な閉店時間（3条）中の営業日、日曜日及び祝祭日には、医薬品、介護用品、乳児ケア及び乳児栄養用品、衛生用品及び消毒剤の調剤の販売が許可されるものとする（4条1項）。

　新聞や雑誌を販売する売店（Kiosk）は、日曜・祝日午前11時から午後1時まで営業することが許される（5条）。

　また、ガソリンスタンドは、すべての日に終日営業することができる（6条1項）。

　営業日の一般的な閉店時間、日曜日および祝日は、走行性能の維持または回復のために必要な限りにおいて、自動車のスペアパーツの販売、ならびに運転用品および旅行用品の販売のみが許可される（6条2項）。

　鉄道および磁気浮上式鉄道の旅客駅にある販売所（店）は、旅行のニーズに応えることを目的とする場合に限り、すべての日に終日営業することができ、12月24日は午後5時までのみ営業することができる。旅行必需品の販売は一般的な閉店時間内も許される（8条1項）。

　空港の販売所（店）は、すべての日に終日営業することができるが、12月24日は午後5時までである。一般的な閉店時間（3条）中の営業日、および日曜日と祝日は、旅行者への旅行必需品の販売のみが許される（9条1項）。

　このほか、州法によって、特別な閉店時間規制が定められる。

　以上のように、閉店時間法は、適用除外される対象を除き、スーパーや百貨店などすべての販売所について、平日・土曜日の20時からと日曜日は、過度の労働時間や社会的に不利な時間帯の活動からの労働者の保護のため、閉店されることになる。日本とは異なり、ドイツではそれほどの事

業所の必要性があるかどうかも定かではないのに、深夜営業するということも原則としてはない。ドイツには24時間営業のコンビニエンスストアもない。

閉店時間法が、労働者の利益を保護している。労働時間法以外の規制によっても、労働者が保護されていることになる。

(ii) **日曜・祝祭日の労働**

労働時間法は、日曜・祝祭日の就労が禁止されている。

労働時間法9条は次のように定めている。

「日曜日及び祝祭日の0時から24時までは、従業員を就業させることができない。

……」

[5] **深夜労働**

深夜労働については、欧州司法裁判所の判決[16]や連邦憲法裁判所の判決[17]を受けて、女性労働者の深夜業禁止の規定を廃止した。

そして、ドイツ法では、深夜労働について規制を加えている。深夜労働ないしシフト労働は、人間らしく形成しなければならない。心理的または肉体的な幸福感を害してはならず、深夜労働ないしシフト労働者の労働時間は、人間らしい労働の形成に関する確定的な労働科学的な認識により、定められなければならない（労働時間法6条1項）。

労働日の深夜労働者の労働時間は、8時間を超えてはならない（労働時間法6条2項1文）。その上で、次のような例外規定を置いている。

「3条の規定を逸脱して、1暦月又は4週以内で、労働日平均8時間を超

---

16) EuGH, Urt.v. 25.7.1991, C-208/90.
17) BVerfG Urt.v. 28.1.1992, AP Nr. 2 zu § 19AZO. 小俣勝治「現業女子労働者に対する深夜労働禁止の違憲性」労働法律旬報1313号50頁。

えない場合にのみ、10時間まで延長できる」（6条2項2文）。

　つまり、深夜労働者の労働時間が、1暦月又は4週以内で、平均8時間を超えない場合には、10時間まで延長できる。これらの規定は、双方ともEU法に即している。

　労働時間法6条4項では、次のように、異動の規定を置いている。
「使用者は、深夜労働者に対して、その請求により、差し迫った事業所の必要性に反しない限りは、次の場合にその者に適した日中のポストへ転換させなければならない。
　a）労働医学的な診断により、深夜労働者の深夜労働のさらなる遂行が、労働者を健康上危殆にさらす場合、又は
　b）（…）労働者の家計において12歳未満の子が生活する場合
　c）労働者が、同居の他の親族が介護できない重度の要介護状態にある家族を介護しなければならない場合
適切な日中のポストへの深夜労働者の転換が、使用者の見解によれば、差し迫った必要性に反する場合、事業所協議会ないし人事委員会に聴聞しなければならない。事業所協議会ないし人事委員会は、その転換の提案を使用者に対して提示することができる」[18]。

　要件が充足される場合に、深夜労働者に日中のポストへの転換を命ずべき使用者の義務がある。労働者が日中ポストへの転換を要求するときは、かかる転換義務が発生するが、この義務は、刑罰や罰則が課される義務で

18）従来、Betriebsratという語は、経営協議会、事業所委員会と訳されてきた。Betriebには経営と事業所という意味があるが、実際には、事業所での従業員の参加組織であるため、事業所が適していると考える。また、Ratには委員会という意味より協議会がふさわしい。歴史的にもそのほうがふさわしい訳語であると考える。そこで、本書では事業所協議会と訳す。同様の訳語を用いるものに、和田・前掲注1）書。

はない[19]。労働者は、健康上深夜労働を提供できない場合には、解雇の代わりに契約変更の請求権が存在する[20][21]。

さらに、差し迫った事業所の理由により、深夜の就労が期待できるかが問題になる[22]。

2　ドイツの協約上の労働時間規制

ドイツでは、労働時間について、法的な規制と並んで労働協約の規制が重要である。なかでも、自動車産業等を含む金属産業の労働協約は、ドイツの労働時間規制の面で産業界をリードしている。金属産業の労働協約では、例えば、週35時間の労働時間が定められており、法的な規制を凌駕している。

そこで、ここでは、協約上の労働時間規制を現在に至るまでの過程をみていく。

まず、とりわけ、（それ以前の経過もあるものの）週35時間制に至るまでの歴史的な経過を概観する。

そして、週35時間制に至るまでの過程は、同時に、労働時間のフレキシビリティーの議論が盛んな時期と重なる。その後には、協約規制の規制緩和の議論までなされ、現在に至るまで、労働時間口座をはじめとして労

---

19) Müller-Glöge/ Preis/ Schmidt, Erf.Komm., § 6 ArbZG, Rn.9（Wank）.

20) Müller-Glöge/ Preis/ Schmidt, Erf.Komm., § 6 ArbZG, Rn.9（Wank）.

21) Müller-Glöge/ Preis/ Schmidt, Erf.Komm., § 6 ArbZG, Rn.9（Wank）. 日中のポストとは、労働が通常の場合、23時から6時の深夜労働以外で、提供されるべきポストである。日中のポストは創りだす義務はなく、適切な日中のポストが存在するが、他の労働者によって占められている場合には、深夜労働者が、使用者がこの深夜労働者を日中のポストに転換させ、日中のポストを開けるべき義務は存在しない（Müller-Glöge/ Preis/ Schmidt, Erf.Komm., § 6 ArbZG, Rn.10（Wank））。これに対して、どのように労働時間をずらすかどうかという他の可能性を使用者は吟味しなければならない（Müller-Glöge/ Preis/ Schmidt, Erf.Komm., § 6 ArbZG, Rn.10（Wank））。

22) Müller-Glöge/ Preis/ Schmidt, Erf.Komm., § 6 ArbZG, Rn.12（Wank）.

働時間規制の個人化・個別化がなされていく。そうした労働時間形成の実際を見ない限りは、ドイツはじめヨーロッパの労働時間規制の全体を把握することはできない。

　そこで、以下では、[1] ドイツの協約上の労働時間規制（特に、週35時間制と労働時間のフレキシビリティー、協約上の開放条項と規制緩和の議論）、[2] 労働時間の個別化・個人化、[3] 現在の労働時間の実務を順に見ていく。

[1]　週35時間制への金属産業での労使の闘い

　金属産業での週労働時間の協約上の規制について週35時間制に至るまでには、ドイツの協約闘争の歴史がある[23]。70年より、金属産業では労働時間短縮に取り組んできた。

　80年代に労働時間短縮が加速していくが、その主眼は、高失業率の中、ワークシェアリングのために、労働時間を削減しようとするものであった。つまり、高失業率が続く中、これをめぐって、金属産業労働組合（IGメタル）は、協約交渉（わが国でいう団体交渉）を続け、1984年5月14日より大規模なストライキを行う。週40時間から35時間への労働時間短縮、250万人の失業者の雇用創出をスローガンに行った。北ヴュルテンベルク・北バーデンで始まり、ヘッセン州に1週後に行われた。57500人の従業員が23の事業所でストライキを実施した[24]。

　IGメタルがストライキを行おうとする北ヴュルテンベルク・北バーデンとヘッセンの協約交渉地域で労働者が使用者によるロックアウトにあう。ストライキ関連の生産損失が公式の理由であった。

　1986年以降、雇用促進法116条の改正により、同一産業分野内の他の

23）週35時間制への歴史については、和田・前掲注1）20頁以下、手塚和彰「労働協約と事業所協定間の新たな緊張関係」季刊労働法141号（1986年）167頁、173頁以下が詳しい。

24）https://www.igmetall.dEUeber-uns/geschichte/der-kampf-um-die-35-stunden-woche.

協約地域におけるストないしロックアウトのために、就労しなかった者は、操業短縮手当を受給できないこととなった。同法116条3項では、労働者が参加していない労働争議により職を失なった場合、例えば、同一産業分野内の他の協約地域における労働争議のために職を失なった場合には、失業手当金は停止する旨を定め、操業短縮手当もこれに準ずる扱いとなっていた。バーデン・ヴュルテンベルク州以外の地域でも、多くの労働者が賃金や操業短縮手当が支給されない事態が予測された[25]。

1984年の労使紛争で、労働者側は約5億マルク、つまり4年分の余剰所得を失っていた。連邦労働局は、争議中の紛争地域外で間接的に影響を受けた労働者に約2億400万マルクを支払っていた。これに対して、これらの数字と1984年の労働争議の実際の経過と結果をみると、かかる手当がなくなれば、将来的に交渉を優位に進めることができないと組合側は主張していた。そこで、その後の紛争を含めて、雇用促進法の上記の規定が、団結の自由を侵害しているか（基本法9条3項）が問題になった。これに対して、連邦憲法裁判所は、就業促進法116条の規定は、基本法に一致すると判断した[26]。

その後、ゲオルク・レーバー前連邦大臣の調停を通じて、金属産業に関

---

25) ドイブラー（西谷敏訳）「ドイツ労働法における規制緩和と弾力化（下）」法律時報68巻9号（1996年）40頁。

26) BVerfG Urt.v. 4.7.1995, BVerfG 92, 365. 連邦憲法裁判所は、「原則として、相手と対等であり続けるために、そしてバランスのとれた労働協約を達成するために、状況の変化に闘争手段を適応させることは、労働協約の当事者に任されている。他方、立法府は、共同の福祉のため、あるいは阻害された均衡を回復するために、労働争議の枠組み条件を変更することを妨げられない」と説示し、給付停止規制の対象を同一業種の従業員に限定しているのは、適切であるとし、「立法府は、操業短縮手当の支給が、労働組合に有利な形で労働争議に介入し、その戦闘力を不当に高めると考えたため、この規定を導入した。紛争地域外の労働者が、労使紛争の結果に関わる可能性が高い場合、操業短縮手当を紛争地域外の労働者に支給すると連邦労働局の中立性が損なわれてしまう」と判断した。そのうえで、立法府が選択した規制の原則は、基本法9条3項と一致するものであると判断した。紛争地域外の労働者がストに参加し就労しなかった場合に、操業短縮手当を支給しないとする規制が、基本法違反とはならないとした。

する紛争解決について、1984年6月21日、ようやく協約当事者が合意に達した。これによれば、調停により、協約上の週労働時間（総量）は、38.5時間と定められた。そして、この枠内で、事業所協定でより詳細に定められるとし、労働時間の差別化が定められる。つまり、労働者ないし労働者グループの週労働時間は、事業所において、平均38.5時間分に達する限り、37時間以上40時間未満に達することが予定されていた。その際、事業所の必要性が考慮される。38.5時間を超える場合は、事業所協議会と合意するとした[27]。

　さらに、調停案によれば、週の労働日を均等または不均等に5日に配分でき、週労働時間は2か月の平均で達成される。また、1985年4月以降、週38.5時間の労働者に対しては、追加の調整手当が支払われ、週38.5時間に短縮される分の賃金の補填がなされる（1986年以降は調整手当は25％減額される）[28]。

[2]　この解決への労働法学者による評価

　労働法学者からは、協約規制が定めるべきところを、労働時間の長さを事業所協定によって定めるのは、協約自治の原則から許されないという懸念が示されている[29]。というのも、労働者ないし労働者グループの週労働時間は、事業所において、平均38時間半に達する限り、事業所の必要性を考慮して、37時間ないし40時間の範囲で異なって定められるとしたが、その後のヘッセン州の鉄鋼、金属、電機産業の一般協約でも、当時、38.5時間制が定められ（一般協約2条1号Ⅰ）、「企業における労働時間は、全フルタイマーの事業所に定められる平均週38.5時間の週労働時間となる、

27）RdA 1984, S. 362. この調停については、毛塚勝利「一九八四年『労働時間協約』」日本労働協会雑誌310号（1984年）54頁、55頁、和田・前掲注1）20頁以下。

28）RdA 1984, S. 362.

29）Richardi, Die tarif/ und betriebsverfassungsrechtliche Bedeutung der tarifvertraglichen Arbeitszeitregelung in der Metallindustrie. NZA 1984, S. 387, 388.

第9章　実現可能な労働法制改革の方向性　　209

総量の枠内で、事業所協定によって規制されるものとする。その際、企業の一部、従業員個人、従業員グループごとに、異なる週の労働時間が定められる」と定められていた（一般協約2条1号Ⅱ）。

　つまり、個々の従業員の週の正規の労働時間の長さは、事業所協定によって規定されえた。この点が、以下のように、協約自治を侵害しているものととらえられるとされた。

　協約当事者が労働条件の規制権限を正当化されるのは、労働者が労働組合に加入することによってである。つまり、組合員は労働組合員の組合加入行為（とその意思）ならびに組合員資格（メンバーシップ）を有していることによって、その自らの労働条件の規制権限を、労働組合と使用者である労働協約当事者が有することになる（これを協約自治という）。これに対して、事業所協定は、事業所の全従業員に対して適用されるもので、組合員でない者（アウトサイダー）にも適用される。しかし、従業員・組合員は、事業所協議会に加入する意思を表明していないし、同協議会が使用者と締結する事業所協定に拘束される意思を従業員・組合員は表示していない。そこで、組合員の意思によって正当化される協約規範を（事業所協議会と使用者による）共同決定を通じて非組合員に拡張適用させられない（後掲注53の見解）。組合員の意思によって正当化できないのである。事業所協定の当事者である、使用者と事業所協議会に対して、協約当事者が、その保有している労働時間の規制権限を委ねることはできないと指摘される。リヒャルディー教授は、「労働協約の当事者は、事業所協定による規制に関して事業所のパートナーへその権限を委譲することによって、メンバーシップによって拘束される協約自治の原則によって定められる正当性の制限を超えることは許されない」と述べる[30]。

　レービッシュ教授は、このような労働協約では、従来通り40時間制で働く未組織労働者と、37〜40時間の労働時間の協約拘束のある者という二つの階層を形成する危険があると述べている[31]。また、金属産業の労

30）Richardi, a.a.O., S. 388.

働協約に見られるように、賃金補償が過渡的な期間だけ提供されるが、過渡的な期間の賃金補償がなければ、労働時間が週38.5時間に短縮された分収入が下回るのであれば、賃金面では、労働協約に拘束される従業員にとってはいずれにしても耐え難い結果であるだろうと指摘していた[32]。

　しかし、とはいっても、この調停により、週35時間制までは到達していないが、週の労働時間を引き下げた意義があるといえる。同時に、和田教授によれば、「労働協約史上初めて労働時間の差別化[33]」を認めた。つまり、37時間から40時間までの差別化を認めたことになる。そして、詳細を事業所協定に委ねたということになる。これは、協約交渉システムの分権化を意味する。また、「労働時間と事業所の操業時間の分離[34]」が使用者側から主張されるようになった。

[3]　週35時間制へのその後の展開

　このストライキと調停により、労働時間は、週38.5時間にまで削減された。

　その後、金属産業では、警告ストを通じて、1987年の労働協約が金属産業使用者連盟と金属労働組合との間で、例えば、バード・ホムブルクで1987年4月21日に締結され、次のように規定された。

　Ⅰ．労働時間
　　(1) 通常の週の労働時間は、1988年4月1日以降37.5時間とする。
　　(2) 通常の週の労働時間は、1989年4月1日以降37時間とする。
　　賃金の調整を伴う。1990年3月31日まで
　Ⅳ．労働時間の差別化

---

31) Löwisch, Die Einbeziehung der Nichtorganisierten in die neunen Arbeitszeittarifverträge der Metallindustrie, DB 1984, S. 2457.
32) Löwisch, a.a.O., S. 2457.
33) 和田・前掲注1) 21頁
34) 和田・前掲注1) 21頁

（1）個別的な通常の週労働時間の範囲に関する新たな規制は、次のようなものとなる。

1988 年 4 月 1 日以降 37 時間から 39.5 時間まで、

平均 37.5 時間を維持する。

1989 年 4 月 1 日以降 36.5 時間から 39 時間まで、

平均 37 時間を維持する[35]。

このように、週の労働時間は、37.5 時間とされた。労働時間短縮がさらに押し進められている。同時に、この協約でも、労働時間の差別化に関する合意が形成されている。また、清算期間を 6 か月と延長された。

そして、1989 年には、週 37 時間制がとられることになった。

その後、1990 年に、金属産業では週 35 時間の労働時間制が達成される。金属労組は、当初、「8％〜9％の賃金のアップ」（175 から 200 マルクまでの最低額アップ又は前払い）、「週 35 時間への協約上の労働時間の短縮」、「週休の確保」、「深夜・シフト労働の規制」、人間らしい労働ないし給付条件等を求めた[36]。

2 月 8 日に、バイエルン州とバーデン・ヴュルテンベルク州で第 2、3 回目の交渉を行い、使用者側は、15 か月間 5％の賃金のアップのオファーを出したが、次のような反対の要求を承認するよう組合側に求めた[37]。

1993 年 3 月 31 日までの週労働時間 37 時間の規定化、個別的な 40 時間までの延長の合意の可能性の構築、土曜労働、事業所協定による週平均の労働時間の清算期間の 6 か月から 12 か月への延長、3 シフトでの 30 分休憩の廃止、超過労働にあたっての共同決定権の制限等である[38]。

これに対して、金属労組は、企業レベルで、次のようなテーマを議論し

35）RdA 1987, S. 289 f..

36）WSI- Mitteilung, 1991, S.129, 136 f.　以下、交渉経過の概略はこれによる（報告は、WSI- Tarifarchiv とビスピンク氏による）。

37）WSI- Mitteilung, 1991, S.137 f..

38）WSI- Mitteilung, 1991, S.137 f..

た。拡大し続ける企業側の要求に対して、週末の休みの確保、新規採用のための時間外労働の削減、専門的な労働力不足の存否の吟味等などについてである[39]。

　企業を超えたレベルで、金属労組は、週休の確保、35時間制への戦いのための連帯等に努めた[40]。

　そして、4月中旬、ノルトラインヴェストファーレンでは、金属産業の使用者連盟が、週35時間制についての交渉に乗るとのオファーを出したが、真摯な提案とはみなされていなかった[41]。

　その後、金属労組は、4月30日にバーデン・ヴュルテンブルクで警告ストを開始した。ドイツ全土で975000人の労働者が、2700の事業所で警告ストを行った[42]。

　5月3日に開始された北ヴュルテンブルク・北バーデンでは13回目の交渉が突破口を開き、妥結した[43]。2段階を経て週35時間制へ移行するとされた。

　　―1993年4月1日より36時間
　　―1995年10月1日より35時間
　　―12か月間の賃金の6％アップ、4月、5月分は賃金アップの代わりに
　　　215マルクの支払い（賃金の調整）
　　―13％から18％の労働者については、個別的な労働者の同意を通じた
　　　週労働時間の40時間への延長
　　―2年分の賃金あるいは休みの間での選択
　　―土曜日労働の制限の維持、つまり、ノルトラインヴェストファーレン
　　　州では事業所協議会の意思に反する土曜労働の禁止

39）WSI- Mitteilung, 1991, S.138.
40）WSI- Mitteilung, 1991, S.138.
41）WSI- Mitteilung, 1991, S.138.
42）WSI- Mitteilung, 1991, S.138.
43）WSI- Mitteilung, 1991, S.138.

第9章 実現可能な労働法制改革の方向性 **213**

—— 36.5 時間と 39 時間の間の週労働時間の差別化の継続

等が妥結された[44]。

 これにより、1995 年より、金属産業では、協約上の労働時間は、週 35 時間制となった[45]。金属労組が警告スト等の戦術を行うもとで実現したものであった。

[4] 開放条項、遮断効をめぐる法的な争い

 その後、いわゆる遮断効を用いて、労働時間の延長を使用者側は試みる。遮断効については[46]、事業所組織法 77 条 3 項に定めがある。

 事業所組織法 77 条 3 項では、つまり、「労働協約によって規定され、又は労働協約によって通常規定される、賃金及びその他の労働条件は、事業所協定の対象とならない。これは、労働協約が、補充的な事業所協定を明示的に許容する場合には、妥当しない」と規定されていた。ほかに、事業所協議会は、法律上の規定または協約上の規定がない場合には、一定の事項について共同決定しうるとの定めがある（事業所組織法 87 条 1 項）。労働協約の優位が定められている。また、労働協約法 4 条 3 項でも、「（協約

---

44) WSI- Mitteilung, 1991, S.138 f..

45) 和田教授によれば、ヘッセン州では、以下のように、金属産業の労働協約が成立したとされる。貴重な資料であるので、以下要約して引用する（和田・前掲注 1）41 頁以下）。

　1993 年 4 月 1 日より 36 時間

　1995 年 10 月 1 日より 35 時間

　40 時間まで延長する場合には、労働者の同意を経なければならないとし、その場合は、1. 賃金、2. 2 年に 1 回または 2 回の代替休暇を付与することで調整する。

　一日の始業、終業に関しては事業所協議会と確定する。

　週の労働時間は 5 日に配分され、それと異なる配分には事業所協議会の合意が必要とされる。

　週の労働時間は 6 か月を平均として達成される。

46) 開放条項に関する先駆的研究は、毛塚勝利「組合規制と従業員代表規制の補完と相克」蓼沼謙一編『企業レベルの労使関係と法』（勁草書房、1986 年）213 頁、和田・前掲注 1) 55 頁。

から）逸脱した取決めは、それが労働協約によって許され、または、規定の変更が労働者に有利である場合のみ、適法である」と定める（開放条項という）。

労働時間については、産業別の労働協約が規整し、ドイツ最大の労働組合、金属労組では、前述の通り、労働協約によって、1985年から、週38.5時間労働、1995年からは、35時間労働が、使用者団体との間で実施された。

これに対し、協約で獲得した総労働時間について週における労働時間を労働者ごとに配分していく役割を使用者とともに事業所協議会が担っていた。事業所組織法87条1項3号では、個々の週日への労働時間の配分が共同決定事項であると規定されている。

80年代には、失業対策として金属産業では平均週の労働時間が38.5時間となったが、事業所協定に基づき37時間から40時間の間でフレキシブルに週の変形労働時間の配分を定められる、と労働協約において包括的な枠組みを規定した。

こうした問題は法的な紛争となった。当時、ニーダーザクセンの金属産業協約では、協約上の週労働時間が平均38.5時間となるように定めた。この金属産業の基本協約では、個別の週労働時間が、フルタイム労働者を対象に37時間から40時間の間に達することとすると規定していた。しかし、この具体的な実現のため、使用者と事業所協議会とが交渉するが、合意（事業所協定等の締結）に達しなかった。

その後、この争いを仲裁する協約上の仲裁機関は、ニーダーザクセン金属産業の労働協約による「週労働時間についての事業所協定を」、次のようにその中心的な部分について定めた。

1. 個別の通常の労働時間は、職員を対象に週38.5時間に達することとする。
2. グループAの職員に対しては40時間とする。
3. グループBの職員に対しては37時間とする。

事業所協議会は、この協約上の仲裁に反発し、かかる仲裁判断は、労働協約のなしうる限界（裁量）を超えているとした。また、協約上の仲裁機関が、事業所協定の内容を定めているが、そもそも（労働協約による権限の委譲を受けて）事業所協定において、週の労働時間（の総量）についても定めることができるかが争われた。事業所協議会は、（仲裁機関の決定による）この事業所協定が無効であるとして、確認の訴えを労働裁判所に提起した。労働裁判所は事業所協議会の申立てを適法とし、ニーダーザクセン・ラント裁判所はともに使用者の控訴を認容し事業所協議会の申立てを棄却している。連邦労働裁判所もこうした事業所協定（や仲裁の決定）を次のように適法と判断している[47]。

事業所組織法によると、使用者と事業所協議会が合意し、事業所協定を締結した場合のみ、週の労働時間の事業所の規制を定める。本件労働協約の当事者は、週の労働時間に関する問題を、使用者と事業所協議会が週 38.5 時間労働制の実施において、比較的わずかな余地しか残らないように詳細に規定した。「この点では、フルタイマーの場合、異なった個別的な通常の労働時間も設定されうる。ただし、これは 37 時間から 40 時間の範囲内でのみ可能である。労働協約はまた、労働協約を締結した労働組合に属しない労働者の消極的な団結の自由をも侵害するものではない。その労働時間が基本協約の規定に従って事業所協定によって定められている」。「その労働関係の内容は、事業所協定によってのみ決定され、いずれの事業所協定と同様、直接かつ強行的に適用される（事業所組織法 77 条 4 項 1）。この点で、使用者と事業所協議会は、労働協約の当事者が許可すれば、法律により規制権限を行使する。（……）したがって、事業所組織法 77 条 3 項 2 文により、労働協約の当事者は、フルタイマーを対象とした個別的な通常の週の労働時間の定めについて

---

47) BAG Beschluß v.18.8.1987, NZA 1987 S. 779. この判決をめぐっては、名古道功『ドイツ労働法の変容』（日本評論社、2018 年）55 頁、和田・前掲注 1）52 頁が詳しい。

の補充的な事業所協定を許可し得た」

と説示した。

　労働協約により設定された事業所協定は、未組織労働者にも適用されるので（事業所組織法88条による任意の事業所協定により）、判例を支持する見解もある[48]。特に、労働時間の分野では、労働協約の規制・カルテル機能の意義が賃金の分野よりもはるかに小さいと考えられるため、事業所協定や個別の雇用契約に有利な緩和を（この点では制度的に）認めることは、正当化できるばかりか、法政策の観点からも理にかなっていると説く見解もある[49]。

　しかし、これらの事業所協定締結の動きが団結の自由、契約の自由を侵害することから、多くの学説は批判した。従業員代表である事業所協議会は、他人決定的な秩序が本質であるとみられている。上述のように、労働者は労働契約締結と同時に事業所協議会の構成員になるが、その労働者の加入意思が必要とされないからである。そして、事業所協議会の選挙によっても、事業所協議会の決定ないし事業所協定に拘束する自己決定的な意思があるとは認められないのである[50]。このため、事業所協議会の秩序は、自己の意思によって法律関係（例えば契約関係）を規律する、私的自治の原則に服するものではないとされている。したがって、実質的な労働条件

---

48) Hanau, Verkürzung und Differenzierung der Arbeitszeit als Prüfsteine des kollektiven Arbeitsrechts, NZA 1985, S. 73, 75.

49) Lieb, Mehr Flexibilität im Tarifvertragsrecht?, NZA 1994, S. 289, 294.

50) Richardi, Kollektivgewalt und Individualwille bei der Gestaltung des Arbeitsverhältnis, München, 1968, S. 313ff.; ders, Die tarif/ und betriebsverfassungsrechtliche Bedeutung der tarifvertraglichen Arbeitszeitregelung in der Metallindustrie. NZA 1984, S. 387, 388;.; Aksu, Die Regelungsbefugnis der Betriebsparteien durch Betriebsvereinbarungen, Baden-baden, 2000, S. 62; Kreuz, Die Grenzen der Betriebsautonomie, München, 1979, S. 74; Waltermann, Rechtsetzung durch Betriebsvereinbarung zwischen Privatautonomie und Tarifautonomie, Tübingen, 1996, S. 137; ders, Gestaltung von Arbeitsbedingungen durch Vereinbarung mit dem Betriebsrat, NZA 1996 S. 357, 360; Rieble, Arbeitsmarkt und Wettbewerb, Heidelberg, 1996, Rn. 1416.

である、賃金・労働時間に関する権限を事業所協議会に委譲できないと考えられているのである。例えば、上述のように、自己決定権、消極的団結の自由などの基本的権利を侵害するため、（法律の留保により）「事業所の当事者は労働者の義務範囲を限定的にしか決定できない[51]」と説かれる。

　また、労働協約と事業所協定の任務があいまいになっていることに警告を発し、協約自治という憲法上保障された規制手段を支持、尊重すべきであるとも説かれる[52]。

　フォン・ヒューネ教授も、協約が本来有していた賃金・労働時間に関する権限を協約自ら放棄できず、事業所協定もこれを侵すことができないと述べている[53]。

　リヒャルディー教授とピッカー教授も、事業所協議会が労働者の法的代表者ではなく、したがって、労働者の労働条件を包括的に規制する個々の労働者による法律行為による授権を欠くと指摘している[54]。ピッカー教授は、さらに、事業所協議会が私的自治によって正当化された労働協約当事者や労働契約当事者でもないと説く[55]。このことから、確立された判例法に反して、事業所協議会には限られた規制権限しかないと説かれる。

[5]　90 年金属産業の協約と有利性原則

　その後、1990 年 5 月 11 日の金属労組とオスナブリュック・エムスラント金属産業連盟との労働協約は、金属産業の従業員の週労働時間を 37 時間と定めているが、週の労働時間が 37 時間、1995 年 10 月より 2 段階で

51）Richardi, Betriebsverfassungsgesetz, 17. Auflage 2022, München, § 77, Rn. 78（Richardi/Picker）.

52）Kissel, Das Spannungsfeld zwischen Betriebsvereinbarung und Tarifvertrag, NZA 1986, S. 73, 80.

53）Gerrick v. Huene/ Ulrich Meier- Krenz, ZfA 1988, S. 293, 315f.

54）Richardi, Betriebsverfassungsgesetz, 17. Auflage 2022, München, § 77, Rn.78（Richardi/Picker）.

55）E. Picker, Tarifautonomie- Betriebsautonomie- Privatautonomie, NZA 2002, S,761. S. 769.

35時間に短縮できることを予定していた。しかし、同時に、労働協約は開放条項を規定し、これによれば、全従業員の18％まで、個人の週労働時間を40時間まで延長することができるとされた[56]。労働時間を週40時間まで延長しようとする場合、個別の労働契約によって個別労働者の労働時間を延長できるとされていた。

　これまでのように、協約で定められるはずの労働時間（の量）を事業所協定で定められるのか、という問題は解消された。しかし、1990年のこの協約では、集団的に合意された週単位の労働時間（労働協約上の労働時間）から逸脱するため、個別の合意により、労働者の週労働時間を40時間まで上昇させることができるか、という問題が新たに提起された。つまり、延長された労働時間を使用者と労働者の合意（労働契約）によって可能にしようとするものである。使用者側は、労働時間の差別化を構想しつつ、また、週労働時間の個別的な延長も可能にしている。

　労働協約法4条3項では、「労働協約とは異なる協定は、それが労働協約によって許される限り、又は、その規定の変更が労働者に有利である場合のみ、適法である」と定められている。有利性原則と呼ばれる。例えば、単純な例でいえば、協約より高い賃金を定める労働契約は有効となる。ただ、ここでの問題はより複雑である。

　週37時間を定める1990年のこの労働協約とは異なり、使用者と労働者との間の労働契約において労働時間（の量）について週40時間制を定めると、それが許されるかどうかが問題になるのである。つまり、一方では、労働時間が週40時間に延長されれば、それだけ労務提供の量は多くなり、労働者には不利であるようにも思われる。他方では、労働時間が延長されると、賃金がその分多くなるはずである。そのため、労働者には有利であるようにもみえる。そこで、こうした条項が労働者に有利な条項といえるのかが問われた。使用者が、労働者との間で、このような趣旨の個別の契

56）この記述は、協約が入手できないため、以下の文献による。Käppler, Tarifvertragliche Regelungsmacht, NZA 1991, S.745.

約上の合意を有効に締結できるかという問題なのである。

　ヨースト教授は、労働者の利益からどちらが有利かを客観的に判断するとし、より高い賃金を保障することが、より有利であると述べている[57]。このため、「判断されるべき事情がすべての関係する労働者について、より高い賃金が保障され労働時間が延長されることを、より有利であると思われる場合、個別的な労働契約の画一的な規制を通じた週の労働時間の延長は、行われうる[58]」と説く。

　ツェルナー教授も、「有利性原則の憲法上の保護は、むろん、団結体の利益においてではなく、個人の利益において存在しているのであるから、当該労働者の個別的な利益がある場合に、何らかの全体の利益のために有利性を否定するのは、矛盾しているだろう。」「個別契約上延長された週の労働時間が、短い協約上の労働時間よりも有利であるかどうかの審査との関係で、延長によって生じた賃金のアップが、比較の判断で考慮されるかどうか、という問題が重要である。これについては深刻な疑問はありえないはずである[59]」と述べる。つまり、賃金のアップに着目して有利性を判断し得るとしている。そして、続けて、「37 時間の代わりに 40 時間で働く者は、（…）少なくとも平均の賃金アップの場合、8.1％多い賃金を得る（…）。客観的な考察では、これは、個々の労働者にとって有利であるとみうる[60]」と説くのである。

[6]　協約規制の緩和と労働時間の柔軟性をめぐる動向

　その後、90 年代には、高失業率の中、労働条件決定方法の硬直性、とりわけ、労働協約の硬直性が唱えられるようになる。OECD のレポート

57）Joost, Tarifrechtliche Grenzen der Verkürzung derWochenarbeitszeit, ZfA 1984, S.173, 194.

58）Joost, a.a.O., S. 194.

59）Zöllner, Die Zulässigkeit einzelvertraglicher Verlängerung der tariflichen Wochenarbeitszeit, 1989, DB, S. 2121, 2125.

60）Zöllner, a.a.O., S. 2125.

において、労働市場のフレキシビリティーについて、各国の進展の度合い
が測られた[61]。賃金の下方硬直性[62]とともに、労働時間の弾力化が説か
れた。1週、1日の厳格な労働時間規制を定める協約規制を弾力化し、週
の労働時間を特定の週のみ多くする可能性が説かれた。これが、先に見た、
労働時間の差別化の問題でもある。そのために、企業ないし事業所単位で
の決定の自由の拡大に焦点が合わされて議論された。企業の自己決定と経
済条件への調整能力を高めることが主眼とされた[63]。労働法が、硬直で、
不動であるというものではないが、この法領域では急速な動きを止められ
ない[64]と説かれた。

　各企業での従業員代表である事業所協議会が使用者と締結する事業所協
定は、いわゆる形式的な労働条件（例えば、事業所内での懲戒や労働時間の
週への配分）のための規制手段として用いられ、労働協約が実質的な労働
条件（賃金額や労働時間の総量）を定めるものと理解され、事業所協定が実
質的な労働条件を定める調整手段として構想するのは、長く困難なもので
あるとされていた[65]。特に、労働協約の有する労働条件規制権限を授権
することは不可能であるとされた[66]。他方で、期間雇用、パートタイム
就労、派遣労働等の多様な雇用形態に適合した法規制（規制緩和）が求め
られた。経済の発展を阻害しないためにも、このような法および協約規制
のレベルでの改革が望まれた。

---

61) OECD, Labour Market Flexibility, Paris, 1986.
62) ここでは、横断的な産業別労働協約による協約賃金の行き過ぎた平準化が批判の
　　ターゲットとされた。
63) Zöllner, Flexibisierung des Arbeitsrechts, ZfA 1988, S. 265, 268.
64) Zöllner, ZfA, 1988 S. 269.
65) Zöllner, ZfA, 1988 S. 274.
66) Richardi, Verkürzung und Differenzierung der Arbeitszeit als Prüfsteine des
　　kollektiven Arbeitsrechts NZA 1985, S. 172, 173.　リヒャルディーは、労働時間の
　　規制はむしろ事業所協定によって作りだされており、内容規範と解釈できる。そう
　　したアウトサイダーにも適用され得る内容規範は、事業所協定ではなく、一般的拘
　　束力宣言によって規範的に有効になりうると述べる（Richardi, a.a.O., S. 174）。
　　Dagegen Zöllner, ZfA, 1988, S. 276.

第 9 章　実現可能な労働法制改革の方向性　**221**

　1990 年の連邦政府の規制緩和委員会は、個々の企業で緊急事態が生じた場合に、事業所協定により労働者に不利な協約からの逸脱を認める提案を行った[67]。開放条項を通じた柔軟な労働時間、賃金の硬直性の廃止が唱えられている。労働協約との関係でも次のような重要な提案がされていた。

　提案 86「労働協約は、緊急の場合、一時的に事業所協定によって下回ることが許される。[68]」
　提案 87「長期間失業していた者の採用に当たっては、協約を下回る労働条件での協定が許される。かかる協定は最長 3 年間適用される[69]」
等と提案された。

　労働協約は、自治の核心的部分にあたり、これについては、協約規制からの緩和の問題として議論され、学者からの反対が根強かった。独占委員会でも同様の提案があった。
　こうしたフレキシビリティーの議論は、当時から、企業のフレキシビリティーを高めるだけでなく、労働者の自己決定のチャンスを高めるものと理解されていた[70]。組織率の低下がみられる層があるなど、個人化が進んでいる[71]。労働法の弾力化、規制緩和の結果、パートタイマー、派遣労働者が増加していたとされる[72]。これとともに、労働の従属性の相対化が唱えられていた[73]。

67）Deregulierungskommission, Marktöffnung und Wettbewerb, 1991, Stuttgart, S.149. これについては、西谷敏「ドイツ労働法の弾力化論（一）」法学雑誌（大阪市立大学）39 巻 2 号（1993 年）237 頁、239 頁以下。名古道功『ドイツ労働法の変容』（日本評論社・2018 年）127 頁。
68）Deregulierungskommission, a.a.O., S. 149.
69）Deregulierungskommission, a.a.O., S. 150.
70）Zöllner, ZfA, 1988, S. 268.
71）ドイブラー（西谷敏訳）・前掲注 25）43 頁。
72）ドイブラー（西谷敏訳）・前掲注 25）43 頁。
73）Deregulierungskommission, a.a.O., S.139f.

[7]　その後の政府による提案

　いわゆる労働市場の危機による経済停滞の中で、2003年3月14日、ゲアハルト・シュレーダー首相（社会民主党）は、ドイツ連邦議会で政府宣言を行ったときの目標として、「アジェンダ2010」を示し、労働市場改革を行おうとした。労働市場の再編に基づく「積極的労働市場政策」を通じて、アジェンダ2010の実現に取り組もうとした。その目的は、労働法の柔軟化を通じて労働市場を改編させることであった。政府の委託を受けて元VW人事部長のペーター・ハルツ氏が組織した委員会、いわゆるハルツ委員会において、提案を行った。

　そして、「労働市場における現代的サービスに関する第1、2法」が2003年1月1日に施行した。その結果、「ミニジョブ」の導入や「Ich-AG」という起業促進が図られた。また、「労働市場における現代的サービスのための第4法」、失業手当Ⅱの導入が提案され、2005年1月1日、ドイツ連邦議会で失業扶助と社会扶助を統合する法律が施行した。

　このようななかで、キリスト教民主同盟・キリスト教社会同盟（CDU/CSU）は、野党として、2003年6月、労働協約が事業所協定へ授権することで、事業所レベルで労働者の利益代表が可能となるという立法提案をしている。つまり、少なくとも、労働者の3分の2以上の同意等を通じて、協約から逸脱させ、「雇用に関する協定」を認めるべきだとした[74]。立法提案は、労働法の現代化を通じて、より多くの労働者が事業所協議会に代表されるようになるための条件を整えるべきであると考えた。これを解雇制限法改正、パート・有期法の改正とともに行おうと、連邦議会に改正提案を行った。失業率が高いため、採用の障害となりコスト増となる規定を原因とした、労働市場のブロックを解消するため、緊急措置の必要性があるとされた[75]。

　次のように規定され提案されていた。

---

74) Drucksache 15/1182.
75) Drucksache 15/1182.

「労働協約によって許容され、又は、規定の変更が労働者に有利である限り、労働協約と異なる協定は、適法である。有利性の比較にあたっては、雇用の見込みが考慮されなければならない。事業所協議会と3分の2の多数により労働者が、かかる協定に同意し、その合意が、協約の有効期間を超えていない場合に、協約とは異なる合意は、労働者に有利であるとみなされる」（労働協約法4条3項の提案）。

「事業所協議会が、それがない場合には、事業所で従事する労働者から委託を受けた者が、使用者と雇用のための合意を締結し、これにあたり、企業に適用される労働協約とは異なる合意をすることができる。この合意は、次のような場合に有効である。

—少なくとも事業所において雇用される労働者の3分の2が同意するときで

—あらゆる労働協約当事者の合意が示され

—協約当事者が、その通知が到達した後4週以内に、その理由を明記してその合意に反対しない場合。

(2) 同意が4週の経過前に双方の協約当事者によって付与される場合、合意は即時に有効となる」（事業所組織法88a条の提案）[76]。

これらの規定が法律になることはなかった。

[8] 労働協約上の労働時間規制

ドイツでは、金属産業に、ドイツの伝統的な重要な産業である鉄鋼、自動車産業などが含まれる。その金属産業では、よく知られているように、産業別の労働協約が締結され、労働時間との関係でもドイツの重要な事柄が定められている。ドイツの産業別労働協約のうち金属産業の労働協約が有名であるため、まず、金属産業の労働協約を敷衍する。

ドイツのバイエルン地域の労働協約[77]では、次のようなことが定めら

---

76) Drucksache 15/1182.

れている。

「（Ⅰ）休憩時間を除き、協約上の週の労働時間は、35時間に達する。

（Ⅱ）個々の通常のフルタイマーの週労働時間は、原則的に、Ⅰ項による協約上の週労働時間に即する。

（Ⅲ）個々の労働者に対しては、個人の通常の週労働時間を、40時間まで延長され得る。これには、労働者の同意を要する。

事業所協議会には、合意された労働時間の延長を通知しなければならない。（……）（2条）」

つまり、週35時間の労働時間が定められる。

「超過労働、日曜労働、祝日労働、深夜労働は、事業所協議会との合意により、労働時間ないし労働者保護規定を考慮して、導入される」（5条）。そこで、企業での超過労働には、事業所協議会の承認が必要である。

さらに、労働協約は、月20時間以上、超過労働をしてはならないと規定している。

ドイツでは、法律上の割増賃金は規定されていないが、金属産業の労働協約においては、割増賃金が規定されている。

「（Ⅰ）超過労働の手当は、週ごとに1時間から6時間の超過労働時間に対して、時間給の25%

週ごとに7時間以上の超過労働時間に対して、時間給の50%

（Ⅱ）個々の日に対し、10時間以上働いた場合には、11労働時間目に対して、時間給の25%、及び、11時間以上の各時間に対して、時間給の50%が手当として支払われる。（……）」（6条）。

「深夜労働手当は、時間給の25%となる。

---

77) Tarifvertragssammlung für die Arbeitnehmer der bayerischen Metall- und Elektroindustrie (2014). 調査の際にいただいたものである。現在もほとんど内容が変わらないので、これを引用する。

深夜労働が同時に超過労働である場合には、その手当は時間給の60％となる。」

また、労働時間の差異化・差別化は、現在においては、労働者ごとの個別化・個人化が進められている（2条に定めがある）。

「複数の週に労働時間を不均等に配分する場合には、最長12か月で平均で個別の通常労働時間に達していなければならない。……労働時間の配分についての事業所協定では、清算期間の開始と終了が定められなければならない。」
「他に規定がない場合には、フルタイマーについては、通常の1日の労働時間は8時間までとする。」
「通常の週労働時間と個別的な通常の週労働時間との間での差異がある場合には、時間の調整が、休日の形態でも行われうる。……休日を定めるにあたっては、事業所協定によっても可能であるが、労働者の希望が考慮されなければならない」。

変形制やフレックスタイム制が事業所において導入されて、多く働いた分の調整は、自由時間、つまり、休日での調整が図れるようになっている。これは、労働時間口座を通じての運用が可能である。
　そして、休暇についても規定される。

「休暇の期間は、……30日となる（18条B）」。

これにより、バカンス休暇も可能となる。

3 労働時間管理からの個人化・個別化

[1] ドイツにおいて進む労働時間管理からの個人化・個別化

(i) 労働時間の個人化

　現在、労働時間管理について、画一的な規整・処理から脱却する動きがある。つまり、画一化された労働時間は、労働時間口座や裁量労働制まで、柔軟な労働時間モデル[78]に置き換えられつつある。

　また、人々の働き方も、個人の創造性と自発性を活用する方向へと移行している。フレキシビリティーは、現代では、自らの労働時間と生活を自ら決定できる、という時間主権の概念と結びついている[79]。

　他面で、フレキシビリティーは、労働時間と事業所の操業時間との結びつきを解消する。かつては、労働時間と事業所の操業時間は結びついていたが、労働時間制が弾力化され、労働時間と事業所の操業時間の結びつきが解消されると、事業所が操業していたとしても、個人の労働時間は、その操業時間の一部を重なり合わせるだけとなる（2参照）。

(ii) 労働時間の個人化がもたらすもの

　現代では、各労働時間制に労働時間口座が組み合わせられていることが多い。労働者は、労働時間の上限に達しない時間で、事前に働くことによって、時間口座をためることができる（以下 [2] 参照）。時間口座は、労働の代わりに自由時間（労働の免除）を享受できる可能性を付与する。つまり、労働者は使用者に対して労働の免除を請求できるのである。これにより、労働者が生活の質を確保することができる[80]。労働者が自分の労働時間と生活を自ら決定できる、という意味での時間主権は、この労働時間口座によって実現する。

　例えば、（私が調査した）Ｓ社は、個人の労働時間の管理システムをPC

---

78) 弾力的労働時間の分析については、和田前掲書 68 頁以下。

79) Däubler, Das Arbeitsrecht, 13.Aufl., Frankfurt a.M., 2020, S. 285.

80) Däubler, a.a.O., S. 289.

内に有しており、ある労働者が何時から何時までその日就業しているかをコンピューターのシステム上の一覧表で管理していた。同じ日でも、個人がそれぞれ異なる労働時間となっている。労働時間口座を用いて、個人がそれぞれある日あるいは週に、多く働いたり、少なく働いたりしている。

さらに、裁量労働制（Vertrauensarbeitszeit）が広く採用されている。ただし、多くの企業では、労働時間が把握されてなかった。

このように、労働時間管理からの個人化が進むと、労働者の家族生活が豊かなものになり、そのうえ、社会的なコンタクトも可能となるはずである。団体の生活や政治活動への参加、文化的な催しへの参加も可能になっていき、社会的に孤立化から解放され、そして、社会との結合が可能になっていくはずである。

[2]　労働時間の個人化・個別化の概要

(i)　労働時間口座

最近のドイツ企業の労働時間の仕組みで特徴的なのは、既述の通り、労働時間口座と呼ばれる仕組みである。つまり、労働時間の口座と呼ばれるものが各労働者にあり、一定の超過労働分（ほぼ残業分）を自由時間（休暇に値する）に振り替えたり、金銭に振り替えたりすることができる。

各企業では、変形労働時間や裁量労働制等とともに、導入する。

短期口座と長期口座がある。

短期口座の場合は、時間外労働の分が、後の自由時間（労働の免除）等によって振り替えられる。そうした振り替え（口座からの引き出し）である労働の免除は、一定期間（例えば、1年）有効である。その期間において、余った労働時間を労働免除（自由時間）によって振り替えていく。

例えば、（私が調査した）K社（金属産業）では、労働時間口座は、0時間から50時間で蓄積（貯蓄）される（詳細は、本章4[2]参照）。

超過労働の分が口座に預金される（口座残高、預金と呼ばれる）。金属産業労働協約により、週労働時間は週35時間制であるが、労働者が週40時間で労働する場合、週5時間の超過労働分が預金されることになる。

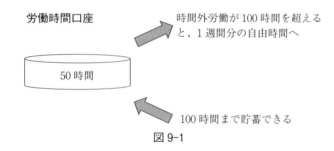

図 9-1

　同社では、口座に超過労働した分の貯蓄が 50 時間に達すると、個人的な事情（家の修理、休暇、再教育訓練等）により、労働者が口座から口座残高・預金の（貯蓄された時間の）引き出しができ、労働者はこれを自由時間にすることができる。従業員の希望は、事業所の利益に反しない限り、考慮されることとしている。

　労働時間口座は、自宅での植木いじりなど労働者の趣味に用いられたり、身体の保養に用いられたりしているという。こうした労働時間口座は、以下の従来型の労働時間モデル（フレックスタイム制）だけでなく、新たな労働時間モデル（年間労働時間契約等）とも結びついて利用される。

　長期口座の場合は、サバティカル、長期間休暇、再教育訓練、早期退職のような、職業生活からの離脱を目的として、通常労働時間を超えて貯蓄した分を、労働免除（自由時間）に置き換えられたりする。また、通常の労働時間を超えた分は、金銭に置き換えることを通じて、例えば、早期完全または部分的な退職にあたっての安定した収入が得られる可能性もある[81]。

　労働時間口座の導入は、労働者の同意によって実現する。口座は遅くとも労働時間の終了によって調整される[82]。

　労働時間口座の設置は、労働法の規制の制限は受ける。例えば、労働時

---

81) Anzinger/ Koberski, a.a.O., §2 Rn.118. 金銭口座については、フレキシー第 2 法という法律で規制されるが、同法は労働時間の問題との関連が薄いので、ここでは割愛した。
82) Anzinger/ Koberski, a.a.O., §2 Rn.115.

間の上限（8 時間ないし 10 時間）の制約にも服する[83]。

グロース／ザイフェルト両氏の調査[84]によれば、生産部門では、38.7％、サービス部門では、42.8％の企業が労働時間口座を導入している。かなりの数の企業で労働時間口座が導入、運用されていることになり、実際の労働時間の運用上、重要な役割を果たしていることになる。

従業員の内訳は、教育訓練生（35％）、協約外職員（49.6％）、僅少（低賃金）労働者（16.3％）、期間従業員（8.1％）、管理職（56.9％）、シフト労働者（11.4％）、パート労働者（4.1％）となっている[85]。労働時間口座を導入した理由としては（複数回答）、時間主権のための導入（59.2％）、競争力の維持（55.1％）、作業量に応じた労働投入量の調整（56.5％）、顧客に優しいワークフロー（30.4％）、ワーク・ライフ・バランス（39.5％）、雇用の確保（32.0％）、市場条件の調整（37.4％）、景気動向の変化の緩和（21.8％）、サービスの向上（13.6％）、生産のフレキビリティー（34.0％）となっている[86]。労働者側、企業側の双方の事情で導入されているのがわかる。

他の調査では、10 のうち 4 つの企業で、労働時間口座の清算期間は、6 ヶ月から 1 年の間である[87]。しかし、清算期間を定めていない企業もある。この場合、労働協約や事業所協定で清算期間を設けていない[88]。

また、長期口座を定めているのは、2％の企業にすぎない[89]。

労働時間口座を持つ企業のうち 72.9％の企業が、労働時間口座を設置する目的として、時間主権の促進を挙げる[90]。ザイフェルト氏らによると、個人の希望により労働時間を形成し得る一定の余地が認められていくこと

---

83) Hamann, Arbeitszeit flexibel gestalten, Renningen, 2005, S.36.

84) Groß/ Seifert, Regulierte Flexibilität- Betriebliche Regelungsstrukturen von Arbeitszeitkonten, WSI- Mitteilungen, 6/2017, S.432, 435.

85) Groß/ Seifert, a.a.O., S.436.

86) Groß/ Seifert, a.a.O., S.439. これらは 2005 年から 2015 年の調査となっている。

87) IAB-Kurzbericht, 15-2018, S.1,4.

88) IAB-Kurzbericht, 15-2018, S.4.

89) IAB-Kurzbericht, 15-2018, S.4.

90) Groß/ Seifert, a.a.O., S.439.

になる[91]。ただ、こうした時間主権は、「自らの時間に対する利益の無条件の実現ではなく、（……）常に、事業所の必要性と並んで他の従業員の時間の利益を考慮することでもある」とされる[92]。これにより、ワーク・ライフ・バランスが図られるメリットがある。

　他方で、労働者が口座にある預金を失うディメリットがある。口座残高の没収が、労働時間口座を導入している企業のうち、3分の1の企業で発生している[93]。

　また、1日の労働時間は生産部門で7時間18分、サービス部門で7時間39分とされている[94]。1日の労働時間の上限が原則として8時間であるので、ほぼ実際の労働時間は、（この調査によると）上限に近いところにある。これらは、労働時間口座のディメリットの重要な一つといえる。他方で、この意味でも、労働時間の上限規制が重要な役割を果たしているともみうる。

(ii) フレックスタイム制

　フレックスタイムは、伝統的なフレキシブルな労働時間モデルである。
　もともとのフレックスタイム制は、コアタイムの前と後に、自らの労働時間の開始と終了を労働者に定めることを可能にするものである[94]。フレックスタイムの広範な自由はコアタイムによって制限される。コアタイムをなお設定する主な理由は、生産施設などの稼働時間に合わせること等である。しかし、コアタイムとフレックスタイムを備えた労働時間モデルは労働時間の弾力性を考慮して設計されている。これらは、運用上の可能性の範囲内で従業員に特別な自由を与え、モチベーションを高めることを目的としている。

---

91) Groß/ Seifert, a.a.O., S.439.
92) Groß/ Seifert, a.a.O., S.439.
93) Seifert, a.a.O., S. 438.
94) Richardi/ Wlotzke/ Wißmann/ Oetker（Hrsg.）, Münchener Handbuch zum Arbeitsrecht, 3.Aufl., Bd.1. 2009, München § 43, Rn. 3（Schüren）.

これに対して、コアタイムのないフレックスタイム制がある。労働者に労働時間の配分を完全に委ねるものであり、フロータイム（Flowtime）とも呼ばれている[95]。例えば、モデルの従業員は、午前7時から午後6時までの稼働時間を想定した11時間の時間枠のなかで、毎日の勤務時間を満たしている限り、自分の勤務時間を自由に決定できる。研究など、独立性の高い部門や分野に特に役立てている。

標準的労働時間との関係で、貸し時間と借り時間が生じる。これは清算期間内で他の労働日に標準的労働時間を超過して労働したり、それよりも短い労働時間を労働しないことを通じて調整される[96]。従来型の労働時間の個人化・個別化であるが、これが労働時間口座と現在は結びついている。

(iii) 裁量労働制

裁量労働制は、管理職らに導入される。IABの調査によると、図9-2の通り、2016年には全ドイツ企業の約29％に裁量労働制が導入されている。

図9-2　裁量労働制を有する企業の割合と数

	2004		2006		2008		2010		2012		2014		2016	
	千人	％	千人	％	千人	％	千人	％	千人	％	千人	％	千人	％
1から10人までの従業員数	211	14％	218	15％	388	26％	365	24％	389	26％	493	33％	418	28％
11人から50人までの従業員数	66	17％	64	16％	110	27％	100	24％	118	26％	153	33％	134	28％
51人から500人までの従業員数	17	19％	22	24％	31	33％	31	32％	33	34％	43	40％	43	38％
500人を超える従業員数	1	26％	2	34％	3	46％	3	49％	3	47％	3	55％	3	53％
全	295	14％	306	15％	532	27％	499	25％	543	27％	693	33％	599	29％

IAB — Panel（Drucksache 19/506）

---

95) Richardi/ Wlotzke/ Wißmann/ Oetker (Hrsg.), Münchener Handbuch zum Arbeitsrecht, a.a.O., § 43, Rn. 3 (Schüren).

96) フレックスタイム制に関する実例の研究は、和田肇・前掲書78頁以下（自動車産業）、82頁以下（ミュンヘン市）、90頁以下（小売業）、藤内和公『ドイツの従業員代表制と法』（法律文化社、2009年）317頁以下がある。このため、ここでは詳細に記すことはしない。

裁量労働制は、家族とキャリアを調和させることを可能にする一方で、超過労働につながる可能性も指摘されている。IG メタルのヒルデ・ワグナーはプロジェクトの時間のリスクは従業員に移されると述べ、「これらの従業員は長時間働くリスクは高い[97]」と説く。

　かつては、裁量労働制と関連して労働時間の記録や監視が行なわれないといわれていた。その代わりに、合意された労働時間を遵守するのは、労働者の責任であるといわれた。

　裁量労働制は、労働時間の把握が困難であり、そのため、超過労働があっても、それを法的にまたは集団的に規制するのが難しいといわれていた。

　しかし、連邦労働裁判所は、労働保護法（労働にあたり従業員の安全と健康保護の改善のための労働保護の措置の実施に関する法律（Gesetz über die Durchführung von Maßnahmen des Arbeitsschutzes zur Verbesserung der Sicherheit und des Gesundheitsschutzes der Beschäftigten bei der Arbeit））3条2項1文に基づき、使用者は労働者の労働時間を記録するためのシステムを導入する義務があるとした[98]。

　労働保護法3条2項1文では、次のように定められていた。

「使用者は、労働にあたり従業員の安全と健康に影響しうる、事情を考慮して労働保護に必要な措置を講ずる義務がある。…
(2) 1項による措置の計画と実行のため、使用者は、職務の種類と従業員の数を考慮して、次のようなことを行わなければならない。
　　1. 適切な組織に配慮し、必要な手段を提供すること（…）」

　この事件では、事業所協議会が、2018 年に労働時間の記録に関する協

---

97) https://www.stuttgarter-zeitung.de/inhalt.vertrauensarbeitszeit-ergebnis-zaehlt-nicht-anwesenheit.1cab241c-fbff-470d-985c-2ade0b140ee3.html

98) BAG Beschluss.v.13.9.2022, NZA 2022, S. 1616.　本決定については、橋本陽子「最近のドイツにおける労働時間法の展開について」武井寛・矢野昌浩・緒方桂子・山川和義編『労働法の正義を求めて』（日本評論社、2023 年）441 頁。

定を交渉したが、これについては合意に達せず、事業所協議会の要請により、労働裁判所は電子時間記録の導入と適用に関する協定の締結をテーマに調停委員会を設置した。使用者が彼らの権限に異議を唱えた後、事業所協議会は決定手続を開始させ、電子時間記録システムを導入する提案権があることの確認を求めた。連邦労働裁判所の第一小法廷は、次のように判示した。

「22（1）　これらの規定は、欧州連合社会的基本権憲章31条2項で保障された最長労働時間の制限と1日および週の休息時間に対する基本権を具体化するものであり、したがって、この権利に照らして解釈されなければならない（……）。指令がその完全な有効性を発揮するためには、欧州司法裁判所の判例によれば、必要な措置には、労働者の安全と健康を保護するため、労働者によって提供される1日の労働時間が測定できる、客観的で信頼性が高くアクセス可能なシステムを導入する、使用者の義務も含まれる」。

「23（2）　要請されるシステムは、欧州司法裁判所が使用する『測定』という用語にもかかわらず、単に1日の労働時間（残業を含む）の開始と終了を『記録』することに限定されてはならない。むしろ、これらのデータも収集され、これによって記録されなければならない（…）。そうでなければ、1日の労働時間の状況も、清算期間内の1日および1週間の最長労働時間の遵守も吟味することはできないのである」。

「43 この枠組みの規定（BAG 18 March 2014 – 1 ABR 73/12 – Rn. 23, BAGE 147, 306 参照）によれば、使用者は、労働安全衛生法3条1項に基づく措置の計画と実施のために、業務の性質と従業員数を考慮して、『適切な組織』に配慮し、『必要な手段』を提供しなければならない。EU法に準拠した理解では、法律上の規定は、労働時間の開始と終了、これとともに、時間外労働を含めた労働時間の長さを含む、労働者によって提供される日々の労働時間を記録するためのシステムを導入すべきであるという使用者の原則的な義務をも包含している」。

「45（a）『適切な組織』に配慮し、この目的のために『必要な手段』を

提供するという、法律の文言より広義に定義される使用者の義務には、労働者の労働時間を記録するためのシステムの導入および利用も含まれる。……」

「46（b）……これにより、労働者の健康を守ることを目的とした最長労働時間（労働時間の上限）や休息時間に関する規則が遵守されることが保障される」

このように、労働保護法3条2項1文がEU法に準拠して解釈される場合、使用者は労働者の労働時間を記録する法的義務がある。これには労働時間を記録するシステムを導入するための事業所協議会の提案権を含むものであるとした。

(iv) 年間労働時間契約

年間労働時間契約という労働時間のモデルが存在している。

個別契約で年間の労働時間の量を定める。多くは事前に労務提供の時間の量を定めていくというものである（年間労働時間計画）。

長期間予見される需要の変動を考慮して契約が締結される。その仕事の量の変動は著しいものになる。そこで、年間の計画が重要となる[99]。1年のうち、ある月は働くが、別の月では全く働かないということもありうる[100]。つまり、契約には、1年で労働者が提供しなければならない労働時間の全体の量が規定される[101]。1年間の期間で、週または月ごとの労働時間が定められる。個人と企業がそのような合意を個別的に行う。例えば、デパートでは、イースターとクリスマス前の時期等ハイシーズンに業務が経験上多いため週の労働時間を30時間とし、年はじめや夏のバケーションの時期は業務が少ないため、週10時間とする等である[102]。

---

99) Hamann, Arbeitszeit flexibel gestalten, Renningen, 2005, S.99.

100) Hamann, a.a.O., S.98.

101) Richardi/ Wlotzke/ Wißmann/ Oetker（Hrsg.）, Münchener Handbuch zum Arbeitsrecht, a.a.O., § 42, Rn. 5（Schüren）.

第9章 実現可能な労働法制改革の方向性 **235**

　年間労働時間契約は、小売業等季節的な変動が大きい企業に適している
といわれる。こうした企業では、季節的な労働が多い時期には毎日または
毎週の労働時間を増やし、労働量が少ない時期には労働時間を減らすこと
ができる。

　労働の需要に合わせて、労働時間が決まる。パートタイムであることが
多いが、フルタイムもあり得る[103]。

　給与は、仕事の業績が変動しても、同じ金額で継続的に支払われるのが
通常である。

　労働時間の延長による生産性の向上から、原則的には臨時ボーナス制度
に相当するような取り決めがなされることも多い。

　労働者は、年間を通じて、詳細な計画が作成され、また、休日やレジャ
ーの希望を組み込むことができる。労働時間口座を用いることもできる。
法律上、特別な労働時間規制はなされていない。時間主権の現代的な形態
である。

　年間労働時間契約では、使用者は、需要に合わせた雇用調整によりコス
ト引き下げをなし得る。個々の労働時間が事業所の需要によって定まると
き、労働時間はフレキシブルなものとなる。年間労働時間を通じた労働時
間の需要調整によって、硬直的な労働時間システムが放棄されることにな
る。年間労働時間契約により固定的な労働時間を配分するのではなく、全
体の量を需要に合わせることに、使用者の利益がある[104]。この12ヶ月間
の労働時間の期間と配分を決定する基礎となる年間労働時間契約は、柔軟
性と多くのオプションに向けた大きな推進力を与えることができると指摘
されている[105]。

---

　102)　Hamann, a.a.O., S.98.

　103)　Hamann, a.a.O., S.98.

　104)　Richardi/ Wlotzke/ Wißmann/ Oetker (Hrsg.), Münchener Handbuch zum
　　　　Arbeitsrecht, a.a.O., § 40, Rn. 2 (Schüren).

　105)　Teriet, Arbeitsmarktpolitische Aspekte flexibler und individueller Arbeits- und
　　　　Betriebszeiten, Wagner, Arbeitszeitmodelle: Flexibilisierung und
　　　　Individualisierung, Göttingen, 1995, S.223, 229.

パートタイム労働の概念をさらに進化させ、個人と企業の両立を実現できることになる。標準的なフルタイムで可能な雇用関係よりも、多くの雇用関係を作り出すことができる[106)]。労働コストの上昇に伴い、労働時間と操業時間の切り離しも進む[107)]。

　こうしたフレキシブルな年間労働時間のモデルには、事業所協議会の共同決定は適さない。むしろ、使用者の命令権が重要である。この労働時間は、営業法 106 条により、公平な裁量にしたがって、一方的に定められうる[108)]。

4　ドイツ労働時間の実務

　労働時間法の規定は、実務をみることが重要である。特に、労働協約や事業所協定においてより詳細な労働時間規定が定められているうえ、労働時間口座等の実務が発展している。また、勤務間インターバルである休息時間もどのように発展しているのかをみることもできる。そこで、訪問調査を行った以下の企業、公団等での実務をみることにする。このなかでは、勤務間インターバル制度、裁量労働制、フレックスタイム制、労働時間口座、シフト制の実務が明らかになっていく。

[1]　S 社の労働時間

　自動車部品等を製作、販売する S 社[109)]の労働時間制をみてみる。

　週 35 時間制と休息時間（勤務間インターバル）　基本は、（前記の）金属産業労働協約の通り、週 35 時間となっている[110)]。

---

106) Teriet, a.a.O., 229.

107) Teriet, a.a.O., 230.

108) Richardi/ Wlotzke/ Wißmann/ Oetker (Hrsg.), Münchener Handbuch zum Arbeitsrecht, a.a.O., § 40, Rn. 13 (Schüren).　呼出し労働に関わる法解釈上の制限が重要である（Richardi/ Wlotzke/ Wißmann/ Oetker (Hrsg.), Münchener Handbuch zum Arbeitsrecht, a.a.O., § 40, Rn. 15 (Schüren))。

109) 以下は 2017 年、2018 年の聞き取り調査による。

休息時間（勤務間インターバル）は、この企業では、12時間となっている。法定の最長労働時間11時間を（労働者に有利に）上回る。例外は、火事のときの消防作業の場合とされ、休息時間が11時間を下回る。

3交替勤務制とルーテンフランツモデル　同社では、6時から14時、14時から22時、22時から6時の、三つの時間帯でのシフトがとられる。三交替勤務になっている。10以上のシフトの作り方があるが、古典的なモデルは次のようなモデルであると同社の事業所協議会において説明を受けた。つまり、1週間は、同じ時間帯でのシフトを繰り返し、翌週には別の時間帯でのシフトとなり、さらに翌々週には、別の時間帯でのシフトとなる。生活のリズムは作りやすいという。

S社　古典的なシフトモデル

	1週目							2週目							3週目							4週目						
	月	火	水	木	金	土	日	月	火	水	木	金	土	日	月	火	水	木	金	土	日	月	火	水	木	金	土	日
グループA	1	1	1	1	1	1								3	3	3	3	3	3			2	2	2	2	2	2	
グループB	2	2	2	2	2	2		1	1	1	1	1	1								3	3	3	3	3	3		
グループC	3	3	3	3	3			2	2	2	2	2	2		1	1	1	1	1	1								3
グループD							3	3	3	3	3	3			2	2	2	2	2	2		1	1	1	1	1	1	

	5週目							6週目							7週目							8週目						
	月	火	水	木	金	土	日	月	火	水	木	金	土	日	月	火	水	木	金	土	日	月	火	水	木	金	土	日
グループA	1	1	1	1	1	1								3	3	3	3	3	3			2	2	2	2	2	2	
グループB	2	2	2	2	2	2		1	1	1	1	1	1								3	3	3	3	3	3		
グループC	3	3	3	3	3			2	2	2	2	2	2		1	1	1	1	1	1								3
グループD							3	3	3	3	3	3			2	2	2	2	2	2		1	1	1	1	1	1	

1＝ 6時～ 14時 ＝早番・日中勤務
2＝14時～ 22時 ＝日中勤務・遅番
3＝22時～ 6時 ＝深夜勤務

図9-3

労働の終了と労働の開始との間は、休息時間が保障される。1つのシフトの後は、休日となっている。

これに対して、次の図のように、深夜業を連続2日までとするのが医師による推薦があるものだと説明を受けた。ドイツでは、ルーテンフランツ原則と呼ばれる見解があるが（第6章参照）、これによれば、深夜業勤務は

110）3ヶ月おきに、使用者と事業所協議会が、労働時間、特に、労働時間口座、時間外労働をチェックすることになっている。個人ごとに労働時間口座と時間外労働がPCに記録されていた。人事だけではなく、事業所協議会もPC上でチェックできる。

S社（医師推薦）

	1週目	2週目	3週目	4週目	5週目	6週目	7週目	8週目
	月火水木金土日	月火水木金土日	月火水木金土日	月火水木金土日	月火水木金土日	月火水木金土日	月火水木金土日	月火水木金土日
グループA	1 2 2 3 3	1 1 2 2　3 3	1 1 2　2 3 3	1 2 2 3 3	1 2 2 3 3	1 1 2 2　3 3	1 1 2　2 3 3	2 3 3　1
グループB	3　1 1 2	2 3 3　1	1 2 2 3 3	1 1 2 2　3 3	1 1 2　2 3 3	2 3 3　1	1 2 2 3 3	1 1 2 2　3
グループC	2 3 3　1	1 2 2 3 3	1 1 2 2　3 3	1 1 2　2 3 3	2 3 3　1	1 2 2 3 3	1 1 2 2　3 3	1 1 2
グループD	1 1 2 2　3 3	1 1 2　2 3 3	2 3 3　1	1 2 2 3 3	1 1 2 2　3 3	1 1 2　2 3 3	2 3 3　1	1 2 2 3 3

1＝ 6時〜14時 ＝早番・日中勤務
2＝14時〜22時 ＝日中勤務・遅番
3＝22時〜 6時 ＝深夜勤務

図 9-4

連続2日までとすべきであるとされている。これは、人間の体が3日目に深夜労働に慣れてしまうため、そのように慣れてしまう前に、深夜労働の連続は2日目までに抑えるとよいというものである。この医師推奨のモデルはこの考えによる。シフト（特に深夜労働について）が、医学的な所見を生かしつつ作成されている点で、興味深い。また、注意すべきなのは、深夜勤務の後、休みが少なくとも2日（＝24時間）あることである。実質的に勤務間のインターバルがとられているといえる。心身への悪影響もこれにより抑えられる。

　以上が工場労働者の交替勤務である。

　フレックスタイム制　これに対して、フレックスタイム制が従業員と管理的職員（leitende Angestellte）を対象に実施されている。フレキシビリティーの保障が目的である。フレックスタイム制では、標準的労働時間がある。週35時間制のもと、一日の労働時間は、6.5時間から7時間である。コアタイムは、8時半から14時半である。始業時刻は7時からであるが、これを6時45分から（8時半までのフレックスタイム）とすることができる。また、夕方については、14時半から17時半までの3時間をフレックスタイムとすることができる（事業所協定4条）。労働時間の記録も行われている（事業所協定6条）。むろん、フレックスタイム制でも、労働時間法上の最長労働時間の規定は遵守することとなっている。

　フレックスタイム制は、労働時間口座と組み合わされている。同社では、

フレックス・労働時間口座と呼ばれる。上司が許可する限りでは、労働者が預金から引き出し、超過労働時間分を自由時間に転換できる。

裁量労働制　対象は協約外職員（管理職を含む）である。本人の希望により労働時間の記録はなしうるが、事業所協議会のインタビューによれば、個人ごとの労働時間の記録は、誰もやらないという。個人管理というが、実際には労働時間は長期化する傾向があるとされる。

労働時間口座　最近のドイツ企業の労働時間の仕組みで特徴的なのは、労働時間口座と呼ばれる仕組みである。つまり、労働時間の口座と呼ばれるものが各労働者にあり、一定の超過労働分（ほぼ残業分）を自由時間（休暇に値する）に置き換えたり、金銭に置き換えたりすることができる。

同社では、労働時間口座は、220 時間から−（マイナス）20 時間で蓄積（貯蓄）される。個人の口座に超過労働時間の分が蓄積（貯蓄）されていく。週 35 時間制であるので、3 つのシフトで労働すると、35 時間を超える部分が超過労働となり、その 35 時間を超えた部分が口座に預金となる。週 35 時間制のもとで、労働者が週 40 時間で労働する場合、週 5 時間の超過労働分が預金されることになる。

同社では、個人的な事情により、労働者は、口座の預金から引き出しができ、自由時間にすることができる。従業員の希望は、事業所の利益に反しない限り、考慮されることとしている。

自由時間として、先に示したシフトプランには、深夜労働の後シフトから外れる日が 2 日はある。事実上、深夜勤務後は、休息時間が長くなることを意味する。さらに、従業員は、1 年に 30 日の休暇があるとされる。

また、労働時間法 6 条 4 項には、日中のポストへ配置を変更し得ると規定されるが、この企業でも、健康上の理由から常に起こる問題であるとされ、日中のポストへの転換が問題になるという。同社では、産業医は、シフトが変わる際、就業場所が適切かどうかをチェックする。

[2]　K 社の労働時間

自動車のベアリングなど自動車部品を生産する K 社を訪ねたが、K 社では、上記の金属産業労働協約が適用されている。同社の約 80％の従業

員が金属労組の組合員である。

週35時間制と休息時間（勤務間インターバル）　金属産業労働協約では、週35時間制がとられている。月20時間が超過労働の上限（基本協約）となっている。

労働者が超過労働（時間外労働）を行う場合には、事業所協議会の同意（了解）と本人の同意のもとに行っている。超過労働を行う場合には、使用者がその都度事業所協議会に電話等で連絡し、やむを得ない事由である旨を説明し、事業所協議会もこれをおおむね了解するという。

労働協約の適用がないのは、協約外職員である。協約外職員は週40時間になることもあるとされる。

同社では、11時間のインターバルが形成されている。

フレックスタイム制と裁量労働制　フレックスタイム制が採用され、従業員と企業のフレキシビリティー保障が目的である。

同社では、事務職員の領域について、会社と事業所協議会が協議して、裁量労働が導入されている（事業所協定に規定がある）。その時々によって労働の量が異なるので、最大限の労働時間の利用のため、裁量労働制が導入されたという。裁量労働制ではあるが、コア時間が設定されており、それは6時から19時とされる。裁量労働の対象となる従業員も、週40時間労働とされている。ドイツの企業において裁量労働について、労働時間の把握義務を履行できない企業が多い中、この企業では、事業所協議会が抜き打ち検査により、労働者の労働時間を監督している。裁量労働が従業員の精神的な健康を害するからとされる。

裁量労働制が管理監督者を対象として導入されているが、労働時間の把握に課題があるという。

労働時間口座　K社でも労働時間口座が導入されている（3〔2〕(i)）。K社では、50時間まで超過労働分（ほぼ残業分）を貯蓄し、50時間を超えると、その50時間を超過した分を、上司との合意により、労働者は自由時間に置き換えることができる。

さらに、別の規制があり、超過労働が100時間にまで達すると、強制的に自由時間を1週間労働者が取得しなければならない。これにより、超過

第9章　実現可能な労働法制改革の方向性　241

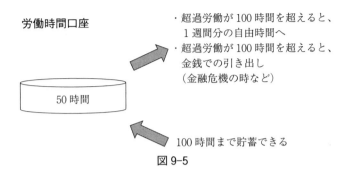

図 9-5

労働による健康阻害の可能性が少なくなる。

　同社でも、金銭口座がある。金銭口座は、景気に応じて労働時間が短縮される場合に、余った時間を貯蓄していくという制度となっている。口座から金銭への換金は、事業所協議会と使用者との間で合意した場合にのみ可能となっている。この口座は、2009年のリーマン・ショックの時に導入された（同社では、景気口座と呼ばれた）。つまり、不景気により労働時間が短縮された（操業短縮ではなく）ため、労働時間口座の導入により、金銭に替えられた。

[3]　O公団（有限会社）の労働時間
近距離交通ノルトラインヴェストファーレン労働協約

　近距離交通ノルトライン・ヴェストファーレン労働協約（Tarifvertrag Nahverkehr. Nordrhein-Westfalen）8条では、

　「通常労働時間は、休憩を含み、平均週39時間とされる。週労働時間の平均の算定にあたっては、1年までの期間に拠る。シフト労働で給付する労働者の場合には、より長い期間に拠る」と定められる。同協約労働者は、実際の労務の提供に対する対価と並んで、手当を得る。賃金グループの段階の月の賃金（時間給）に次のように加算する。

　　a）超過労働30％、
　　b）深夜労働25％、
　　c）日曜労働25％、

d）祝日労働135％（ママ）、

e）13時以降の労働、イースター、キリスト昇天祭、12月24日、31日の各労働40％、

f）土曜日労働13時から21時まで、20％

cないしfの複数の手当が競合する場合には、その都度より高い手当が支払われる」。

休息時間（勤務間インターバル）　Ｏ公団（有限会社）では、使用者と事業所協議会は、事業所協定により、1日10時間の休息時間を定めている（これは、本章1〔2〕で記述される休息時間の規制との関係では、脚注で示した「事業所協定」（労働時間法7条1項3号）による休息時間の短縮であることを意味する）。つまり、勤務間インターバルが短くとられ、10時間となっている。例えば、バス運転手には、フレキシブルに稼働できるように、使用者にこれが認められている。例えば、運転手は早朝、車両の点検が必要となる。また、冬の朝には、車両の除雪、氷解が必要となる。このため、短い時間の休息時間が必要になるとされる。

フレックスタイム制　フレックスタイム制が採用されている。月曜日から木曜日まで、9時から13時までの最低4時間のコアタイムがある（義務）。金曜日は15時間までがコアタイムとなる。事業所組織法87条に基づき、使用者と事業所協議会がフレックスタイム制について事業所協定を締結している。

バスや路面電車の運転業務の従業員に対しては、労働協約により、1年の精算期間が定められている。

深夜労働　深夜労働は、21時から6時とされる。25％の深夜労働手当が保障されることが上記の労働協約において定められている。

労働時間法6条4項では、使用者は、深夜労働者に対して、労働者の請求により、差し迫った事業所の必要性と矛盾しない限りで、深夜労働者に適合した日中のポストへ配置を変更し得るが、同公団では、労働者が診断書を有している場合には、使用者は、労働者の希望を拒否し得ないという取扱いが決められている。

労働時間口座　同協約12条では、労働時間口座が定められている。

第9章 実現可能な労働法制改革の方向性　**243**

「最長の時間の預金は、120 時間を超えてはならない。フルタイマーでない労働者は、同意により労働時間口座を得る。口座の預金が 80 時間を超える場合には、最長の時間預金超過を避けるため、4 条下段により、削減措置が合意されなければならない。……労働者は、最長時間口座を超える場合に、5 日の告知期間を遵守する下で、時間口座が 80 時間削減されるまで、労働から免除される」。

　O 公団（有限会社）では、労働者は、労働時間口座の自ら預金の（時間での）引き出しを決定しうるが、管轄の課長とのみ相談し、決定することとなっている。この場合、労働者は労働時間口座を自由時間に引き出し、自由時間に口座の預金が利用されるという。労働協約で予定している長期の労働時間口座は、合意されていない。そのうえ、口座から金銭での引き出し、つまり、金銭への換金は、労働者自らが決定しているとされ、上司である課長と合意しなければならないとされる。

　最長で 3 ヶ月で労働時間口座は清算される。双方の当事者から清算方法が示されなければならない。事業所協議会は事業所協定の維持を監視しているという。労働時間口座は、この公団では、最長で＋60 時間まで預金することができる。

5　結びに代えて

　そもそも、ドイツの労働時間法制は、労働者の安全ないし健康保護の観点に立っている。EU 法、ドイツ法を日本法と比較すると、EU 法、ドイツ法では、最長労働時間（日本では上限とも呼ばれる）、休息時間（日本では勤務間インターバルと呼ばれる）、休憩時間、有給休暇、深夜労働に関する規制、及び、これらの一部に関する適用除外規定が置かれている。労働時間規制に関わってフレキシビリティー、規制緩和をめぐる議論は、80 年代、90 年代において、EU 域内において盛んにおこなわれてきたが、ドイツにおいても、最長労働時間、休息時間、休憩時間、有給休暇、深夜労働に関する規制が設けられている。

　また、ドイツ法では、労働時間法のみならず、協約上の労働時間規制が

重要な役割を果たしている。金属産業では、週35時間制が採用されている。そこまでの歩みを見る限り、労働組合による警告スト等を通じて、労働組合が獲得してきたのが、金属産業における週35時間制の労働協約であった。同時に、労働協約の差別化が図られ、事業所協議会との規制権限の相克の問題を生じさせた。

その後は、労働時間口座、裁量労働制等を通じた労働時間の個別管理が進んでいる。この労働時間の個別管理（個人化）は、労働者が各々異なった時間に労働するというもので、労働者の家族・私生活保障にもつながりうる重要な動きである。これが在宅就労への礎にもなっている。ドイツでは、事業所の都合にも合わせながらであるが、自己の都合で働き、自己の意思により働く時間と私生活時間を確保しつつある。比較的画一的な労働時間を好む日本企業と比べると、こうした労働時間の個別管理（個人化）は、近未来型の労働に映る。

また、判例が裁量労働制について労働時間把握義務を認めた点も画期的である。

他方で、ドイツでの信頼しうる調査によれば、本文のとおり、労働時間口座は、労働時間の上限（1日8時間）にほぼ達する水準で運用されている。そうだとすれば、労働時間口座が超過労働につながる危険性を内包していることにもなる。

日本においては、労働時間口座の導入が（働き方改革の際にも）議論されたが、かえって長時間労働と割増賃金の没収につながるおそれが懸念される。しかし、他方で、ドイツでは、労働時間の上限が、既述の通り、十分機能しているともいえるので、上限規制自体が重要であるともみうる。

さらに、労働時間法以外の規制では、閉店時間法が一定の役割を果たしている。繰り返し述べたように、適用除外される対象を除いて、平日・土曜日の20時からと日曜日は、――日本などとは異なり――スーパーや百貨店など多くの販売所は、閉店されることになる。閉店時間法が、労働者の利益の保護を図っている。労働時間法以外の規制によっても、労働者が保護されているのである。

これに加えて、日本法でも、最長労働時間に関する議論はあるものの、

EU 法（週 48 時間）、ドイツ法（1 日 8 時間）、ドイツ金属産業（超過労働の制限）と比べると、依然最長労働時間に関する規制は、緩いままである。また、最長労働時間が、原則として EU 法が一週単位で規制され、ドイツ法が一日単位で規制されている点も、重要である。

そのうえ、休息時間については、原則として連続 11 時間の休息時間がドイツの法制上規制されている。これについては、EU 法上も、ドイツ法上も、例外規定が置かれているのは前述のとおりである。

ドイツの実務では、法律よりも、長い休息時間も設けられていた（S 社の例）。これにより、労働者には自由時間が享受されていた。反対に、11 時間よりも短い休息時間を設ける例（O 公団）もみられる。過重労働による健康阻害を防止するためには、日中の労働の規制のみならず、深夜労働の規制とこれに伴なって、休息時間の規制が不可欠である。深夜労働の規制と休息時間の規制が存在するドイツでは、過労死や過労自殺事件はほとんど全く聞かれない。

その際、深夜の労働時間を 8 時間に制約する、という規制も、現行の法規制の到達点として、重要であると思われる。

そして、労働時間法では、「深夜労働者ないしシフト労働者の労働時間は、人間らしい労働の形成についての確定した労働科学の認識に従って、定められなければならない」（労働時間法 6 条 1 項）が、ドイツの実務においても、これが実践されているのも確認できた。深夜労働ないしシフト労働における労働者の安全と健康保護を考えるとき、深夜労働ないしシフト労働の形成に医学の知見を活かしていくことが求められるし、法規定上もそれを求める旨の規定は有用であると確かめることができた。とくに、医学的な知見を利用した実例では、ルーテンフランツ原則を生かしたシフトの形成が興味深い。

このほか、ドイツでは、深夜労働者の日中労働への転換義務の規定も設けられ、実務でも用いられている。

最後に、有給休暇については、ドイツにおいて協約上 4 週の有給休暇が付与されているのは、よく知られている。日本では、法律上もこれより少ない有給休暇が付与されている。

第 10 章

［提言］あるべき労働時間規制の
　　ベストミックス

立正大学教授　高橋賢司
弁護士　川岸卓哉

1　日本におけるあるべき労働時間法制

［1］　従来の議論
（i）　インターバル規制等を重視した学説

　従来学説では、労働時間の上限規制よりも、インターバル規制をめぐる規制の必要性を説くものが多かったように思われる。

　大内教授は、「休息権」を掲げて、「休息権」保障のために休日労働の廃止を求めつつ、EU 指令と類似の規制の導入、とりわけ、「ある 24 時間のうち、連続 11 時間以上の休息を保障する」ことを提案している[1]。また営業時間を規制する閉店時間法のような法律の制定を考慮するほうが抜本的で効果的であるとしている[2]。

　また、濱口氏も、労働時間の上限規制とインターバル規制の議論の経過を詳細に検討している[3]。

---

1) 大内伸哉「労働法学における『ライフ』とは」季刊労働法 220 号（2008 年）4 頁、8 頁。
2) 大内・前掲注 1) 11 頁。
3) 濱口桂一郎「労働時間の上限規制とインターバル規制」季刊労働法 258 号（2017 年）10 頁、26 頁以下。

さらに、睡眠の重要性が指摘されるところから、2時間程度の通勤時間、7時間程度の睡眠、食事・入浴の生活時間を考えると、EU指令の11時間のインターバル規制は、適切であると説かれる[4]。また、4週の中で4日の週休日が可能な労基法の規制は、「長時間労働の連続を生」み出すとする。休息の確保のため、7日ごと、1日24時間の付与を原則とし、1日11時間の「インターバル規制を加え、1週間で35時間の休日付与を原則とする必要があろう」と指摘される[5]。

また、日本学術会議 経済学委員会 ワーク・ライフ・バランス研究分科会も、EU指令と同様、「①24時間につき連続して最低11時間の休息時間を設ける　②7日ごとに最低連続24時間の休息に加えて連続11時間の休息時間（＝連続35時間の休息時間）を設けることが望ましい」とする[6]。

これらは、インターバル規制をめぐる規制の必要性を説く優れたものであると思われる。

これに対して、和田教授は、労働時間規制の本質は、「心身の健康の保持あるいは労働力の再生産」、今日では、「私的生活や社会生活と仕事との調和（ワーク・ライフ・バランス）」、「家庭的責任の履行」、「ワークシェアリング」に求める[7]。そのうえで、強行的な効力を持った上限規制（10時間）[8]、インターバル規制、割増賃金率の引き上げ[9]を提唱している。

(ii) 生活時間の確保

労働時間の本格的研究は、1980年代よりなされている。労働時間の規

4）水野圭子「ワーク・ライフ・バランスとジェンダー」浅倉むつ子先生古希記念論文集『「尊厳ある社会」に向けた法の貢献——社会法とジェンダー法の協働』（旬報社、2019年）349頁、358頁。

5）水野・前掲注4）358頁。

6）日本学術会議経済学委員会 ワーク・ライフ・バランス研究分科会「労働時間の規制の在り方に関する報告」（2017年）10頁。

7）和田肇『労働法の復権』（日本評論社、2016年）102頁。

8）和田・前掲注7）95頁。

9）和田・前掲注7）96頁。

制を考えるうえで、労働者の健全な心身・健康維持に加えて、「家庭生活、地域生活、社会生活のかかわりのなかに、労働時間のあり方を位置づける[10]」と生活時間の概念を定立している。労働生活の人間化ととらえている[11]。そのうえで、この共同研究では、労働時間を原則1日8時間・1週40時間を基本としながら[12]、最長労働時間は12時間[13]、日、週、年単位の上限の設定[14]、割増賃金の引き上げ[15]が提言されている（ほかに深夜労働の禁止[16]）。そして、労働時間短縮の代償として、労働時間の弾力化も提唱されている[17]。労働時間研究のフロンティアであり、現代に連なる優れた研究であるといえる。

　また、近時、新たな労働時間法は、「生活時間の確保」を基本に据えられなければならないと唱えられる[18]。

　その目的において、肉体的精神的な負荷の増大による健康や安全の阻害の防止にだけ焦点があてられるべきではなく、労働者の生活時間、特に、「家族生活・社会生活のために時間を確保する」ためにあると述べる[19]。拘束時間の規制や休息時間の規制を欠いていることを現行制度の問題点とする。

---

10) 労働時間問題研究会（世話人代表：野沢浩、中島通子、斎藤良夫）編『労働時間短縮への提言』（第一書林、1987年）21頁。同書では、さらに、労働時間の生活時間は、「大きくは、労働者の肉体的維持に必要な生理的生活時間、労働力再生産と人間発達にとって不可欠な家事的生活時間（育児・介護を含む）、多様な人間の活動のための社会的・文化的生活時間からなっている」と説かれた（労働時間問題研究会編・前掲書79頁〔伊藤・執筆部分〕）。

11) 労働時間問題研究会編・前掲注10) 21頁。

12) 労働時間問題研究会編・前掲注10) 25頁。

13) 労働時間問題研究会編・前掲注10) 25頁。

14) 労働時間問題研究会編・前掲注10) 25頁。

15) 労働時間問題研究会編・前掲注10) 25頁以下。

16) 労働時間問題研究会編・前掲注10) 27頁。

17) 労働時間問題研究会編・前掲注10) 24頁。

18) 毛塚勝利「新たな労働時間法を」労働法律旬報1884号（2017年）6頁、7頁。ほかに、毛塚勝利・浅倉むつ子・浜村彰・龍井葉二「いまなぜ生活時間なのか」労働法律旬報1849号（2015年）6頁。

19) 毛塚・前掲注18) 7頁。

また、生活時間の公共的性格をとらえるべきであると説く。家族生活や地域の人々と過ごす時間が生活時間には含まれ、育児・地域の祭り等に参与することが市民の責務であるとしている[20]。

こうした公共的性格から、時間外労働を含めて1日の最長労働時間は10時間（拘束時間11時間）とするべきであると説く[21]。

さらに、生活時間を基軸とする労働時間法制を考えるといっても、「負荷時間」、「賃金時間」、「生活時間」の3つの視座を考慮に入れて総合的な法規制を行うことを説く[22]。

そのうえ、労働者個人の「ライフ・スタイルやライフ・ステージにおける生活の特性にそって生活時間を確保」すべきであるという[23]。また、労働時間の配分に関して、労働者の個々人の選択が尊重される時間制度が望ましいとされるとともに、在宅就労の進展などをふまえて場所的な柔軟性が確保されるべきであると説く[24]。

こうしたコンセプトに基づく、創造的な政策的・解釈上の提言は、多岐にわたる。

これに従う学説も存する。長谷川教授も、賃金の算定の基礎となるべき労働時間の保障、雇用機会の調整、生活時間の確保のうち、基軸になるのは、生活時間の保障であると説く[25]。多様な働き方に対しては、「働き方の特徴に応じて各目的を達成可能な労働時間法を構想することで対応すべき」[26]であるとし、「一定の専門性を根拠に雇用の配分をより強く競争に委ねて良い仕事もありうることから、生活時間を除く他の目的については、仕事の内容に応じて当該目的に係る規制を類型的に除外する仕組みを構想

20）毛塚・前掲注18）7頁。
21）毛塚・前掲注18）9頁。
22）毛塚・前掲注18）7頁。
23）毛塚・前掲注18）8頁。
24）毛塚・前掲注18）8頁。
25）長谷川聡「労働時間法の目的と具体化の方法」日本労働法学会誌132号（2019年）167頁、168頁以下。
26）長谷川・前掲注17）169頁。

することが可能といえる」[27]と説く。

これを支持する他の学説も存在している[28]。

生活時間の構想は、壮大であり、多岐にわたる提言を含む。政策的、解釈上の諸原則として論じている。地域生活等広がりをもつことにも特色がある。地方公共団体での協議まで論じている。法規制に頼ることなく、組合なども念頭に、生活時間を確保するための創造的な展開を期待もしている。

しばしば「健康・安全だけでなく」と言われるが、なぜ、健康や安全が労働時間法制として劣後した扱いになるのか、疑問なしとしない。EU法では、依然健康や安全が重要な視点として論じられており、こうした観点が重要でなくなったということではないと思われる。

多くの学説において、労働時間の上限が、なぜ1日10時間なのかという点も、その理由が問われる。科学的な根拠ないし法律上の根拠が必要である。他の利益をも優先して労働時間の上限を説くのであれば、労働時間の上限規制等の必要性に関して、より説得力ある観点を提供する必要があると思われる。

深夜業の健康への影響は指摘されているところである。睡眠が関係しているが、睡眠の科学によれば、各疾患が睡眠の短かさによって影響を受ける[29]。そうした観点もふまえる必要がある。

家族生活、地域生活とのかかわり、広がりをもっていくべきなのは、本書も否定しないし、むしろ、重要な観点であると考える。しかし、過労死、過労自殺が多いわが国では、労働時間の上限規制、勤務間インターバル規制、深夜労働の規制等、健康や安全を考慮した規制こそ、重要なのではないか。

---

27) 長谷川・前掲注17) 170頁。
28) 浅倉むつ子『新しい労働世界とジェンダー平等』（かもがわ出版、2022年）113頁、125頁。
29) 後掲の図10-9。

(iii) 深夜労働に関する研究

これに対して、深夜業の健康への影響を考慮して、労働法学上深夜業の制限に関する研究も行われてきた。

深夜業を原則禁止し、例外的に深夜業が認められるのは、「人間の生命、健康、安全に直接関係する業種に限定し、技術的必要性がある場合も、操業の中断が技術的かつコストの甚大性からみて不可避である場合」に限定すべきであるとする[30]。

これによれば、その理由としては、憲法上の生存権における「健康で文化的な」生活の保障（25条）や幸福追求権（13条）、憲法27条2項、ワーク・ライフ・バランスの理念を唱える[31]。続けて、深夜業免除制度の改善、仮眠時間の保障（例えば、2時間の保障が必要とする）、短縮労働の保障（フランス、フィンランド、スウェーデンのような深夜業4時間への短縮を例に挙げる）、休息時間の確保を提唱する[32]。

アンケート調査で得られた所見等を生かして、深夜業を制限しようとする観点は、重要で優れた研究であると思われる。さまざまな業種の深夜業を検討して、研究成果を述べている重要な研究であると思われる。

[2] あるべき労働時間法制

(i) 労働時間法制のあるべき理念

労働時間の法制が何を保護しているのか、その解釈上の出発点が問われる。労働時間法の理念としては、労働者の安全ないし健康保護の観点が重要な視点なのではないか。もともと、工場法も、健康保護の観点を強調していたことが強くうかがわれるが、労働時間規制の原点であるといいうるものである（本書第2章）。現代においても、肉体的・精神的な負荷を問題にするのは、時代遅れな発想では決してない。過労死、過労自殺という他

---

30) 吉田美喜夫「深夜業の実態の変化と法規制の重要課題」労働法律旬報1741号（2011年）7頁、14頁。

31) 吉田・前掲注30）14頁。

32) 吉田・前掲注30）14頁以下。

国ではあまり見られない事態を生じさせているわが国だからこそ、労働者の安全ないし健康保護の観点が重要視されるべきである。

現行の労基法は、労働時間の上限規制を置いており、労働時間等設定改善法では、勤務間インターバルまで規制手法として用いている。また、わが国や他国をみても、労働時間規制は深夜労働までを対象としうる。勤務間インターバルや深夜労働に関する規制は、私生活の確保という観点からだけでは説明が不可能である。勤務間インターバルと深夜労働に対して法規制が必要であるのは、むしろ、労働者の健康と安全を考慮してのこととなる。ＥＵの労働時間法制も、労働者の安全ないし健康保護の観点に立っている。以上から、現行の労働時間規制では、労働者の健康と安全が理念となるべきと解すべきところである。

生命、健康を確保するという考えは、労働法においては労働安全衛生法等さまざまな場面において論じられてきた。生命および健康を確保しなければならないというのは、人格的な自律を確保すべき、憲法上の要請等から導かれると解される（憲法 12 条、13 条、民法 90 条）。

(ii) 労働時間の上限規制

(ア) 日本におけるあるべき労働時間の上限規制

労働時間の上限については、労基法の制定過程では、第五次修正案において、1 日 3 時間、1 週 9 時間、1 年 150 時間という上限を定めていたが[33]、第六次案において消えている[34]。

日本法では、使用者は、時間外労働および休日労働に関して、過半数労働組合または過半数代表者と労使協定を締結しなければならない（労基法 36 条 1 項）。

時間外労働の上限は、原則月 45 時間、年間 360 時間と労基法上規定されている（同条 4 項）。

---

33) 本書第 2 章 1 [2]。
34) 濱口氏がこのことをすでに指摘している（濱口・前掲注 3) 11 頁)。

当該事業場における通常予見することのできない業務量の大幅な増加等に伴い臨時的に限度時間を超えて労働させる必要がある場合において、労使が合意する場合に、月100時間未満で、ならびに年720時間を超えない範囲で定めることとする（同条5項）。

臨時的特別な事情、つまり、繁忙期は、月100時間未満まで、使用者が、時間外労働させることができるというのは、前記の通り、上限としては、低すぎるという批判がある（本書第2章1［3］(ii)）。

(イ)（過労死等に関する）医学的な観点と労働時間の上限

医学的な研究では、次のように、例えば、一定の長時間労働が脳心臓疾患などの健康阻害の可能性、場合によっては、過労死の原因をなすと指摘されている。

図 10-1　本研究グループ作成

各研究の結論の要旨	執筆文献
過労死家族・同僚203名を分析した医学的な研究によると、週60時間以上の労働、月50時間の残業、または所定休日半分以上の出勤のいずれかにあたる長時間労働が、過労死者の3分の2を占める。配転、課題ノルマ、要求度の高さ、支援の低さ等の特徴がみられる。高血圧の既往、降圧剤服用、喫煙、飲酒などがみられる。	上畑鉄之丞「労働ストレスと循環器疾患」日循協誌26巻3号（1992年）185頁 -190頁、188頁
50代の管理職業務や長時間拘束（1日労働時間11時間以上）、休日週1日以下などの因子は、過剰血圧の危険因子である。休日の少なさ、睡眠時間の少なさなども、有意な要素である。	内山集二ほか「降圧剤治療を受けている50歳代男性労働者における脳心事故の危険因子」産業医学34号（1992年）318頁、324頁
全体の労働時間は週60.7時間で、40歳代の労働時間が最も長いが（販売員）、長時間労働は疲労により収縮期血圧を上昇させ、総コレステロール値を低下させる可能性があることがわかる。	Iwasaki K et al. (1998): Effect of working hours on biological functions related to cardiovascular system among salesmen in a machinery manufacturing company, Ind Health, 36 (1998) p.361-367

1日7-9時間の労働時間をもつ男性と比較して、11時間を超える労働時間をもつ男性の急性心筋梗塞のリスクが高まる傾向が確認されている。	Sokejima S et al.,Working hours as a risk factor for acute myocardial infarction in Japan,case-control study,BMJ,317, 1998,p.775-780,p.777　本書第5章参照
心筋梗塞になりやすいライフサイクルを分析し、労働環境・社会生活行動について、労働時間が長いこと（1日10時間）にくわえて、「休暇をとらない、身体的・精神的にきついなど仕事の要求度が高く、仕事内容やペースについての裁量の自由度が低く、さらに頼れる上司がいないことや仕事のことを家族に話さないなど社会的（技術的、情緒的）支援が乏しいこと」が確認された。	志渡晃一「心筋梗塞に罹りやすいライフスタイルに関する症例・対照研究」北海道医誌70号（1995年）102頁、106頁
過去1年および過去1ヵ月の心筋梗塞のオッズ比は、時間外労働（週労働時間61時間以上）では、週40時間未満と比較して、リスクが2倍上昇した。睡眠の少なさも、急性心筋梗塞の増加に関係している。	Y Liu et al.,the Fukuoka Heart Study Group, Overtime work, insufficient sleep, and risk of non-fatal acute myocardial infarction in Japanese men, Occup Environ Med, 59, 2002,p.447-451, 448.
メタアナリシスを行い、標準労働時間（週35〜40時間）と比較し、長時間労働（週55時間以上）は冠動脈性心疾患の発症リスクの増加と関連する。	Kivimäki M, et al., Long working hours and risk of coronary heart disease and stroke, Lancet. ,386, 2015, p.1739-1746.
過剰血圧反応発生と関連する要因は、労働時間が1日10時間以上、睡眠時間が1日6時間未満、休日数が週1日以下であった。	道下竜馬ほか「勤労者の労働時間、睡眠時間、休日数と運動負荷試験中の血圧反応との関係」産業衛生学雑誌58巻1号（2016年）11-20頁、11頁、18頁。
740,000人以上の心血管疾患のない人を対象としたデータと個人参加者の観察データを用いた大規模なメタアナリシスにより、長時間労働（週55時間以上）と心血管の発症との関連が報告され、冠動脈性心疾患と関連するリスクが1.12倍（95% CI 1.03-1.21）増加すると示唆し、脳卒中に関連するリスクは1.21倍（95% CI 1.01-1.45）高まると指摘する。	Virtanen, Kivimäki, Long Working Hours and Risk of Cardiovascular Disease, Curr Cardiol Rep. ,2018, 20: 123, p.1-7, p.1.

40歳から59歳の日本人中年男性において（20年追跡したコホート研究）、長時間労働（1日11時間以上）は急性心筋梗塞のリスクを高くすることと関連する。	Hayashi R, et al., Working hours and risk of acute myocardial infarction and stroke among middle-aged, Japanse men.. Circulation Journal（2019）p. 1072-1079, p.1078.
長時間労働が全体的な脳卒中率の増加と関連しているとはいえない。しかし、長時間労働と、出血性脳卒中発生率の増加との関連の可能性を示唆する。	Hannerz H et al., Long working hours and stroke among employees in the general workforce of Denmark. Scand J Public Health.46, 2018, p.368-374.
35〜40時間／週の労働と比較すると、55時間／週以上の労働は、8〜30年の追跡調査において、虚血性心疾患での死亡リスクの中等度の臨床的に意味のある上昇をもたらした可能性がある。	Li J, et al., The effect of exposure to long working hours on ischaemic heart disease: A systematic review and meta-analysis from the WHO/ILO Joint Estimates of the Work-related Burden of Disease and Injury., Environment International, 142, 2020, p1-38, p.1.
35〜40時間／週の労働と比較して、55時間／週以上の労働は、脳卒中発症リスクの中等度の臨床的に意味のある増加をもたらした可能性がある。	Descatha A, et al.The effect of exposure to long working hours on stroke, Environment International, 142 (2020),p.1-31, p.2.

　以上は、長時間労働が、各脳心臓疾患のリスクを高める調査結果を示している。特に労働者を対象とした諸研究を示す、この表からも、連続1週55時間ないし60時間の労働、1日11時間以上の長時間労働が、各々の脳心臓疾患などの健康阻害の可能性が高まりうるとみうる（1日10時間以上で高血圧のリスクを高くするという研究がある）。

　上畑医師は、過労死家族・同僚203名を分析した医学的な研究によると、週60時間以上の労働、月50時間の残業、または所定休日半分以上の出勤のいずれかにあたる長時間労働が、過労死者の3分の2を占める。配転、課題ノルマ、要求度の高さ、支援の低さ等の特徴がみられ、高血圧の既往、降圧剤服用、喫煙、飲酒などがみられるとした[35]。

　笠島も、1日7-9時間の労働時間をもつ男性と比較して、11時間を超える労働時間をもつ男性の急性心筋梗塞のリスクが高まる傾向が確認されていると述べる[36]（本書第5章）。心筋梗塞に関する最近の代表的な研究でも、

日本人中年男性において、残業時間は急性心筋梗塞のリスクの高さと関連すると指摘される[37]。

笹島の同僚であったとされる研究者による研究で、大規模なメタアナリシスにより、長時間労働（週55時間以上）と心血管イベントの発症との関連が報告され、冠動脈性心疾患と関連するリスクが1.12倍（95% CI 1.03-1.21）増加すると示唆されている[38]。

ほかに、虚血性心疾患[39]、脳卒中[40]との関係でも、**図10-1**のように、長時間労働（週55時間以上）で有意な発症のリスクの増加が確認されている。

本書第7章の不規則労働・深夜労働における過労死・過労自殺事件の分析では、時間外労働は、発症前6か月平均60時間を超えているものが多い（むろん、過重労働による重大な疾患や死亡には、業務の内容、労働の質、上司の指示、有給休暇の状況、本人の体質、労働者のミスの有無、基礎疾患、労働環境の変化など、長時間労働以外の要素が関わる。しかし、長時間労働そのものが、医学的にも重大な要因であると考えられている）。

以上のことから、労働時間の上限規制を考えるうえで、医学的な研究上、およそ1日の労働時間が連続11時間、または1週55時間ないし1週60時間を超えると、重大な各々の脳・心臓疾患になるというリスク（発生確

35）上畑鉄之丞「労働ストレスと循環器疾患」日循協誌26巻3号（1992年）185頁-190頁、188頁。

36）Sokejima S et al.,Working hours as a risk factor for acute myocardial infarction in Japan,case-control study,BMJ,317, 1998,p.775-780,p.777.

37）Hayashi R, et al. Working hours and risk of acute myocardial infarction and stroke among middle-aged, Japanse men. Circ J. 83（2019）p. 1072-1079, 1078.

38）Virtanen, Kivimäki, Long Working Hours and Risk of Cardiovascular Disease, Curr Cardiol Rep. ,2018, 20: 123, p.1-7, p.1..

39）Li J, et al., The effect of exposure to long working hours on ischaemic heart disease: A systematic review and meta-analysis from the WHO/ILO Joint Estimates of the Work-related Burden of Disease and Injury., Environment International, 142, 2020, p1-38, p.1.

40）Descatha A, et al.The effect of exposure to long working hours on stroke, Environment International, 142(2020),p.1-31, p.2.

第10章　［提言］あるべき労働時間規制のベストミックス　257

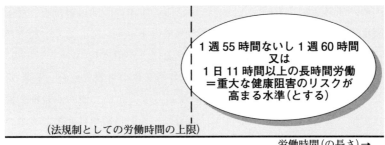

図10-2

率）が高まると捉えうる点をふまえる必要があると思われる。（むろん、ある程度の時間的な幅はあると思われるが）長時間労働がおよそ連続した1週55時間ないし1週60時間の労働、連続した1日11時間以上の水準になると、各脳心臓疾患などの健康阻害のリスクを高めると考えうることから、この各々の脳・心臓疾患のリスクを高める水準の労働時間を容認しない政策的な考慮が重要である。というのも、これらの長時間労働により、各々の脳・心臓疾患の発症リスクが上昇するというのであれば、これらの長時間労働を改善すれば、そのリスクは下げられる可能性はありうる

　むしろ、政策的な判断として、各々の脳・心臓疾患のリスクを上昇させる高い水準の長時間労働を容認する労働時間規制は避けると考慮していくことはできるはずである（**図10-2**のように、労働時間の上限のライン〔縦の点線で示される〕を、脳・心臓疾患などの重大な健康疾患を引き起こすリスクを高める労働時間の水準(楕円部分)を避ける、ということである）。なぜなら、そのレベルの長時間労働を法制度として容認すれば、そのもとで働く労働者が脳・心臓疾患などの重大な各健康疾患を引き起こすリスクが高まるため、それは生命および健康を重要な法益と考えうる立場からは容認できるレベルではないからである。労働時間法制上、労働時間の上限が、1週55時間な未満の労働時間ないし1日11時間未満の労働時間に収められていくと、各々の脳・心臓疾患等のリスクは少なくなるように思われる。これに反して、例えば、現在の労働時間の上限規制の水準として、労基法は1か月100時間未満の時間外労働、2か月から6か月の1か月平均80時間

以内の時間外労働を規制するが、この上限の水準の時間外労働も、各脳・心臓疾患のリスクを高める労働時間の水準にまで至ってしまう。将来的には、このレベルでの上限規制は改正されるほうが望ましい。

　過労死・過労自殺事件を考察した本書第7章の考察からは、1週55時間ないし60時間を超える時間外労働があって、かつ、他の不規則労働や深夜労働による諸要素があるとき、過労死・過労自殺事件が生じうるリスクが高まる（その時間未満の時間でも他の要因が相まって過労死・過労自殺はありうる）。1週単位では55時間の労働が、1日単位では11時間の労働、1か月65時間の残業に相当するとみられうる。

　EU指令では、原則として週48時間を上限としている（前述のとおり、例外規制はある）。ドイツでは、労働時間の上限は1日8時間であるが（労働時間法3条1文）、ただし例外的には、6か月または24週以内で、平均8時間を超えない場合には、10時間に延長しうること等が定められる（労働時間法3条2文）。

　フランスでは、法定労働時間は、週35時間であるが（L.3121 – 27条）[41]、1日の時間外労働を含めて最長労働時間は10時間を超えてはならない（L.3121 – 18条）[42]。時間外労働を含めて週の最長労働時間の上限は、1週間で48時間とされる（L.3121 – 20条）[43]。

　わが国では、労働時間の上限は、時間外労働を規制し、時間外労働が1か月45時間、1年360時間を原則としている[44]。当該事業場における通常予見することのできない業務量の大幅な増加等に伴い臨時的により労働

41）野田進『フランス労働法概説』（信山社、2022年）508頁、川口美貴「フランスにおける労働時間法制の展開」法政研究5巻1号（2000年）81頁、99頁、水野圭子「フランスにおける労働時間政策と少子化対策」沼田・大原・根岸編『社会法をとりまく環境の変化と課題』（旬報社、2023年）137頁、157頁。ただし、年間許容時間の制度があり、この範囲で使用者が超過勤務を自由に命じることができる（超過勤務時間に対しては、割増賃金と代償休息が可能であるとされる〔野田・前掲書509頁〕）。また、変形労働時間制については、野田・前掲書510頁。

42）野田・前掲注41）513頁。ただし、例外がある（野田・前掲注41）513頁に詳しい）。

43）野田・前掲注41）513頁。

させる必要がある場合、1か月100時間未満、1年間では720時間を超えない時間の労働が許されるとされている。国際的に比較しても、労働時間の上限については、規制が著しく低い水準となっている。

これらの医学的な研究、国際的に比較する視点をふまえると、1日10時間、（EUと同様）1週（55時間未満である）48時間を上限とする方策がありうるように思われる。これは、およそ連続1週55時間ないし1週60時間の労働、連続1日11時間以上の長時間労働には脳・心臓疾患などの重大な健康阻害の可能性が高まることを考慮しても、上のような規制であれば、その重大な健康阻害のリスクを高める水準の労働時間を容認しない法制となるといえる。繰り返しになるが、過労死・過労自殺事件を考察した本書第7章の考察からは、連続1週55時間（1日11時間）ないし60時間を超える時間外労働があって、かつ、他の不規則労働や深夜労働による諸要素があるとき、過労死・過労自殺事件が生じうるリスクが高まる。労働者の健康と安全を第一に考えるこの本の立場からしても、重大な疾患のリスクを回避し得る合理的な考え方になると思われる。

> **1日10時間、1週48時間を上限とする＝本書の結論**

(ｳ) 労働時間の上限の規制の単位や調整期間

労働時間の規制の単位をどのように考えるのかは、重要な政策課題である。1日、1週、1か月、1年等が考え得る。ここでは、上記のように、1日、1週単位を上限の単位として考えている。

なぜなら、1か月、1年を単位とする上限とするのでは、清算・調整期間があまりに長く、原則的な規定としては、清算・調整期間が長すぎ、こ

---

44) ほかに、三六協定で、労働時間の上限を定める場合、1か月について時間外労働が100時間未満、対象期間の初日から1か月ごとに区分した各期間に当該各期間の直前の1カ月、2箇月、3カ月、4カ月及び5カ月の期間を加えたそれぞれの期間における労働時間外労働が、1か月あたりの平均時間が80時間を超えないことが必要である。

の間に労働時間を調整して長時間の労働が可能になってしまうおそれがあるからである。

そこで、原則的には、1か月、1年単位の労働時間の上限を考えるのではなく、1日、1週単位で考えるべきである。

また、以上を原則的なルールとして構想しているが、例外的な規定を定めたときに、清算・調整期間をどの程度でとるかは重要である。

（この水準を超える時間外労働に関する経済的な必要性は否定はしないが、その場合）例外的措置として、1か月の清算・調整期間をとることを考えることになろうが、その際、時間外労働（最長労働時間）が前記の労働時間の水準を超えないように、さまざまな健康上の配慮等、政策的な配慮が必要である。1か月ほどの時間外労働があって、かつ、他の不規則労働や深夜労働による諸要素があるとき、過労死・過労自殺も生じうるからである。

週の最長の労働時間については、EU指令は16条b)により、4ヶ月までの清算期間を定める。しかし、清算期間を長くとるには、それほど長くない時間外労働なら問題は少ないかもしれないが、労働者が月55時間ないし60時間を超える水準の時間外労働を何か月もの間続ければ、労働者には健康阻害のおそれがある。清算期間の算定には慎重な考慮を要する。

（エ）　上限に関して考えうる批判とそれに対する反論

こうした上限設定に対しては、一定水準の時間外労働があるといっても、他の不規則労働や深夜労働による諸要素があるときはじめて医学的にも重大な健康阻害がありうるとの反論がありうる。たしかに、長時間労働には、他の不規則労働や深夜労働などがあいまって重大な生命・健康阻害がありうる。しかし、そうであっても、長時間労働がなければそれらは起こらないのであって、問題の本質は長時間の過重労働である。長時間労働を制限することなしに重大な生命・健康阻害を制限できないのではあるまいか。

一定程度の時間外労働があるといっても、他の不規則労働や深夜労働による諸要素があるときはじめて医学的にも重大な健康阻害があるのであれば、長時間労働の制限（上限の設定）とともに、不規則労働や深夜労働の制限をすればよく、その目的のためには、勤務間インターバル制度や深夜

労働の制限が政策上有益であると考える。過労死や過労自殺を引き起こす要素がほかに多数あったとすれば、それを防ぐためのあるべき方策は、その原因の要素を一つ一つ可能な限りなくしていくほかはない。

　また、繰り返しになるが、長時間労働が一因として重要な要素になっているのは、上記の医学的な研究からも示唆されるところである（本書第5章）。労災の裁判例でも、労働時間の異常な長さが、過労死や過労自殺の重要な要素になっている事件が圧倒的に多い（本書第7章）。その意味では、労働時間の長さについて規制を置くというのは、労働者の健康と安全のためには重要な規制手段であるといえる。

　さらに、本書は、医学、睡眠の科学と法律学との接点を探るものである。これに対して、使用者の利害が法制度の提案に反映されていないという批判やお叱りもあり得る。経済成長や企業の成長を導く労働法の規制が重要であるという見方もある。そのうえ、労働法が、使用者と労働者の利益を適切に調整する学問であるという思想もある。しかし、現象として、日本の雇用社会では、企業、病院、官庁、学校等で働く者が、長時間労働の結果、過労死・過労自殺をし、命を落としている。このことは、使用者と労働者の利益が適切に調整され法規制が形成された結果といえるのであろうか。むしろ、両者の利益のバランスは崩れているのではなかろうか。弾力的な労働時間制度（裁量労働制等）、労働時間の適用除外制度（高度プロフェッショナル制度）等、使用者団体もその必要性を説いたうえで実現した制度で、その利益とも結びつく諸制度も存在する（もちろん、これらには労働者の利益とも関係している）。むしろ、考慮されていなかったのは、労働時間規制を医学と睡眠の科学から提起された問題点を踏まえて、長時間労働を通じた脳・心臓疾患などの重大な疾患を防ぐ法規制のあり方のほうである。生命という最重要な価値よりも使用者の利益を優先すべきロジックに、日本の雇用社会においてどれほどの説得力があるのであろうか。

　また、労働者（労働組合）の利益と使用者の利益を反映していくのは、立法府、行政府の役割である（それが学問の役割といえるかには疑問もある）。本書を踏まえつつ、国会、行政が、論理をさらに発展させ、国民の利益を調整しつつロジカルな法規制を成し遂げていくべきである。本書は、特定

の利害を反映させることを使命とはしていない。

　このほか、本書の提案では、原則的なルールのみを提唱していて、例外的なルールが考えられていないのではないかとの指摘もありうる。例外的な規制を考えるのも、基本的には、学問の任務ではなく、労働時間法制では重要な政策任務である。これも、経済界等の利害を調整しつつ、例外的な規制について、立法府や行政府が、原則を大きく逸脱しないように構想していく必要がある（歴史的には週40時間制を実現する際、特例・猶予措置を組み合わせていったのであるから、そうした政策手法もあり得ると思われる）。

　これに対して、医学や睡眠の科学と接点を持ちながらの労働時間法制の原則的なルールがわからないなかで、医学や睡眠の科学と接点を持ちながら労働時間法制の原則的なルールをまず探ることが、本書でなそうとしてきた学問的作業である。

　しかし、実際に医学、睡眠の科学、法学の接点を探ろうとすると、さらにその難しさも感じられた。長時間労働が脳・心臓疾患や循環器の疾病をもたらすというかなり多くの調査はあるものの、長時間労働が脳・心臓疾患や循環器の疾病にいかなるプロセス（個体のレベルでの作用、体の作用）により影響を与えていくのかは、すべてはわかっていないという。睡眠の科学でも、睡眠のすべてがわかっているわけではない。この問題には、法学的な判断に必要な認識と科学的な認識とが若干異なるのではないか、という公害（とくにぜんそく）訴訟等と同じ問題が横たわっていると思われる。

　医学・睡眠科学は、自然科学であるため、生命現象の解明が任務である。これに対して、法律学は、現象の解明が任務であるといっても、その場合、生命現象の解明ではなく、社会現象の解明が任務となる社会科学である。また、ひとくくりに医学を理解することはできない。病理学的な研究は、個のレベルの生命現象の解明を行う。これに対して、笠島によれば、疫学は、リスクファクターを把握し、それを予防すれば、疾病の数がこれだけ減るだろうとわかり、数百人の症例と対照とをみれば充分に説明できるということになれば、それを用いて政策を改めると述べる（本書第5章）。法律学は、政策科学としては、むしろ疫学に類似する側面がある。

　法律学は、個体の体内のレベルではなく、集団のレベルでの問題を認識

し、規範科学ないし政策科学として、憲法、比較法的知見から、現存する問題点を、判例や法改正を通じて、論理的な解決の道筋を示すことが任務であるはずである。社会集団での現状認識をもとに、さらに将来のあり方を示すわけである。過労死、過労自殺が労働時間を主な原因として生起されていると裁判所が認識もしている。また、数十年にもわたる医師の実務的な経験科学的な所見や疫学等の所見から、一定の労働時間・残業時間が各々の脳・心臓疾患のリスクを高めていると認識できるときに、政策サイド（ないし法律学）が、そのリスクを高める労働時間の水準まで長時間労働を容認しないように慎重な法規制での配慮を示すのは、人間の営為として一定程度理性的な行動であると思われる。

[3]　深夜労働の制限

(i)　深夜の労働規制の必要性

　EU 法やドイツ法では、深夜労働者の場合、最長 8 時間という深夜労働とされるが（本書第 8、9 章）、他方、日本法では、そのような制限がない。労基法により、深夜勤務の場合に割増賃金が義務づけられているにすぎない。

　EU 法やドイツ法では、深夜労働について、医師の検査が必要となるが、こうした規制には意味があると思われる。また、深夜労働に関する日中への転換請求権が労働者に認められているが、私がドイツで訪ねた金属産業の企業では、深夜労働の結果うつになった労働者などが、この請求権を行使していた。

　日本のほとんどすべての過労死事件や過労自殺事件において、インターバルのない労働や深夜労働が関係している。過労死や過労自殺は、インターバルのない労働や深夜労働が重要な一因となっている。学説ではそのような深夜労働に関する視点はほとんど関心がもたれていないと思われる。したがって、日本には、EU 法やドイツ法のような深夜の労働規制が必要である。

　前述の通り、睡眠時間は 7 〜 8 時間が理想であるが、睡眠は量だけではなく、質が重要である。深夜 1 時〜 3 時の睡眠はとった方がよいとされる

図 10-3　ILO（国際労働機関）1990 年の夜業勧告（第 178 号）

「4(1)　夜業労働者の通常の労働時間は、夜業に従事するいかなる 24 時間においても 8 時間を超えるべきではない。（ただし、その勤務に単なる出勤若しくは待機の時間が相当多く含まれる場合、代替の勤務計画により異なる時間帯と少なくとも同等の保護が労働者に与えられている場合又は労働協約によって若しくは労働協約がない場合には権限のある機関によって認められている例外的な場合は、この限りでない。）

(2)　夜業労働者の通常の労働時間は、一般的に、関係のある活動又は企業の部門において昼間に同一の条件で行われる同一の労働に従事する労働者の労働時間よりも平均して少ないものであるべきであり、かつ、いかなる場合にも平均してそれらの労働者の労働時間を超えるべきでない。

(3)　夜業労働者は、通常の 1 週間の労働時間を短縮し及び有給休暇の日数を増加するための一般的な措置について他の労働者と少なくとも同じ程度の利益を受けるべきである。

5(1)　作業は、夜業を含む 1 日の勤務の前後には夜業労働者による超過勤務をできる限り回避するような方法で編成されるべきである。

(2)　特別の危険又は肉体的若しくは精神的な強い緊張を伴う職業においては、不可抗力又は現実の若しくは急迫した事故の場合を除き、夜業を含む 1 日の勤務の前後には夜業労働者の超過勤務は行われるべきでない。

6　夜業を伴う交替勤務の場合においては、

(a)　不可抗力又は現実の若しくは急迫した事故の場合を除き、2 連続の勤務は行われるべきでない。

(b)　2 の勤務の間に少なくとも 11 時間の休息の期間ができる限り保障されるべきである」。

　1990 年の夜業勧告（第 178 号）（訳については、https://www.ilo.org/tokyo/standards/list-of-recommendations/WCMS_238818/lang--ja/index.htm より引用）

（本書第4章）。レム睡眠とノンレム睡眠があるが、早朝の労働や長時間労働は、徐波睡眠を増加させる一方で、レム睡眠を抑制させ、交感神経を向上させ、心拍数を増加させ、循環器系に荷重をかけ、それが脳・心臓疾患の一因となり、健康上危険であるとされる。5時間睡眠が睡眠時の心拍数に影響を与えるという調査結果がある[45]のは、その証左である。本書第3章では、徐波睡眠によってレム睡眠が抑制されるという事態が過労死を生み出しているという説を示している。

　したがって、法律上または事業所の実務において、健康阻害的な深夜労働を制限するのが得策である。

(ii) 深夜の労働をめぐる法規制のあり方

　労働者の健康への阻害を回避するために、第1に、**深夜業の上限**を設けるべきである。具体的には、夜間労働者の労働時間は8時間を超えてはならないとすべきである[46]。

　これにより、一定の睡眠時間の確保（8時間等）がより可能になり、深夜労働による身体の負荷も一定程度抑えることができる。この結果、重大な疾患の発生を抑えることができる可能性がある。

　つまり、レム睡眠とノンレム睡眠のうち、朝方は一般にレム睡眠が継続する傾向にあるが、深夜業の上限を設けることを通じて、深夜労働によるレム睡眠の制限を一定程度抑えることができる。このため、徐波睡眠によってレム睡眠が抑制されるという上記の事態を抑えることができると考えられる。

　早朝まで続く深夜労働の後に直ちに次の日の労働が続くという無理な働かせ方から、少なからず労働者の過労死・過労自殺が生み出されている。大手広告会社の女性労働者の過労自殺事件でも、早朝まで続く深夜労働の後に直ちに次の日の労働が続く無理な働き方を余儀なくされていたが、上

---

45) 本書第3章。
46) EU法でも、夜間労働者の労働時間を8時間以下とすべきであるとする。日本でも、同様の深夜業の上限を設けるべきであると考える。

のような規制により、こうした事態を防ぐことができる。

　このような深夜業の健康や安全への阻害の可能性を防ぐため、夜間労働者の労働時間を8時間を超えてはならないと規制すべきである。

　第2に、**連続深夜勤務**を避けなければならないという国内法上の規定が必要であると考える。前記の夜業勧告（**図10-3**）でも、夜業を伴う交替勤務の場合においては、「不可抗力又は現実の若しくは急迫した事故の場合を除き、2連続の勤務は行われるべきでない」と定められている（6条(a)）。医学上、ルーテンフランツ原則（**図10-4**）では、深夜業勤務は連続2日までとすべきであるとされている。これは、人間の体が3日目に深夜労働に慣れてしまうため、そのように人間の体が慣れてしまう前に、深夜労働の連続を2日目までに抑えるとよいというものである。前述のように、ドイツの金属産業のS社では、10以上のシフトの種類があったが、医師からの推薦のモデルでは深夜業を連続2日までとしていると説明を受けた（本書第9章）。ルーテンフランツ原則が採用されているわけである。例えば、日本の深夜勤の調査では、1115例の夜勤の拘束時間は、8時間未満3.6%、8時間台36.1%、9時間台12.1%、10〜11時間台9.1%、12時間台5.1%、13〜15時間台3.1%、16時間台2.2%、17〜23時間台1.3%、24時間12.7%であった[47]。医師の連続した勤務時間の平均は、32.4時間であり、36〜45時間の連続勤務時間が38.5%と最も多い[48]。やはり、ルーテンフランツ原則は、法律や事業所の実務で活かすのが、望ましい。

　同様の理由から、深夜勤務の後の超過労働・連続勤務は禁止すべきであ

---

[47]　古い調査であるが、日本産業衛生学会交代勤務委員会「夜勤・交代制勤務に関する意見書」産業医学20号308頁（1978年）313頁。

[48]　池田寛「医師の深夜労働の実態と問題点」労働法律旬報1741号（2011年）20頁、22頁が引用する医労連「勤務医の労働実態調査」（2007年）による（池田氏は、医労連の元副執行委員長とされる）。ちなみに、1日の労働時間が12時間以上とするのが、38.3%となっている（池田寛・前掲論文22頁）。

　このように、本書では、深夜業につき、より現実的な政策を提言するが、将来的には、先行研究にあるような深夜業禁止が望ましいと考える（その根拠としての深夜業の有害性については、第3、4、6章、本章［3］(i)）。また、深夜業でなくてもよい業務について、深夜業を禁止するという方策もあり得る。

第10章　[提言] あるべき労働時間規制のベストミックス　**267**

図 10-4　ルーテンフランツ 9 原則

1. 夜勤の継続は最小限にとどめるべきである
2. 朝の始業開始時刻は早くすべきでない
3. 勤務の交代時刻は、個人レベルで融通性を認めるべきである
4. 勤務の長さは、仕事の身体的・精神的負担の度合いによって決めるべきで、夜勤は日勤より短時間が望ましい
5. 短い勤務間インターバルは避けるべきである
6. 少なくとも終日オフの 2 連休の週末休日をいくつか配置すべきである
7. 交代勤務の方向は正循環がよい
8. 交代周期（シフトの一巡）の期間は長すぎてはいけない
9. 交代のシフトは規則的にするべきである

る（勤務間インターバル確保の必要性）。

深夜業の健康や安全への阻害の可能性があることから、夜間労働者の労働時間は 8 時間を超えてはならないとすべきである。さらに、連続深夜勤務を避けなければならないという国内法上の規定が必要であると考える（深夜業連続 2 日までとする等）（＝本書の結論）。また、勤務間インターバル確保のため、深夜勤務の後の超過勤務、連続勤務は禁止されるべきである。

　また、深夜は人間が睡眠をとるべき時間であるのに、経営上の都合により深夜労働を余儀なくさせるものである以上、使用者は、経営上不可避的に深夜労働をさせた対価として、仮眠確保の配慮義務を課すべきである。長時間労働（＋通勤時間）による労働者に対する拘束が、労働者に緊張感を与え、それが高血圧の原因にもなり（とくに深夜 1 ～ 3 時）、脳・心臓疾患の原因となる。そのうえ、深夜労働により、睡眠の後半を削ることにな

り、レム睡眠を奪うことになり、それが身体疾患の原因をつくることになる。その意味では、深夜労働の削減は必要なことであり、さらに、深夜1～3時の120分の仮眠時間の確保を配慮すべき義務が解釈上（信義則上）求められ、法政策上も求められる（本書第4章）。

(iii) 事業所の実務

さらに、事業所の実務において、健康阻害的な深夜労働を制限することが可能であろう。

ルーテンフランツ原則は、事業所の実務で活かされるべき医学的所見である。こうした医学的な所見を深夜・不規則労働に活かし、医学的観点と事業所の実務が接合させていくことが、望ましい。

このほかに、この原則により、交替勤務のシフトは、日勤→夕勤→夜勤の時計回り（Clockwise）が望ましく、日勤→夜勤→夕勤の反時計回りでない方がよい（第7原則）。そのほうが、看護師の場合、夕勤→夜勤のほうがミスも少なくなるとされる（図10-4）。

また、勤務回数の制限や深夜勤後の勤務間インターバルを長めにとることなども必要であろう[49]。

そして、深夜労働は、友人の形成、人間関係の形成を妨げる。私生活や地域生活での人間関係の形成を妨げることになる。深夜労働が、職場の問題がわかる相手に話す可能性を失わせ、孤立化をもたらし、過労自殺の一因をつくる。その意味では、他の日勤労働者が休む週末に、仕事をオフにしたかどうかも問われるといえる。ワーク・ライフ・バランスとは、単に、私生活ないし家族生活と仕事の調和を意味するべきものではなく、（生活時間論が説くとおり）充実した余暇・趣味の生活、文化的生活、人間関係の形成、地域生活での参加を可能にするものでなければならない。労働時間の後に、充実した人生が可能でなければならないのである。

49）日本産業衛生学会交代勤務委員会・前掲注47）意見書327頁。

第 10 章　[提言] あるべき労働時間規制のベストミックス　**269**

まとめ

　人格的な自律を確保するべきとする憲法上等の要請から生命、健康を確保するという思想を基点として、労働時間規制を考えていくべきである（憲法 12 条、13 条、民法 90 条参照）。

　医学的な研究を踏まえると、連続 1 週 55 時間ないし 1 週 60 時間、1 日 11 時間以上の長時間労働が、脳心臓疾患などの各健康阻害のリスクが高まることがあるように思われる。これを考慮して、国際的に比較する視点、過労死・過労自殺事件の考察を踏まえ、1 日 10 時間、1 週 48 時間を上限する方策があり得るとした（＝結論）。

　また、深夜業の健康や安全への阻害の可能性があることから、夜間労働者の労働時間は 8 時間を超えてはならないとするべきである。加えて、連続深夜勤務が回避されなければならないという国内法上の規定が必要であると考える。これを考えるにあたり、深夜業は連続 2 日までが望ましいとするルーテンフランツ原則が重要であると考える（＝結論）。さらに、深夜勤務の後の連続勤務は禁止されるべきである（＝結論）。

　このようにして、過労死・過労自殺を防止し、健康と安全に配慮した労働時間のあり方を法規制、事業所の実務双方の面で、発展させていくことが望ましい。　　　　　　　　　　　　　　　　　[以上、高橋（第 10 章 1）]

2　日本における勤務間インターバル制度の現在地

[1]　勤務間インターバルの「努力義務」化

　2018 年 6 月、「働き方改革」国会で審議された「働き方改革一括法案」の 1 つとして、勤務間インターバル制度の法規制化が争点となった。野党は EU 並みの 11 時間の勤務間インターバル制度の法規制化を求めたが、結局、労働時間等設定改善法を改正し、「事業主は、前日の終業時刻と翌日の終業時刻の間に一定に一定時間の休息の確保を努めなければならないこととする。」とする努力義務規定にとどまった。同法の施行により、2019 年 4 月から、勤務間インターバル制度の導入が努力義務となること

となった。

　参議院厚生労働委員会の附帯決議（2018年6月28日）では、「本法において努力義務化された勤務間インターバル制度について、労働者の健康の保持や仕事と生活の調和を図るために有効な制度であることに鑑み、好事例の普及や労務管理に係るコンサルティングの実施等、その導入促進に向けた具体的な支援策の展開を急速に実施するとともに、次回の見直しにおいて義務化を実現することも目指して、そのための具体的な実態調査及び研究等を行うこと。」とされ、勤務間インターバル制度を義務化するための検討の方向性も示された。

[2]　過労死防止大綱での目標設定

　これを受けて、2018年7月24日に閣議決定された「過労死等の防止のための対策に関する大綱」（以下、「2018年過労死防止大綱」）では、勤務間インターバル制度について、2020年度までに、労働者30人以上の企業のうち、【目標1】「制度を知らない」と回答する企業比率を20％未満とする、【目標2】制度の導入企業割合を10％以上とする、という数値目標が設定された。

　厚労省は、勤務間インターバル制度の実態把握、導入促進を図るための方策等について、有識者と労使関係者からなる「勤務間インターバル制度普及促進のための有識者検討会」を開催し、2018年12月には、同検討会報告書も発表された。

　国は、同報告書を受けて、勤務間インターバル制度の導入を促進するため、中小企業への助成金の活用や、導入している企業の好事例や導入・運用のマニュアル、努力義務となっている旨の周知を行うこととなってきた。

　これらの国の施策をふまえて、勤務間インターバル制度はどの程度広がったのだろうか。2018年過労死防止大綱の当時、勤務間インターバル制度について、導入状況別の企業割合は、「導入している」が1.4％、「導入を予定又は検討している」も5.1％にとどまっており、「導入の予定はなく、検討もしていない」が92.4％と圧倒的多数であった。また、勤務間インターバル制度の導入を予定も検討もしていなかった企業の理由としては、

「当該制度を知らなかったため」が40.2％と最も多く、勤務間インターバル制度の認知度が低いことが大きな原因と考えられていた。そのため、前述の2018年過労死防止大綱では、まず第1に、勤務間インターバルの認知度を広げることが目標とされた。

　その後、2021年過労死防止大綱決定時には、勤務間インターバル制度の導入状況別の企業割合は、「導入している」が4.2％と、2018年過労死防止大綱で目標とされた10％には届かず、「導入を予定又は検討している」も15.9％で、ごく少数にとどまっている。他方、「導入の予定はなく、検討もしていない」が78.3％のうち、理由別の割合では「当該制度を知らなかったため」が13.7％となり、2018年過労死防止大綱設定時の知らなかった割合は40.2％から大幅に低減している。

　これを受けて、2021年過労死防止大綱では、勤務間インターバル制度について、労働者30人以上の企業のうち、【目標1】勤務間インターバル制度を知らなかった企業割合を5％未満とする、【目標2】勤務間インターバル制度を導入している企業割合を15％以上とする、と改めて設定された。そして、国は、引き続き、勤務間インターバル制度の導入を促進するため、中小企業への助成金の活用や、導入している企業の好事例や導入の運用マニュアル、努力義務となっている旨の周知を行うとする。

　しかし、引き続き周知啓発に重点を置く目標設定は、前回2018年過労死防止大綱決定時のように勤務間インターバル制度がほとんど知られていない状況では意味はあったとしても、すでに相当認知が広まった段階では、限界があるのではないだろうか。

[3]　日本における勤務間インターバル制度

　深夜不規則労働が不可欠な医療業界では、勤務間インターバルについて基準が定められてきた。公益財団法人日本看護協会は、夜勤・交替制勤務と長時間勤務などが原因で、看護師の過労死や、重大な医療事故が発生していること、近年の労働科学の知見では夜勤・交替制勤務の負担が看護職の健康に対するリスクを高めることが明らかになっていることから、現場の実態と労働科学の最新の知見を踏まえて夜勤・交替制勤務の負担を軽減

し、リスクマネジメントに役立たせるため、「看護職の夜勤・交替制勤務に関するガイドライン」を作成している。ガイドラインにおいては、勤務間インターバルを 11 時間以上にすることを示している。

(i) 企業にとってのメリットと努力義務の限界

　企業側の生産性の観点からみても、労働者の生産性の向上性の観点からは望ましい制度であることを裏付ける労働科学的知見が指摘されている。

　被験者を睡眠時間が 4 時間、6 時間、8 時間のグループに分け、14 日間実験室に宿泊させて反応検査を行い、同時に、3 日間徹夜させるグループも同じような反応検査を行い、反応時間を比較した調査がある。結果として、毎日 4 時間の睡眠の場合、その状態を 6 時間継続しただけで、1 晩徹夜したのと同程度にパフォーマンスが下がり、10 日以上続くと 2 晩徹夜したのと同程度までにパフォーマンスが下がった。また、6 時間睡眠の場合でも、10 日以上その状態が継続すると、1 晩徹夜したのと同等以下にパフォーマンスが下がる結果が出ている。

　さらに、朝 8 時から持続的に 1 日以上徹夜で覚醒させた介入研究では、認知・精神運動作業能力は、夜間の 1 時（17 時間覚醒）で血中アルコール濃度が 0.05％（日本では 0.03％以上で酒気帯び運転）の時と同程度に低下し、翌朝 8 時（24 時間覚醒）にはさらに血中アルコール濃度 0.1％（およそビール大瓶 1 本飲用に相当）の時と同程度に低下することが示されている。すなわち、長時間起きていることは、飲酒時と同じ効果をもつ。これを 6 時起床の日勤者に置き換えれば、19 時以降は生産性が低下し、23 時以降は酩酊状態に近い生産性となることを意味する。

　有識者検討会議報告書は、勤務間インターバル制度を導入することにより、ワーク・ライフ・バランスの確保が図られ、各企業においても、人材の確保・定着につながり、さらには、離職者の逓減も期待され、企業の利益率や生産性を高める可能性も指摘している。

　もっとも、勤務間インターバル制度の導入については、一会社・事業者の努力だけでは足りない。時間外労働の上限規制の適用等に係る中小企業への配慮から、労働時間等設定改善法の改正において、事業主等の責務と

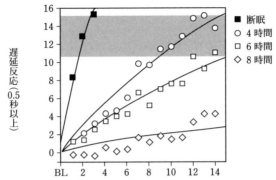

(資料）Hans PA Van Dongen, Greg Maislim, Janet M Mullington, David F Dinges [2003]『Sleep』
(出展）厚生労働省『勤務間インターバル制度導入事例集』30頁。

図10-5　慢性的な睡眠不足とパフォーマンス低下の関係

して、短納期発注や発注の内容の頻繁な変更を行わないよう配慮するように努めることと規定されている。しかし、これについても単に配慮義務だけでは弱く、勤務間インターバルが法規制化されてこそ、一事業者も法律を盾に取引先に対して無理な要求を断ることができるようになり、取引環境全体の改善を促されると考えられる。

[4]　過労死認定基準と勤務間インターバル
（i）　過労死認定基準における勤務間インターバルの明記

　労働科学的知見や、裁判所の判断、これに基づく過労死弁護団の意見等を受けて、2021年9月、20年ぶりに改訂された新たな脳心臓疾患の過労死認定基準では、新たに「勤務間インターバルが短い勤務」が、勤務時間の不規則性に関する負荷要因の細目として明記されるに至った。そして、長期間の過重負荷の判断に当たっては、「勤務間インターバルが短い勤務については、睡眠時間の確保の観点から、勤務間インターバルがおおむね11時間未満の勤務の有無、時間数、頻度、連続性等について検討し、評価すること」と示されることになった。これにより、国は、勤務間インターバルが11時間未満の場合、健康障害さらには過労死を引き起こしうることを公に認めたことになる。であるならば、国としては、国民の生命健

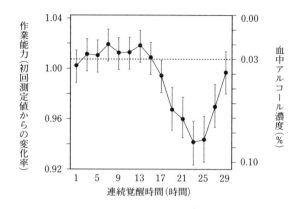

注）作業はコンピューターを使った追跡課題。実験は午前8時から翌日の昼12時まで。データは平均と標準誤差。
（資料）Dawson D., Reid K.:Fatigue, alcohol and performance impairment. Nature. Vol.388, No.6639, P.235, 1997
（出展）髙橋正也「眠気と交通安全」国際交通安全学会誌 35 巻 1 号（2010 年）16 頁。

図 10-6　作業能力に及ぼす覚醒時間とアルコールの影響

康の保護の観点からは、単に努力義務にとどめるのではなく、早急に法規制化するべき立法事実が存在しているといえるだろう。

[5]　勤務間インターバルの質的側面「つながらない権利」

　労働者が疲労を回復するための要件として、仕事から離れる物理的な時間の長さを保つだけではなく、仕事から離れたという心理的な感覚を得ることも欠かせない。インターバルに、しっかりと休息をとり、オフの時間を過ごせるような仕組みが必要となってくる。翌日の仕事への不安が強いと、深い睡眠段階である徐波睡眠の時間が短くなるという相関関係が表れている（図 10-7）。

　また、最近では、スマートフォンでメールやライン等を使って簡単に連絡がとれてしまい、オフの時間に仕事が簡単に侵入できてしまう。また、勤務時間外の仕事と健康問題の関係では、勤務時間外の自宅での仕事や、メールや電話での連絡の頻度が高い人ほど、健康問題の訴えを起こす割合が高くなっている（図 10-8）。

　勤務間インターバルは、2020 年以降の新型コロナウイルス感染症拡大

第10章　［提言］あるべき労働時間規制のベストミックス　275

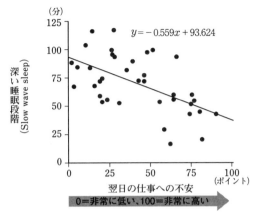

(資料) Kecklund G., et al. Biol Psychol. 66(2), 2004, 169-76.
(出展) 厚生労働省『勤務間インターバル制度導入事例集』32頁。

図10-7　翌日の仕事への不安とその日の深い睡眠の関連性

のなかで急速に広まったテレワークにおいても、公私を明確に分ける「つながらない権利」という形で、注目が高まっていることも見逃せない。

フランスでは、労使交渉において、勤務時間外の電話やメールでの連絡を規制するいわゆる「つながらない権利」を労働者が行使する方法を交渉することとする立法が2016年になされ、「つながらない権利」を定める協定の締結が進んでいる。「つながらない権利」は、コロナ禍以降のテレワークにおける目に見えない労働時間を抑制し、在宅テレワーク時代の勤務間インターバルを保障するものとして、重要な権利としてあらためて再認識されている。

2020年12月、厚労省がまとめた「これからのテレワークでの働き方に関する検討会報告書」では、フランスの「つながらない権利」の法制について触れたうえで、テレワークは生活と仕事の時間の区別が難しいという特性があることをふまえ、労働者が「この時間はつながらない」と希望し、企業もそのような希望を尊重しつつ、時間外・休日・深夜の業務連絡のあり方について労使で話し合い、使用者はメールを送付する時間等について一定のルールを設けることも有効であると指摘した。これを受けて政府が公表した2021年3月「テレワークの適切な導入及び実施の推進のための

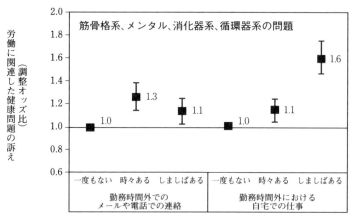

(資料) Arlinghaus A, Nachreiner F. Healthefiects of supplemental work from homein the European Union. Chronobiol Int.2014;31(10):1100-7.

※用語の説明
オッズ比：勤務時間外でのメールや電話での連絡が"一度もない"場合の健康問題の訴え頻度を1とすると、"時々ある"や"しばしばある"場合は健康問題の訴え頻度が何倍になるかという意味です。
調整オッズ比：勤務時間外でのメールや電話での連絡や自宅での仕事と健康問題の関連性に影響しそうな要因（性別、年齢、労働負荷、労働時間等）の影響を考慮した上でのオッズ比という意味です。

(出展) 厚生労働省『勤務間インターバル制度導入事例集』33頁。

図10-8　勤務時間外での仕事と健康問題

ガイドライン」でも、「メール送付の抑制等」として、時間外等にメールを送付することの自粛を命ずること等が有効であると示されている。

　労働者の権利という側面からみても、在宅勤務やモバイルワークにおける上司や同僚による個人の私生活領域への干渉から保護する防御権の確立が要請され、労働者のプライバシー権（憲法13条）に基づいて、「アクセスを受けない権利」が導かれると解されている[50]。

　また、使用者も、労働者に対して、健康配慮義務を負うほか、私生活をみだりに侵害せず、仕事と生活の調和に配慮する義務を信義則上負うと解される[51]。

---

[50] 高橋賢司「デジタル化とAIの労働市場と労働法への影響」労働法律旬報1895号（2017年）7頁。
[51] 山川和義「テレワークの意義と可能性」和田肇編『コロナ禍と立ち向かう働き方と法』（日本評論社、2021年）101頁。

以上のように、テレワーク時代における勤務間インターバルを保障するための「つながらない権利」を求める流れは、労使協議のみに任せず、勤務間インターバルの法規制化の流れと合流していく展望もある。

[6] 法規制化へ向けた今後の課題

勤務間インターバル制度の普及のためには、この制度が労働者にとって過労死防止のための最低限の砦となり、企業にとっても生産性向上につながることを示す労働科学的な啓発・周知が必要である。

前述のように、改正労働時間等設定改善法では、勤務間インターバル確保するために、事業者の責務として、短納期発注や発注の内容の頻繁な変更を行わないよう配慮する努力義務規定も創設されている。日本企業社会全体の商慣行自体の見直し改善も不可欠である。

勤務間インターバル時間の設定に際しては、先に示した参議院厚労委員会付帯決議（270頁）は、「なお、一日当たりの休息時間を設定するに際しては、我が国における通勤時間の実態等を十分に考慮し、真に生活と仕事の両立が可能な実効性ある休息時間が確保されるよう、労使の取組を支援すること」としている。通勤時間の長い日本社会において、ＥＵ並の11時間で足りるかということの検討も必要である。

[7] 法制度としての勤務間インターバル規制

(i) 医学・睡眠の科学をふまえた勤務間インターバルのあり方

生命・健康を法益として考える労働時間制度としては、勤務間インターバル制度は、罰則付きの義務化とするべきである。

理由は次のようなものである。

2018年の労働時間等設定改善特措法の改正法により、勤務間インターバルの設定が努力義務となった。労働と労働の間に、勤務間インターバルを設定する必要があるが、これは義務ではない。そこで、勤務間インターバルが短くても、使用者には義務違反として罰則が適用されることはなく、実効性は上がらない。勤務間インターバル制度が努力義務では、導入率も上がっていないことを考えると、この制度を導入させていくためには、義

務化は避けられない。

　また、生命・健康を法益として考える労働時間制度として勤務間インターバル制度を考える場合、睡眠の科学との接合を考えると、質・量ともに十分な睡眠をとれるように、政策上の配慮が必要である。とりわけ、第3章にあるように、（早朝に現れやすい）レム睡眠をもしっかりととれることが必要である。

　労働時間は上限だけを提案し、勤務間インターバル制度を構想しない学説もあるが、睡眠はいずれの時間でとれればよいというものではない[52]。早朝のレム睡眠を含めて睡眠を取る必要がある。深い睡眠により、徐波睡眠がとれたとしても、それがレム睡眠を排除すると、過労死が生じることはすでに示している（本書第3章）。労働者が、深夜労働が関係しない日中労働を行う場合であっても、夜・早朝の睡眠時間を確保するためには、労働と労働の間のインターバル、すなわち、勤務間インターバルが必要となる（その夜間に睡眠をとる必要があることになる）。そして、労働者が不可避的に深夜労働を行わざるを得なかったとしても、労働後の勤務間インターバル中に、睡眠と余暇をとり、休息をとることが必要である。上のような睡眠の科学、医学的な見解と労働法の政策を接合しようとする本書の立場によるとき、このような理由から、勤務間インターバル制度が、罰則付きで実効性のある形で、導入されることが必要であるということになる。

(ⅱ)　勤務間インターバル制度の法政策のあり方

　次に、勤務間インターバルは、このように義務化が避けられないとしても、法規制として、あるべき勤務間インターバルとはいかなる時間を要求するものであるのか。重大な健康阻害のない勤務間インターバルとはありうるのであろうか。

52）　その学説のとおり、労働時間は上限だけが重要で勤務間インターバル制度を必要としない場合、極端な話であるが、深夜労働でも上限に収まっていれば、毎日でも深夜労働が許されるということに論理的にはなるが、それは健康阻害につながるだけであり、この点をこの学説の論者はいかに考えるのであろうか。

第 10 章　［提言］あるべき労働時間規制のベストミックス　　**279**

　インターバルは、EU 指令上も「労働以外のすべての時間」（3 条）、EU 加盟国であるドイツ法上も「労働の最後と次の日の労働の間」とされる。

　ところで、EU 指令では、週 48 時間が労働時間の上限とされている。

　ドイツ法では、1 日の労働時間の上限は、8 時間であるが、例外的に 10 時間である。

　1 週 55 時間ないし 60 時間、1 日 11 時間以上の連続した長時間労働により、脳心臓疾患などの各健康阻害のリスクが高まる、ということは、すでに述べた（本章 1［2］(ii)）。

　勤務間インターバルを考えるにあたって、まず、労働時間が重大な脳・心臓疾患を引き起こすおそれのある水準の労働時間にならないという政策的観点が重要である[53]。

　そうすると、連続の長時間労働が、1 日の労働時間 11 時間を超えると、各々の脳・心臓疾患等重大な疾患になるというリスクが高まることを考慮する必要がある。

　勤務間インターバルは、1 日のうち、（休憩時間が労働時間に含まれないから）労働時間と休憩時間ではない時間である（第 9 章 1［2］のドイツ法参照）。そのため、次のように計算される。

　勤務間インターバル ＝ 24 時間 － （労働時間 ＋ 休憩時間）

　　　　　　　　　　　＝ 24 － (11 ＋ 1)　…労働時間 11 時間未満、休憩時間
　　　　　　　　　　　　1 時間とすると、

　　　　　　　　　　　＝ 12　となる。

　　　　　　　　　　　＝ 24 － (10 ＋ 1)　…労働時間 10 時間未満、休憩時間
　　　　　　　　　　　　1 時間とすると、

　　　　　　　　　　　＝ 13　となる。

---

53) インターバルに関する「労働以外のすべての時間」ないし「労働の最後と次の日
　　の労働の間」という定義のみからすると、単純な計算上は、「労働の最後と次の日
　　の労働の間」は、12 時間となるところである。

図 10-9

各研究の要旨	文献名
睡眠が少ないことは急性心筋梗塞（AMI）で有意だった。冠動脈硬化症疾患患者において、ストレス関連因子の AMI 発症への影響を検討した結果、睡眠が少ないことのみが有意なオッズ比を示した。	田辺直仁ほか「急性心筋梗塞症発症に与えるストレスの影響」日本循環器管理研究協議会雑誌 28 巻 1 号（1993 年）50-56 頁
睡眠時間が短い場合（7.5 時間）、心血管疾患発症と関連していた	Eguchi K, et al, Short sleep duration as an independent predictor of cardiovascular events in Japanese patients with Hypertension, Arch Intern Med. (2008) p. 2225-2231
過去 1 年の就業期間の平均睡眠時間が 5 時間未満であった男性は急性心筋梗塞のリスクが 2 から 3 倍であった。	Y Liu, H Tanaka, Fukuoka Heart Study Group, Overtime work, insufficient sleep, and risk of non-fatal acute myocardial infarction in Japanese men, Occupational and Environmental Medicine 59(7) p.447-451
心血管関連死亡率およびがん関連死亡率については、短時間睡眠（7 時間未満）と長時間睡眠者（9 時間以上）の場合、死亡のリスクを高めていることを示している。	Gallicchio and Kalesan, the sleep duration and mortality, J Sleep Res. (2009) 18, p.148-158
睡眠時間の短い男性（6 時間未満）は、7 〜7.9 時間の男性に比べて心血管疾患のリスクが高いこと	Amagai et.al., Sleep Duration and Incidence of Cardiovascular Events in Amagi et.al.,a Japanese Population: The Jichi Medical School Cohort StudyJ Epidemiol 2010; 20(2): p.106-110
睡眠時間と冠動脈疾患のリスクとの間には U 字型の関係が認められ、1 日 7 〜 8 時間の睡眠時間で最もリスクが最低であった。睡眠時間が 7 時間の場合と比較すると、冠動脈性心疾患のリスクは 1 時間の減少でも増加し、1 時間の増加でも増加した。	Wang et al., Sleep duration and risk of coronary heart disease: A systematic review and meta-analysis of prospective cohort studies, Int J Cardiol. 2016 Sep 15; p.231-239
死亡率と虚血性脳卒中死亡率はそれぞれ短い睡眠時間（睡眠時間 6 時間以下）は、脳卒中の死亡率および虚血性脳卒中による死亡率の低下と関連していた。7 時間の睡眠と比較して、9 時間以上の睡眠は脳卒中死亡および虚血性脳卒中死亡のリスク増加と有意に関連していた。	Kawachi et al., Sleep duration and the risk of mortality from stroke in Japan: The Takayama cohort study, J Epidemiol 2016; 26(3): p.123-130
通常の睡眠と比較して、短時間睡眠（6 時間未満）は死亡率の有意な増加が示された。糖尿病、高血圧、心血管疾患、冠動脈性心疾患、肥満においても有意な結果がみられた。	Itani et al.,Short sleep duration and health outcomes: a systematic review, meta-analysis, and meta-regression Sleep Medicine 32, 2017, p.246-256, p.249.

本研究グループ作成

したがって、勤務間インターバルはこのように結論づけられると思われる（本書の結論）。

> 勤務間インターバルは、政策的には、12 時間ないし 13 時間を確保させるべきである＝本書の結論

(iii) 勤務間インターバルを睡眠時間との関係で考える

そのうえ、上の結論は、以下のように、睡眠時間との関係でも裏づけられる（勤務間インターバルの内訳を考える）。

前述の通り、1 日 7 時間未満の睡眠では、脳・心臓疾患などを発症する。健康を確保するためには、少なくとも 7 時間の睡眠とこれに相当する休息が確保できていたかどうかが重要である（本書第 6 章 2）[54]。

また、日本の労働者の生活実態調査では、食事、身の回りの用事、勤務等、労働者が生活するうえで必要不可欠な時間として 5.3 時間を要しているという統計があり、厚労省の「脳・心臓疾患の認定基準に関する専門検討会報告書（2001 年）」の根拠とされている[55]。

そして、この標準的な統計を用いてかかる 5.3 時間を生活に不可欠な時間として、勤務間インターバルから控除すると、残った時間が睡眠および

---

54) 厚労省「脳・心臓疾患の認定基準に関する専門検討会報告書」（2001 年）。

55) 日本の労働者の生活実態調査では、食事、身の回りの用事、通勤等、労働者が生活するうえで必要不可欠な時間として 5.3 時間を要している統計があり、厚労省の「過労死ライン」決定の根拠とされている。

（時間）

睡眠　7.4	食事等　5.3	仕事（拘束時間）　9	余暇 2.3

（注）1　食事等は、食事、身の回りの用事、通勤等の時間である。
　　　2　拘束時間は、法定労働時間（8 時間）に休憩時間（1 時間）を加えた時間である。
　　　3　余暇は、24 時間から睡眠、食事等、仕事の各時間を差引いた趣味、娯楽等の時間である

図 10-10　労働者の 1 日の生活時間
（総務庁「平成 8 年社会生活基本調査報告」）
（財日本放送協会「2000 年国民生活時間調査報告書」）

余暇に充てることが可能な時間となる。これを踏まえると図10-11のようになる。

図10-11に基づいて説明すると、勤務間インターバルが11時間では、睡眠時間が6時間を下回ることになり、様々な疾患リスクが高まると指摘される水準の睡眠時間領域となる。つまり、睡眠時間が図10-11によれば、5.7時間となってしまい、睡眠時間が少なくとも7時間必要という睡眠の科学の見解とも異なるのである。睡眠時間5時間台は、疾患を引き起こすレベルの水準である。

したがって、1日の労働時間を11時間未満（残業時間を3時間未満）とし、かつ、安定的に過労死を回避する睡眠時間7時間を確保するには、勤務間インターバルは、少なくとも12時間となる。

労働時間規制としては、労働者の健康と安全が理念となるべきという観点（＝本書の観点）からは、医学的・科学的観点を考慮して、重大な疾患を引き起こすリスクを下げるため、原則として、勤務間インターバルは、法政策として、少なくとも12時間、理想的には13時間を確保させるべきである。つまり、休息時間12時間ないし13時間・休憩時間1時間を確保すれば、健康阻害のリスクは少なくなるように思われる。これは、脳・心臓疾患の重大な疾患に至るリスクを高めないための健康上の配慮となる[56]。

また、日勤者の勤務間インターバルの意味は時間外労働の終了時刻の後

---

56) ただし、1日の労働時間が11時間を超えたら、直ちに重大な疾患になるというわけではない。すなわち、連続するのでなければ、連続して勤務間インターバルが13時間を下回ることは許されることになりそうである。

　そうすると、12時間を下回るレベルで勤務間インターバルを定めても、1日・2日のレベルでは問題は重大でないことにはなる。

　仮に、事業所で、10時間〜12時間の勤務間インターバルであっても、直ちに、労働者が重大な疾患にいたるということではない。

　しかし、立法技術的に、法制度上、事業所で、10時間〜12時間の勤務間インターバルと定めてしまう場合、話は別である。法制度上、事業所で、10時間〜12時間の勤務間インターバルと定めてしまう場合、事業所において、連続12時間程度のインターバルを労働者がとることも可能になってしまい、結果的には、労働者が重大な疾患にいたることを認めてしまうことになる。

第 10 章　［提言］あるべき労働時間規制のベストミックス　**283**

勤務間インターバル時間			仕事拘束時間		
勤務間インターバル	食事等の時間	取得可能な睡眠時間 勤務間インターバル時間－食事等の時間 5.3	仕事拘束時間 1日の労働時間＋休憩時間（1時間）	1日の労働時間	残業時間 1日の労働時間－法定労働（8時間）
11	5.3	5.7	13	12	4
12	5.3	6.7	12	11	3
13	5.3	7.7	11	10	2
14	5.3	8.7	10	9	1

図 10-11　勤務間インターバル（内訳仮定図）

に一定の休息を設けることにあるが、時間外労働が深夜に及べば睡眠が昼間に大幅にズレ込むことも考えられる。その場合、生体リズムとツァイトゲーヴァー（社会的同調因子との乖離が生じる社会的時差ボケ）が生じてしまうので、たとえば、「午前 0 時から 5 時を含む 12 時間」のような睡眠に適した夜間という時刻概念を勤務間インターバルの要件にすることが望まれよう[57]。

　これに対して、EU 指令の立法理由書も、ドイツの立法の資料からは[58]、なぜ、11 時間が休息時間（インターバル）なのか、科学的には必ずしも理由は明らかではないように思われる。上述のように、睡眠の科学の面からは、11 時間の勤務間インターバルは科学的に根拠に乏しいとの指摘もある。憂慮すべきことは、1 日 11 時間の勤務間インターバルが定められるなかで、EU 域内においても、労働者は重大な疾患に至っているのがわかることである[59]。

57）佐々木司「勤務間インターバルの科学的意味を考えよう」安全と健康 19 号（2018年）22 頁、26 頁。
58）BT-DRs. 12/5888.
59）厚生労働省「脳・心臓疾患の労災認定の基準に関する専門検討会報告書」（2021年）において引用される、日本以外での諸外国での過重労働と脳心臓疾患のリスクに関する研究においては、原則 11 時間の勤務間インターバル制度（休息時間制度）がある EU 域内においても、労働者は重大な疾患に至っていることがわかる。

(ⅳ) **勤務間インターバルの企業内でのあり方（企業での実務での展開）**

　また、労使の政策として、事業所での勤務間インターバルをより長く設定することも（健康上は支障が憂慮されるが短く設定することも）可能である。つまり、労使の政策として、つまり、企業の人事政策として、より労働者の健康に配慮した勤務間インターバルとしては、16時間程度のインターバルということも、ありうる。死亡率が低い睡眠時間は7〜8時間であり、1日24時間中にその睡眠時間を確保するには、16時間の勤務間隔が必要であるという指摘があるのはすでに述べた[60]。労使の政策として、または、企業の人事政策として、より労働者の健康に配慮した勤務間インターバルを創造的に発展していってもよいと思われる。それが同時に、家族生活、私生活、ないしは地域生活に立脚した時間の確保につながっていくものと考えられる。また、労働者の通勤圏が広く、通勤時間が長い場合には、勤務間インターバルは長めに設定することが望ましい。

　これとは反対に、例えば、ドイツのように、インターバル（休息時間）の原則を定めても、業種によって例外規定（労使で要件を定めて11時間とする）を定めていくことは、立法技術的には可能である。ドイツのＳ社のように、深夜労働の後シフトから外れる日を2日あけたり、あるいは、深夜のシフトの後1週間休みにする方法もある（第9章4[1]）。

　そのようにすることで日中の活動ができ、体のリズムを戻していくことができるとともに、私生活で趣味などに没頭することができる。疲労の回復には、狭義の疲労回復のほか、次の仕事への準備、ストレスの解消が含まれているとよい、という知見を活かすとよい[61]。

---

60) Kecklund,Åkerstedt T. Effects of timing of shifts on sleepiness and sleep duration. J Sleep Res. 1995:4 (S2) :47.

61) 佐々木司「疲労と過労」小木和孝編集代表『産業安全保健ハンドブック　神奈川』（労働科学研究所出版、2013年）424-427頁。このうえ、仕事の裁量があれば、健康の阻害が少ないという研究結果からすれば、適切な運用が可能な裁量労働制はあってもよいかもしれない。しかし、労働者の安全ないし健康保護の観点からすれば、いかなる要件のもとに運用されるべきか、という新たな検討も必要である（佐々木司「睡眠リテラシーを深めて自分を守ろう」労働の科学73巻10号〔2018年〕577頁）。

勤務間インターバルが長くとれない場合、余暇等により疲労は回復していく。睡眠まで疲労を持ち越さないことが必要である。つまり、その日の疲労を次の日に持ち越さない。そのためには、余暇の時間確保が不可欠である。その意味でも、有給休暇などが重要である。

[以上、川岸（第 10 章 2 [1] ～ [7]（i）(iii)）

高橋（第 10 章 2 [7]（ii）(iv)）　　　　　]

立法提言（まとめ）

1. 労働時間の上限は、1 日 10 時間、1 週 48 時間を上限とする方策がありうる。原則的には、1 か月・1 年単位の労働時間の上限を考えるのではなく、1 日・1 週単位で考えるべきである。例外的な規定を定めたとしても、調整期間を考えることになろうが、その場合、1 か月を調整期間として考え、時間外労働が月 55 時間を超えないように、政策的な配慮が必要である。

2. 深夜の労働規制の上限を設けるべきである。夜間労働者の労働時間を 8 時間以下とするべきである。また、午前 1 時から 3 時までの夜勤を制限するべきである。加えて ILO 夜業勧告、ルーテンフランツ原則を踏まえ、深夜連続勤務を制限するべきである。

3. 生命・健康を保護すべきという法益を重視すべきことから、勤務間インターバルは、義務化が避けられないと考える。

　　そして、労働時間規制として、労働者の健康と安全が理念となるべきという観点から、医学的科学的観点を考慮して、重大な疾患を引き起こすリスクを下げるため、原則として、勤務間インターバルは、法政策としては、12 時間ないし 13 時間が必要であると考える。これは、脳・心臓疾患のリスクを上げず疲労を蓄積させないレベルとされる 1 日 11 時間未満の労働時間の水準に労働時間を抑え、少なくとも 7 時間の睡眠時間を確保するには、原則的な勤務間インターバル制度が必要と考えるものである。

特別寄稿

刊行に寄せて

グリーンディスプレイ青年過労事故死事件原告 　渡辺淳子

　息子の過労事故死事件から10年が経ちました。

　母親の私が育った昭和の時代では、寝る時間を削って働くこと、目的を達成することが美徳だという考えがありました。日本人の心には、現在もそのような考え方が無意識に存在していると思います。

　一方で、最近では、長時間労働、睡眠不足が過労死の大きな原因であること、有名スポーツ選手の「睡眠の質を高めることが、パフォーマンスの向上につながる」との発言が聞かれたりもしています。

　わずか10年前ですが、社会全体では今のような雰囲気は無かったように思います。平成生まれの息子世代では、睡眠が重要であることの認識はあったものの、新入社員の息子には、先輩たちに抗う術も持ち合わせていませんでした。

　息子は、長時間労働であり、不規則な勤務実態で、睡眠時間も不規則になってしまい、質の良い睡眠を望める環境ではありませんでした。会社側から「眠いなら長めの休憩時間に社内で適当に仮眠とればよかった」などの勝手な主張があり、本人の要領の悪さが原因と思わせるものです。

　睡眠不足の怖いところは、思考が混乱・停止してしまい、本人自身が正しい選択ができない状況に陥ってしまうことです。

　一見、見た目は元気な若者に見えていましたが、心身ともに疲れきっていたのでしょう。親としては救ってあげられなかったことが、今も強い後悔でやりきれません。

　睡眠については、個人管理だけでは不十分です。健康を保ちながら、よ

り良い仕事をするためには、努力義務という曖昧なものではなく、日本の法律として、健全な働き方を整備していくことが何より重要です。

　最後に、川岸先生と裁判終了後、息子の事件で得たことを無駄にしないよう、事件を報告する内容の本と「睡眠について」の専門的な本を完成させようとお約束しました。それらの本がこれからの社会に役立つことを、心から望んでおります。
　そして、この本を完成させるにあたり、皆様に多大なる協力をいただきましたことを、心から感謝を申し上げます。

あとがき

　本書は、グリーンディスプレイ事件の後、いかにして過労死を防止することができるかと弁護士、研究者が参集して、研究を始めたことが端緒であった。

　研究会では、法学者、医学者、医師を加えて、医学と睡眠の科学を踏まえて法規制を考えるという共同研究を続けた。

　本研究グループでは、5年にわたって研究を行い、その成果を第10回過労死防止学会（明治大学開催）でその要旨を報告して、その1年後、本書によって研究全体を出版することとなった。医学、睡眠の科学での議論の蓄積をふまえて、労働時間の上限規制、勤務間インターバル規制、深夜労働規制のあり方も考察し、政策提言を行う内容となっている。緻密な論理構成を心がけ、理論的な構成を目指しており、そのため、原稿を寄せ集めただけの原稿とは異なり、それぞれの章に議論の蓄積が踏まえられており、それを考慮して有機的に関連付けられて、第10章での考察が加えられている。また、各章の終わりにそれぞれの小括ないしまとめを記したり、図表を多くしたりして、できるだけ多くの方に読んでいただけるよう平明な記述を心がけた。さらに、第10章でこの研究のまとめと提言が記されている。ただ、各々の学問を記した内容になっており、それだけ高度な内容も含まれているため、わかりやすい記述が成功したかどうかは心もとない。

　本書で成し遂げられていない点については、各方面からの批判がありうるところだと思われる。医学、睡眠の科学を踏まえて、原則的な法規制を考えたもので、例外規制について考えられていない（これについては、第10章の1の最後で本書の立場を明らかにしている）、とりわけ、各業種の特性、利害調整を踏まえた例外的な規制のあり方が議論されていないという批判がありうる。例えば、労働時間の上限規制が2024年4月に医師、運送業を対象に施行された。しかし、その適用される労働時間の上限もいまだ低い水準ではある。労働時間の上限は、医学、睡眠の科学を踏まえると、原

あとがき　289

則としては本書の示す通りであると思うが、これについては、労働力需給の問題も含めて医師、運送業等での労働時間法制のあり方をさらに研究していきたい。

　本書は、グリーンディスプレイ事件の遺族の方々の事件の解決金をもとに出版に至っている。この本を契機とした国民的な議論を通じて、過労死を将来的になくしたいというご遺族の強い意志が実現できれば幸いである。心よりお礼申し上げたい。

　また、本書の出版については、串崎浩代表取締役社長のもとに、日本評論社に快く出版を引き受けていただき、6年余りにわたって、柴田英輔取締役には、毎回の研究会と打ち合わせにご出席いただき、貴重なご意見を賜るばかりか、過労死防止学会での多面的なサポート等を頂戴し、柴田さんの並々ならぬご尽力がなければ、本書は完成に至ることはなかった。この場をお借りしてお礼申し上げる次第である。

編者一同

《編著者紹介》
川岸卓哉（かわぎし・たくや）弁護士
佐々木司（ささき・つかさ）　大原記念労働科学研究所上席主任研究員
高橋賢司（たかはし・けんじ）立正大学法学部教授

《著者紹介》
川岸卓哉（かわぎし・たくや）　弁護士
佐々木司（ささき・つかさ）　　大原記念労働科学研究所上席主席研究員
笘島　茂（そうけじま・しげる）三重大学名誉教授
高橋賢司（たかはし・けんじ）　立正大学法学部教授
広瀬俊雄（ひろせ・としお）　　医師、仙台錦町診療所／産業医学センター所長

睡眠科学・医学・労働法学から考え直す日本の労働時間規制

2024 年 9 月 30 日　第 1 版第 1 刷発行

編著者──川岸卓哉・佐々木司・高橋賢司
発行所──株式会社　日本評論社
　　　　　〒170-8474 東京都豊島区南大塚 3-12-4
　　　　　電話 03-3987-8621（販売：FAX － 8590）
　　　　　　　03-3987-8592（編集）
　　　　　https://www.nippyo.co.jp/　振替　00100-3-16
印刷所──株式会社平文社
製本所──牧製本印刷株式会社
装　丁──図工ファイブ

JCOPY 〈(社)出版者著作権管理機構　委託出版物〉
本書の無断複写は著作権法上での例外を除き禁じられています。複写される場合は、そ
のつど事前に、(社)出版者著作権管理機構（電話 03-5244-5088、FAX03-5244-5089、
e-mail: info@jcopy.or.jp）の許諾を得てください。また、本書を代行業者等の第三者に
依頼してスキャニング等の行為によりデジタル化することは、個人の家庭内の利用であ
っても、一切認められておりません。

検印省略　©2024　KAWAGISHI Takuya, SASAKI Tsukasa, TAKAHASHI Kenji
ISBN978-4-535-52592-4　　　　　　　　　　　　　　　　Printed in Japan